이화여전 음악과 출신인 이순옥과의 결혼식 사진. 오른쪽 하객 중에 일어나 돌아보는 이
가 여동생 이선녀이다. 이태준은 결혼의 반려자로 아내와 함께 가난을 꼽기도 했을 정도
로 늘 어려운 살림이었다.

누나 이정송, 누이동생 이선녀와 함께 금강산에서 찍은 사진. 결혼한 이선녀의 별장 겸 가게터가 금강산에 있었고 이정송도 삼방에 살고 있을 때여서 삼 남매가 한자리에 모일 수 있었다. 이태준이 안고 있는 아이는 누구인지 알 수 없다.

성북동 집 대문 앞에서.

성북동 집에서 찍은 가족 사진. 고향 할아버지 집을 재현해 지은 이 집에서 이태준 부부는
소명, 유백, 유진, 소남, 소현을 낳고 행복하게 살았다. 이태준 생애에 가장 행복했던 십여
년이었다.

고학을 하던 이태준에게는 늘 도와주는 고마운 친구들이 있었다. 밀양 출신 박일보, 김천 출신 김연만, 황해도 출신 홍진식 등이 수시로 이태준을 도와 큰 작가를 만들어 주었다. 특히 박일보(독사진)는 휘문고보 시절 단짝으로 이태준에게 금전 지원을 아끼지 않았던 친구였다. 이태준은 박일보가 서른네 살 젊은 나이에 뇌일혈로 사망한 이듬해, 자전적 소설인 『사상의 월야』에 여러 쪽에 걸쳐 박일선이라는 이름으로 박일보에 대한 감사의 마음을 기록해 두었다.

역사인물도서관 2

이태준 이야기

이 도서의 국립중앙도서관 출판시도서목록(CIP)은 서지정보유통지원시스템 홈페이지(http://seoji.nl.go.kr)와
국가자료공동목록시스템(http://www.nl.go.kr/kolisnet)에서 이용하실 수 있습니다.
(CIP제어번호 : CIP2013007687)

달의 바다

역사인물도서관 2 이태준 이야기

안재성 글

북멘토

일러두기

□ 이 책은 이태준의 자전적 소설인 『사상의 월야』에 기초하여 이태준의 생애 중 어린 시절부터
  일본으로 건너가기 직전까지를 담았습니다.

□ 이태준의 생질 김명렬 서울대학교 명예교수와 박일보의 외손녀인 이성아 소설가로부터
  사진자료와 글의 사실관계 확인에 큰 도움을 받았습니다. 이 자리를 빌려 감사 인사를 전합니다.

—차례

마우재의 땅　　　　　15

소청 사람들　　　　　30

어머니　　　　　　　43

양반의 고을　　　　　63

모시울 아이　　　　　81

봉명학교　　　　　　100

원산 객주　　　　　　120

만세 소리　　　　　　140

경성의 달　　　　　　156

장은주　　　　　　　168

장미의 정원　　　　　181

조선, 조선인　　　　　204

선택　　　　　　　　220

동맹 휴학　　　　　　242

현해탄　　　　　　　257

글쓴이의 말 271 ｜ 이태준 연보 277 ｜ 참고문헌 293

마우재의 땅

바다에서는 늘 바람이 불어왔다. 바위섬 하나 없이 탁 트인 동해였다. 거침없는 바람이 몰아치는 날이면, 검은빛을 띤 청록색 바다는 가득히 하얀 파도로 덮였다. 조그마한 항구에서는 나무로 만든 소형 어선들이 서로 부대끼며 비명을 지르고, 집집마다 지붕과 창문들이 요란하게 떠들어 댔다. 소금기를 머금은 모진 바람은 들판의 풀과 작물 들을 닥치는 대로 때려눕히고는 개간 중인 구릉지대를 휘감아 붉은 흙먼지를 일으켜 품은 채 아득히 먼 산맥 쪽으로 달려가 버렸다.

바다는 같은 동해지만 이곳은 러시아 땅이었다. 조선에서 두만강을 건너 열흘은 걸어야 도착할 수 있는 곳이었다. 황량한 바닷가

에 크고 하얀 이층집 한 채뿐이던 이곳에 하나둘씩 새 집들이 들어
선 것은 몇 해 전부터였다. 쪽배를 타고 두만강을 건너거나 화물선
을 타고 국경을 넘어온 조선인들이었다.

나무로만 집을 짓는 러시아인들과 달리, 조선인들은 돌과 흙으
로 벽을 세운 위에 통나무로 지붕을 덮고 바람에 날리지 않도록 돌
을 얹어 놓았다. 조선인들은 부지런했다. 버려진 들판에 달려들어
나무를 베고 풀을 뽑아 밭으로 개간했다. 그 땅은 이층집에 사는
키 크고 얼굴 하얀 러시아인의 소유였으나 그는 굶주린 조선인들
이 버려진 땅에서 무엇을 하든 상관하지 않았다.

소문을 듣고 하나둘씩 모여든 조선인들은 열 가구가 넘었다. 조
선인들은 물고기를 잡는 한편, 들판을 넘어 구릉지 중턱까지 개간
했다. 이름도 없는 조선인 촌락 주변의 야산들은 여름이면 네모난
초록 이불들을 씌운 것 같고 가을이면 누런 이불을 덮어 놓은 것
같았다. 그러나 겨울이 되면 무릎까지 빠지는 눈으로 온 들과 산이
하얗게 덮여 이듬해까지 녹지 않았다.

조선인들은 남의 나라에 와서 살면서도 조선식으로 입고 조선식
으로 먹었다. 조선인에게는 작업복이나 운동복이 따로 없었다. 연
회복이나 사냥복이 따로 있을 리도 없었다. 사시사철 흰 바지저고
리를 입은 채 농사를 짓고 바다에 나가 고기를 잡고, 입은 그대로
잠을 잤다. 결혼한 남자는 상투를 틀고 총각과 아이 들은 긴 댕기
머리를 했다. 아이들은 조선에서 가져온 『천자문』 책으로 한문을

배웠고 매일 아침저녁으로 어른에게 큰절하는 법을 배웠다.

조선인들은 새하얀 얼굴의 러시아인들을 위대한 문자인 한문도 모르고 유교의 예의범절도 모르는 야만인이라 멸시했다. 그들은 러시아인들을 마우재라고 불렀다. 중국어로 모자를 뜻했다. 러시아인들이 검은 통처럼 보이는 털모자를 쓰고 다녔기 때문이다. 흰 벽과 유리창이 반짝이는 이층집 사람들도 똑같이 마우재로 불렸다. 무료로 땅을 쓰게 하고 가끔씩 아이들을 마차에 태워 보내 물고기니 곡식이니 사 주는데도 천한 인종이라고 흉을 보았다.

"자네 들었는가? 마우재들은 닭을 잡을 줄 몰라 산 채로 털을 뜯는다던데? 소를 잡아도 내장을 먹을 줄 몰라서 그냥 버린다는구면."

"어디 그뿐인가? 잡아먹지도 않으면서 개를 열댓 마리나 키운다잖아. 송아지만 한 개를 끌어안고 한이불 속에서 잔다던걸?"

"허! 과연 천한 것들일세!"

이태준은 여섯 살이었지만 어른들의 말이 이해가 되질 않았다. 천한 미개인의 집이라기에는 마우재의 이층집은 너무나 훌륭해 보였다. 시커멓게 연기에 그을리고 짐승 우리처럼 침침한 조선인의 집과는 비교가 되지 않았다.

어쩌다 마우재의 아이들이 마차를 타고 큰 개를 열 마리나 데리고 생선을 사러 올 때면 등잔만 한 갈색 눈과 노란 머리털이 무슨 짐승같이 징그럽게 느껴지기도 했으나 그들의 옷과 신발은 눈부시

게 고왔고 마차도 윤이 반질반질하니 화려했다.

태준은 무엇보다도 마우재 아이들이 가지고 노는 조그마한 장난감이 부러웠다. 새하얀 쇠로 실패만 하게 만든, 이름을 알 수 없는 악기였다. 입에다 대고 이리 밀고 저리 밀며 불어 대면 그 맑고 쨍쨍하고 우렁차기까지 한 신기한 음향이란 꽃이 피고 무지개가 돋는 듯 황홀했다.

태준은 소리 나는 실패가 갖고 싶었다. 외할머니는 손자의 말은 무엇이든 들어주는 이였다. 마우재의 아이들이 다녀간 날, 태준이 그걸 사 달라고 조르니 웃으며 말했다.

"아가, 그 장난감은 여기서는 팔지를 않는단다. 해수애에 가야 살 수 있단다. 아버지도 편찮으신데 보채지 말거라."

조선인들은 이 마을의 북쪽에 있는 항구 블라디보스토크를 해수애라고 한자말로 불렀다.

"싫어요. 당장 사 달란 말예요."

태준이 울며 떼를 쓰니 병들어 누운 아버지 곁에서 약시중을 들던 어머니가 달랬다. 어머니는 새로 아이를 가져 배가 많이 나와 있었다.

"아버지께서 병이 나으시면 우리는 아주 해수애로 가서 살 거란다. 그러면 그뿐일까, 손풍금까지 사 주마."

태준보다도 곁에 앉은 누나가 더 좋아했다. 누나 정송은 세 살 많은 아홉 살이었다.

"엄마, 손풍금은 내 거야!"

아버지는 겨우 서른다섯 살인데도 죽음의 그림자인 듯 눈 밑이 검고 뺨은 홀쭉해 광대뼈밖에 보이지 않았다. 힘없는 눈에는 늘 핏기가 돌았고 손은 가늘게 떨고 있었다. 그는 아들딸의 재롱을 지켜보며 빙긋 웃다가 힘겹게 기침을 터뜨리며 말했다.

"태준아, 오늘은 아버지처럼 너도 머리를 깎자. 꽁지 머리를 하고 해수애에 가면 올챙이라고 놀린단다."

벌써 여러 번 들었던 말이었다. 태준은 소리 나는 실패에 대해서는 잊어버리고 등허리까지 길게 땋아 내린 자신의 머리를 손으로 잡으며 고개를 저었다.

"총각머리를 자르면 아이들이 놀린단 말예요."

외할머니도 손자의 머리통을 감싸 안아 주며 말했다.

"이 감리! 이 감리도 일본 가서 머리 깎고 오더니 역적으로 몰려 여기까지 쫓겨 오지 않았나? 머리를 깎았다가 우리 손자까지 무슨 변을 당할까 두렵네."

외할머니는 아버지를 꼭 감리라고 불렀다. 아버지가 조선에서 지냈던 벼슬 이름이었다.

아버지 이창하는 강원도 철원군 용담의 부잣집 양반이었다. 조선왕조가 무너질 무렵부터 벼슬길에 나선 그는 이십 대 초반에 전라도 전주에서 관리 경험을 쌓고 올라와 강원도 원산에서 덕원감리소의 주사라는 행정관이 되었다. 보통은 덕원감리라고 불렸는데 외국인을 상대하는 일종의 외교관이었다. 원산은 외국인에게 자유로이 개방된 국제 항구로 해외무역이 활발하여 이를 관리하는 일을 한 것이다.

선진국에서 온 외국인들을 상대하던 아버지는 조선도 낡은 봉건사상을 버리고 현대식 민주공화국을 세워 부강한 나라를 만들어야 한다고 생각했다. 그는 같은 생각으로 뭉친 젊은 관리들과 함께 개화당을 만들어 개혁을 추진하려 했다. 아버지는 우선 봉건시대의 유물인 넓은 갓과 도포를 벗어던지고 상투머리를 박박 깎고 양복으로 바꿔 입었다. 자기 재산을 팔아 동지들과 함께 일본에 건너가 여러 도시를 돌아다니며 현대 문물을 배웠다.

김옥균 등 다른 개화파와 마찬가지로, 아버지가 일본에 의지한 것은 그들의 신문명을 받아들이기 위함이었지 일본의 식민지가 되기 위함은 아니었다. 그런데 일본이 조선왕조를 압박해 1905년 강제로 보호조약을 맺으면서, 개화당은 본의 아니게 매국노로 몰리고 말았다.

아직 왕조는 존재했지만 활에 맞아 쓰러진 사슴처럼 마지막 숨을 헐떡이고 있을 뿐이었다. 전국 각지에서 의병들이 들고일어나 일본에 대항하기 시작했다. 개화당도 의병들의 표적이 되었다. 실의에 빠져 고향에 돌아온 아버지 앞에도 항일 의병들이 기다리고 있었다. 더구나 일본인처럼 머리까지 빡빡 깎은 그는 증오의 표적이 되었다. 의병은 통일된 부대가 아니었다. 이 마을에서도 일어나고 저 마을에서도 일어났다. 일어난 의병들마다 아버지에게 몰려와 매를 때리고 재산을 빼앗아 갔다. 온몸이 상해 죽을 지경에 이른 아버지는 가족을 이끌고 이 먼 러시아 땅으로 도망치게 되었다. 얼마 남지 않은 땅을 모두 팔고, 어려서부터 자신의 몸종으로 일해 온 젊은 하인 정 서방만 동행시켰다.

고향을 떠날 때부터 걸음도 제대로 못 걷고 음식도 못 먹던 아버지는 러시아에 와서도 줄곧 쓰러져 있었다. 폐병까지 걸린 몸은 나날이 말라 갔지만 매를 맞아 생긴 속병을 고칠 방법은 없었다. 몇 번이나 러시아 의사를 불러 봤지만 고개만 젓고 가 버렸다.

"아버지, 얼른 일어나 해수애에 가요!"

누나의 재롱에 아버지는 다시 빙긋 웃었다.

"그럼, 해수애에 꼭 가마……. 근데 지금은 일어날 힘이 없구나."

아버지는 어머니의 손을 잡았다.

"참으로 원통하오. 내가 친일파였다면 왜 이 먼 동토의 나라에 왔겠소. 일본 세상이 된 서울에 들어가 출세를 하지……. 아, 천박한 왜놈들이 과학 기술의 힘만 믿고 사천 년 역사를 짓밟으니, 이제 조선은 어찌 되려는지……. 내가 이러고 있으면 안 되는데, 어서 동지를 모아 왜놈들을 몰아내야 하는데……. 조상들께 죄송하고 후손들에게 미안하오."

어머니는 눈물을 훌쩍거렸다. 아버지는 다시 태준을 보며 말했다.

"태준아 오늘은 꼭 머리를 깎자. 내 속 답답한 게 네 머리 하나

깎는다고 트이기야 하겠냐만 그 긴 머리를 보면 조선의 고루한 늙은이들을 보는 것 같구나."

외할머니도 더 이상 아버지를 말리지 못했다. 어머니가 눈물 젖은 얼굴로 가위를 찾아 들자 얼른 빼앗아 들며 말했다.

"만삭이 다 된 몸으로 무슨 가위질이냐? 차라리 내가 깎으마."

외할머니는 태준의 댕기를 끄르고 귀밑머리부터 자르기 시작했다. 노인의 손은 부들부들 떨리고 있었다.

태준은 아침마다 세수하는 걸 무척 싫어했다. 그러나 세수보다 몇 배 싫은 것이 그 긴 머리를 감고 빗는 일이었다. 외할머니가 머리를 감자고 하면 재빨리 달아나 버렸다. 할머니는 먼저 태준이 좋아하는 달걀을 삶아서 손에 내보이고서야 무릎에 앉힐 수 있었다. 사위에게는 상투며 댕기 머리가 낡은 보수파들의 상징이었지만, 그녀에게는 종교의식처럼 성스러운 전통이었다. 손자가 지루해 하품을 하면 옛날이야기까지 해 주며 오래도록 정성 들여 감기고 빗질을 하여 깔끔하게 묶어 주었다. 손자가 말끔해진 모습으로 삶은 달걀을 먹는 것을 보면서 굽었던 자신의 허리를 두드리는 것이 그녀의 즐거움이었다.

외할머니의 가위가 뒤통수로, 정수리로 옮겨 다니더니 마침내 속살이 하얗게 드러난 빡빡머리가 되었다. 마무리가 엉성해 가위 자국으로 얼룩졌지만 할머니의 떨리는 손으로는 더 이상 다듬을 수가 없었다.

"우리 새끼, 꼭 동자승 같구나."

외할머니의 말에 누나가 킥킥대며 웃었다.

"이상해! 징그러워!"

아버지는 흡족한 얼굴로 태준이 머리를 감고 들어오기를 기다렸다. 그는 뼈가 앙상히 드러난 손으로 아들의 머리를 어루만지며 말했다.

"이제 해수애로 가면 기계로 깎는단다. 어서 사쁘 쓰고 공부해 조선을 위해 살아야 한다. 이 애비가 뭣하러 여기 왔는지도 알아야 하고."

'사쁘'가 까만 학생모를 뜻하는 건지도 알지 못했지만, 해수애에 간다는 말이 그리 좋았다. 아버지는 손에 힘이 빠져 덜덜 떨릴 때까지 아들의 머리를 쓰다듬다가 눈을 감고 가쁜 숨을 내쉬었다. 아버지가 숨을 들이쉬고 내쉴 때마다 거친 바닷바람에 나뭇가지 우는 듯한 소리가 새어 나왔다.

태준은 다음 날부터 가위 자국이 남은 빡빡머리로 바닷가와 들판을 뛰어다니며 놀았다. 아이들이 중대가리라고 놀렸지만 상관하지 않았다. 우선 머리가 시원해져서 좋았고, 아버지를 따라 해수애에 간다는 게 좋았다. 아버지의 소원을 풀어 주었다고 만족하기에는 아직 이른 나이었다.

하루는 누운 아버지 곁에서 육포를 오물거리고 있는데 겨울을 맞아 들창을 손보러 들어온 정 서방에게 아버지가 말을 건넸다.

"정 서방, 미안하이."

정 서방은 깜짝 놀라 일손을 멈췄다.

"서방님! 무슨 말씀이세요?"

"이 먼 나라까지 자네를 끌고 와서 고생시키니……."

"살다 보믄 좋은 날도 있구 나쁜 날도 있다구 서방님이 늘 말씀하시지 않았어요? 전주감영과 원산감영에서는 얼마나 좋았어요? 어서 일어나셔서 뜻을 펼치셔야지요. 저는 어디든 서방님만 따라다닐 거예요."

정 서방과 아버지는 전주감영에 내려갔을 때도, 원산에서 감리를 할 때도 늘 붙어 있었다. 아버지가 의병들에게 맞을 때는 정 서방이 말리다가 함께 맞기도 했다. 아버지는 힘없이 말했다.

"내가 죽으면 우리 식구들 잘 보살펴 주게. 자네만 믿네."

"그런 말씀 마시구 얼른 일어나 펄펄 날아다니셔야지요."

"……."

아버지는 잠시 말이 없다가 이었다.

"그리고 정 서방, 일이 이리되었다고 의병들을 탓하지는 말게. 그들의 끓는 피는 얼마나 귀한 것인가? 그 힘을 나라를 개혁해 힘을 키우는 데 쓰지 않고 낡은 봉건 왕조를 지키는 데 이용하려는 윗사람들이 나쁜 거지……."

"그럼요! 저는 의병들 욕 안 합니다. 서방님을 이리 만든 건 분하지만 저들도 나라를 생각하는 사람들인걸요. 서방님만 아님 저

두 의병에 들어가 왜놈들과 싸웠을 겁니다."

아버지는 마른 얼굴에 미소를 띤 채 가만히 정 서방의 손을 잡았다. 정 서방은 아버지의 양손을 꼭 잡은 채 절을 하듯 엎드렸다. 그것이 종으로서 올리는 마지막 인사가 되었다.

며칠 후, 외할머니와 함께 건넌방에 있던 태준은 갑자기 들려오는 아버지의 통곡 소리에 깜짝 놀랐다. 아버지가 눈물 흘리는 것은 보았지만, 큰 소리로 우는 것은 처음이었다. 할머니도 놀라 어머니에게 물으니 어머니도 잘 모르는 눈치였다. 정 서방이 일러 주었다.

"방금 전에 함경도 웅기에서 온 행인 하나가 무슨 이야기를 하고 가더니 갑자기 저러시네요."

식구들이 안방에 들어가 보니 아버지는 남쪽을 향해 무릎을 꿇은 채 방바닥을 치며 울고 있었다. 너무 구슬프게 울어서 무슨 일인지 물어볼 수도 없었다. 태준은 재미가 없어서 그대로 나와 버렸다. 1910년 8월 하순이었다. 바로 그달에 일본이 조선을 완전히 합병해 식민지로 만들었다는 것은 나중에서야 알았다.

아버지는 그날 완전히 탈진해 쓰러졌다가 며칠 만에 숨지고 말았다.

아버지가 세상을 떠나던 날 밤, 태준은 다른 날처럼 태평하게 잠들어 있었다. 아침에 일어나니 집 안이 소란스러웠다. 방문 틈으로 내다보니 동네 어른과 아주머니 들이 여럿 와서 웅성거리는 가운데 외할머니와 어머니가 나누는 대화가 들려왔다. 할머니가 말했다.

"태준이가 나이는 어리고 풀어 헤칠 머리칼도 없다마는 그래도 하나뿐인 아들 아니냐? 떠나가는 사람 쓸쓸하지 않게 머리에 삼베라도 씌워서 따르게 하자꾸나."

부모가 죽으면 큰아들이 상주가 되어 상투 튼 긴 머리를 풀어 헤치고 관을 따라가는 게 조선식 장례 예절이었다. 그러나 어머니는 완강했다.

"천진난만한 여섯 살짜리에게 상주 노릇을 시키다니요, 앞날이 창창한 아이들의 천진한 의기를 꺾을 수는 없어요. 애 아버지도, 앞으로 어떤 고난이 있더라도 아이들의 의기만은 꺾지 말고 길러 달라고 유언을 남겼어요."

어머니는 만삭으로 걷기도 힘든 자신만 누런 삼베옷을 입었다. 하루가 지나 매장하는 날에는 두 아이를 이웃 아낙에게 맡겨 가까이 오지 못하게 해 달라고 부탁했다.

오누이는 아낙에게 이끌려 바닷가에서 조개껍질을 줍고 해당화 열매를 따며 놀았으나 자꾸만 어른들이 있는 산으로 눈이 갔다. 남녀 없이 동네 어른들이 다 모여 있는 가운데 어머니와 외할머니가 보였다. 누나 정송이 먼저 졸랐다.

"엄마에게 갈래요."

"나두! 할머니한테 갈래!"

아이들이 자꾸 보채자 아낙은 어쩔 수 없이 묘지로 데리고 올라갔다. 마침 하관하는 시간이었다. 아낙은 멀찌감치 떨어진 개암나무 아래까지만 데려갔다. 대신 키가 작은 태준을 높이 안아 올려 볼 수 있게 해 주었다.

바닷바람이 옷깃을 펄럭이는 가운데 동네 남자들이 송판으로 짠 허연 관을 삼베 줄에 걸어 구덩이 속에 넣고 있었다. 아버지는 가 라앉듯 땅속으로 들어갔다. 어머니의 울음소리가 더 커졌다. 외할 머니는 딸의 등을 두드리며 달래더니 자기마저 목 놓아 울기 시작 했다.

개암은 도토리처럼 생겼는데 속을 둘러싼 껍질이 마치 수염이 더부룩한 어릿광대처럼 보이는 열매였다. 남부 지방에서 온 아이 들은 깨금이라 부르기도 했다. 아낙은 손에 잡히는 대로 개암을 따 서 아이들 입에 하나씩 넣어 주었다. 굵고 잘 여문 개암이 퍽 고소 했다. 아낙은 몇 개를 더 따서 아이들 손에 쥐여 주었다. 그러나 어 머니와 할머니의 슬픈 울음소리에 가슴이 눌린 아이들은 가만히 손에 쥐고만 있었다.

아버지의 관 위에 흙이 뿌려지기 시작할 때, 어머니는 땅 위에 쓰러져 울부짖었다. 누나도 기어이 울음을 터뜨렸다. 아낙은 질색 하며 누나를 달랬다.

"쉿! 울지 말거라. 너희 엄마가 오늘 너희들을 울리면 안 된다고 신신당부를 했어. 너희들은 기죽지 말고 살라고. 울면 안 돼, 어서 가자!"

아낙은 오누이를 바닷가로 데려갔다. 누나는 해변에 갈 때까지 계속 울었다. 하지만 태준은 눈물 한 방울 흘리지 않았다. 소리 나는 실패를 사 달라고 울기도 하고 가시에 발가락을 찔렸다고 울기도 했지만, 아버지의 죽음이 어떤 의미인지를 실감할 수 없었다.

저녁에는 동네 아이들을 따라 다시 해변으로 놀러 갔다. 다들 태준보다 서너 살 많았지만 동갑내기가 없어 함께 어울렸다. 아버지의 무덤이 있는 산 너머로 해가 기울고, 수평선 위로 달이 떠오르고 있었다. 아이들은 붉은 기운이 도는 수평선을 향해 노래를 불렀다.

"달아 달아 밝은 달아, 이태백이 놀던 달아⋯⋯."

노랫소리를 듣기라도 한 듯, 섬 하나 없이 망망한 바다 맨 끝에서 고운 촛불이 피듯 불그레한 빛이 올라오기 시작했다. 아이들의 노랫소리는 더 커졌다. 수평선 위에 핀 밤안개 너머로 어른대던 달은 금방 둥그렇게 허공으로 떠올랐다. 보름달이 미처 못 된 상현달이었다.

"달이다!"

아이들은 일제히 외치며 노래를 그치고 박수를 쳐 댔다. 어떤 아이는 달을 향해 양손을 펼쳐 만세를 부르고, 어떤 아이는 모래 위로 뱅글뱅글 맴을 돌며 춤추었다.

태준만 혼자 우두커니 앉아 달을 바라보았다. 달은 누가 줄에 묶어 끌어올리는 것처럼 빠르고 부드럽게 솟아올랐다. 바라보고 있으니 두 눈 속에 샛노란 빛이 가득해지는 기분이었다. 눈을 감으니 암흑 속에 이글거리는 달이 핑핑 도는 듯했다. 놀라 눈을 뜨면 달은 쏜살같이 바다 끝 하늘가로 물러났다가 다시 한참 들여다보면 커져서 눈을 가득 채웠다.

달을 보며 눈을 껌뻑여 보는 장난도 금방 시들해졌다. 여름 해에 데워진 모래사장은 아직도 따뜻했다. 골로신이라 부르는 러시아 고무신의 바닥을 타고 온기가 올라왔다. 신발을 모래 속으로 더욱 밀어 보았다. 그래도 재미가 없었다. 온종일 식구들의 울음소리만 들은 마음이 물에 젖은 듯 무거웠다.

'사람은 왜 죽나? 아버지는 정말 죽었을까? 오늘 땅속에 묻은 그 관이란 것 속에는 정말 아버지가 들어 있었을까? 할머니는 사람이 죽으면 하늘로 올라간다고 했는데, 아버지를 관 속에 넣어 묻어 버렸으니 어떻게 하늘로 올라가지? 산소에 가서 자꾸 제사를 지내면 연기처럼 날아 올라가는 건가?'

어디선가 갈매기 소리가 났다. 눈에 보이지는 않았다. 문득 아버지가 보고 싶었다. 집에 돌아가면 아버지가 누워 있을 것만 같았다. 어머니도 있고 외할머니도 기다리고 있을 것이었다. 태준은 달빛 파란 바닷가에서 즐겁게 소리치며 뛰노는 아이들을 뒤로하고 홀로 일어나 집으로 향해 뛰었다.

소청 사람들

달은 습기 많은 여름인데도 여러 날 저녁 내내 밝았다. 초저녁에는 흐렸다가도 밤중이 되어 하늘 가운데로 오르면 노랗게 타는 듯 밝아졌다. 낮 동안 뛰어놀다 지쳐 일찍 잠들었던 태준은 밤중에 어머니와 외할머니가 두런두런하는 소리에 깨곤 했다. 창문에 걸린 밝은 달이 방 안으로 파리한 빛을 쏟아 내고 있었다. 선잠에서 깬 귀에는 파도 소리가 처음 듣는 소리처럼 낯설게 들려왔다. 늘 아버지가 누워 있던 자리에 누운 어머니를 보고는 아버지는 어디 가셨나 생각하다가 이내 정신이 들기도 했다.

"아무리 생각해도 조선으로 돌아가는 게 낫겠다. 다음 달이면 배 속의 아이도 나올 텐데 이 막막한 땅에서 어떻게 세 아이를 키운단 말이냐."

어느 날 밤, 외할머니의 나직한 말에 어머니도 낮게 말했다.

"철원으로, 용담으로 돌아가야죠."

"땅 한 평 남지 않은 그곳에 가서 뭘 캐 먹고 살아야 할지…….
원산이나 청진으로 가면 음식 장사라도 하련만."

"나중에 그리하더라도 우선은 애 아버지를 용담의 선영으로 이
장해야죠."

"에구 불쌍한 이 감리……. 나라를 구하려다가 이 먼 동토의 땅
에서……."

외할머니의 훌쩍이는 소리와 함께 모녀는 잠잠해졌다. 철원, 용
담, 원산……. 들어 본 이름들이었다. 태준은 가만히 고개를 들어
달빛 파란 방 안을 둘러보았다. 누나가 할머니 양쪽 젖을 모두 끌
어안고 자고 있었다. 외할머니가 가운데 누우면 한쪽은 누나가, 다
른 쪽은 자기가 주무르며 잤는데 오늘은 누나가 다 빼앗아 간 것이
다. 태준은 버럭 누나의 손을 떠다밀었다. 할머니가 놀라 물었다.

"너 안 자는구나?"

"내 젖……."

어머니가 태준을 끌어당겼다.

"이 녀석아, 나이가 몇 살인데. 오늘은 엄마하고 자자."

어머니는 태준을 가슴에 꽉 끌어안고 엉덩이를 토닥토닥 두드려
주었다. 한참이나 그러고 있으니 숨이 막혔다.

"아아 답답해!"

태준이 뻗장대니 그제야 손을 놓아주는데 어스름한 달빛에 어머니 눈에 고인 눈물이 반짝거렸다. 어머니는 소리 없이 울고 있었던 것이다. 태준은 괜시리 미안해 다시 어머니 품에 파고들었다.

한 달 후, 어머니는 정 서방을 해수애로 보내 조선으로 가는 범선 한 척을 빌려 동네 항구로 끌어 들였다. 그리고 배가 들어오기 바쁘게 사람을 모아 아버지의 관을 꺼냈다. 일단 아버지 유해를 철원의 선영으로 옮겨 매장한 후 원산이나 청진으로 나올 계획이었다. 관은 아직 흙물도 들지 않아 방금 묻은 듯 깨끗했다. 정 서방은 솔가지를 잔뜩 베어다가 배의 제일 오목한 곳에 깔고 관을 놓은 후 다시 솔가지로 덮었다. 이불이며 옷 보따리, 식기 도구 들도 실었다.

바람을 잘못 만나면 하룻길도 열흘이 걸린다는 범선은 처음 이틀은 무사히 동해를 가르며 남으로 질주했다. 사흘째부터 파도가 세차게 일었다. 온 식구가 멀미를 시작했다. 태준도 계속 토했다. 속이 뒤집히니 기운도 빠졌다. 배가 흔들리는 대로, 일어서면 쓰러져 이리 구르고 저리 굴렀다. 밥을 먹을 수가 없어 뱃사공이 긁어다 주는 누룽지만 먹으며 종일 외할머니 팔을 붙잡고 누워 있었다. 외할머니와 어머니도 배 속의 쓴 물까지 다 토하고는 홍삼 한 쪽을 입에 물고 버텼다.

밤이 되자 비까지 오기 시작했다. 뱃머리는 방아 찧듯 오르내리고 파도는 배를 집어삼킬 듯 차례로 밀려와 갑판에 물을 쏟아부었다. 깊은 파도 밑으로 내려갈 때는 영영 바다 밑으로 가라앉는 것 같아 소름이 오싹해졌지만 배는 무슨 혼령이 있어 악을 쓰고 싸우는 듯 용하게 다시 솟곤 했다. 파도의 용마루 위로 배가 올라서면 배 안에 쏟아졌던 물이 쏴르르 폭포 쏟아지듯 밀려다녔고, 돛대에서는 잉잉하는 바람 소리가 소름을 끼치게 했다. 어른의 앉은키 높이밖에 안 되는 선실로는 여기저기서 바닷물이 떨어졌다. 식구들이 뒤집어쓰고 있는 이불은 바닷물로 다 젖어 버렸다.

어머니는 격렬한 산기에 신음하기 시작했다. 배 속의 아이가 격동을 견디지 못하고 예정보다 일찍 나오려는 것이었다. 아기를 받아야 할 사람은 외할머니밖에 없었는데 자기 팔다리조차 주체를 못하도록 늘어진 상태였다. 불을 켤 수도 없었다. 요강 하나 제자리에 붙어 있지 못하고 이리저리 굴러다니는 판이었다. 깜깜하고 소란하고 춥고, 십 미터는 솟구치다가 다시 바닷속으로 거꾸로 박히는 것 같은 이 좁은 목선의 선실에서 산모는 기어이 양수가 터지고 말았다. 바닷물에 젖은 이부자리는 다시 양수에 범벅이 되었다.

"이를 어쩌나……. 어머니!"

두려움에 질린 딸의 부름에 시체처럼 늘어졌던 늙은 어머니는 기적처럼 일어났다.

"삼신님도 무심하시지 하필 이런 날……."

외할머니는 하늘을 원망하면서도 산전수전 겪은 늙은 여전사처럼 바쁘게 움직였다. 정 서방을 불러들여 촛불을 켜 들게 하고, 산모에게 엎어지고 함께 쓰러지고 구르면서도 끝내 갓난아이를 받아 냈다.

촛불 침침한 선실에서 세상을 처음 본 아기는 피와 바닷물과 양수로 범벅이 되었으나 파도 소리를 이겨 내려는 듯 힘차게 울어 댔다. 딸이었다. 아버지가 죽은 후 태어난 유복녀였다.

외할머니는 아이의 배꼽으로 이어진 탯줄을 자르려다 말고 어머니에게 말했다.

"아니다, 탯줄은 잘라 뭣하니? 이대로 바다에 버리자."

일 년 넘게 아버지의 병간호를 하느라 바싹 마른 어머니를 더 이상 고생시키지 않으려는 마음이었다. 장례를 치르고 나서도 줄곧 굶다시피 해 온 어머니의 젖은 바싹 말라 있었다. 외할머니는 아이가 젖을 못 먹으면 어차피 며칠을 넘기지 못하리라고, 자기 딸에게 간곡히 말했다.

"눈 딱 감고 바다에 넣어 버리자꾸나. 심청이는 애비 눈 뜨게 하려고 인당수에 빠졌다는데 이 핏덩이가 이 여러 식솔 무사히 살아나게 해 주면 좀 좋냐? 암만해도 바다가 범상치가 않다."

아이를 제물로 던져 성난 바다를 달래자는 말이었다. 태준은 멀미와 파도로 정신이 오락가락 어지러운 가운데도 곧 아이를 안고 밖으로 나갈 것만 같은 외할머니를 두려움에 떨며 바라보았다. 할머니가 그리 무서워 본 적은 처음이었다.

외할머니가 자기 딸을 위해 무슨 짓이라도 할 수 있는 것처럼,

어머니 역시 자기 딸을 위해 무슨 짓이라도 할 수 있었다. 어머니는 할머니의 간절한 말에 대꾸도 없이 정 서방에게 말했다.

"어서 나가서 애 아버지께 딸을 순산했다고 말씀드리거라."

죽은 남편에게나마 기쁜 소식을 알려 달라는 말이었다. 정 서방은 곧이곧대로 갑판으로 나가더니 잠시 후 돌아왔다.

"어른신께 잘 말씀드렸습니다. 매우 기뻐하시던걸요?"

파도 소리와 아이 우는 소리로 먹먹한 선실에 어머니의 흐느끼는 소리가 더해졌다.

바다는 해가 떠오르면서 잦아들었다. 비도 그치고 바람도 점차 약해졌다. 그러나 아직도 무수한 물거품이 일고 있었다. 어머니는 사공들을 불렀다.

"어젯밤 고생들 많으셨습니다. 저희 가족을 살려 주셔서 참으로 감사합니다. 그런데 보다시피 아이까지 낳아서 이 상태로는 원산까지 갈 수가 없으니 어디고 제일 가까운 곳에 나루터만 있으면 배를 대어 내려 주십시오."

머리는 헝클어지고 치마는 피로 젖고 메마른 얼굴은 노랗게 핏기를 잃고 있었지만 당당한 표정에 단호한 음성이었다. 늘 아버지의 병간호만 하던 모습과는 사뭇 달랐다. 외할머니는 말하곤 했다.

"네 어미는 가난하지만 유서 깊은 양반 가문인 순흥 안씨네 딸이란다. 나는 까막눈이지만 네 어미는 한글도 알고 한문도 읽을 줄은 안단다. 부잣집 양반네 딸이라도 한글조차 아는 이가 거의 없는 세상에 여자가 한문까지 쓰는 게 어디 보통이냐? 네가 똑똑한 건 아버지뿐 아니라 네 어미의 핏줄이라서야."

거친 뱃사람들도 어머니의 권위에 군말 없이 따랐다. 배는 이때 너덜렁끝이라 불리는 해안을 지나고 있었다. 날카로운 바위들이 줄지어 늘어선 절벽이어서 항해의 지표가 되는 곳이었다. 너덜렁끝을 돌아 웅기만으로 들어가면 배기미라 불리는 작은 포구가 있었다. 뱃사공은 곧바로 돛을 틀어 배기미로 향했다.

배는 점심때쯤 배기미에 닻을 내렸다. 러시아보다는 조금 늦었지만 함경도에도 벌써 가을이 와 있었다. 다들 지친데다 바닷물에 젖은 몸을 몹시 떨고 있었다. 산모인 어머니는 얼굴이 새파랗게 되어 곧 죽을 것만 같았다. 겨우 몇 척의 소형 목선이 바람을 피해 정박해 있는 고요한 항구라 먹고 잘 만한 객줏집도 없었다. 방을 먼저 구해야 했다. 힘이 남은 이는 정 서방뿐이었다. 정 서방은 태준네 식구들을 배에 남겨 두고 방을 얻기 위해 마을로 들어갔다.

한참 후에 돌아온 정 서방의 얼굴이 어두웠다. 마을이라고 가 보니 너무 한심하다는 것이었다. 한군데 모여 살 만한 평지가 없는 곳이라 가파른 비탈 여기저기에 집들이 흩어져 있는데, 집이라고는 마당도 담장도 없이 네모진 본채가 전부인데 그나마도 가축들이 사는 외양간과 부엌, 사람 사는 방이 나란히 붙었고 좀 큰 집이라야 방 한두 칸을 옆에 덧붙여 놓은 정도라 했다.

"가난한 집도 많이 봤지만 이곳 사람들 사는 것두 참……. 소가

울어 대는 외양간에 붙은 방 한 칸에 오글거리며 사니 남에게 빌려
줄 빈방이 없어요. 설사 방이 더 있다 해도 한 부엌에 나란히 붙어
있으니 불편해서 빌려 주려 하지 않네요."

더구나 갑자기 찾아온 낯선 젊은이에게 선뜻 방을 내줄 이가 있
을 리 없었다.

"이대로 다시 배를 띄우면 우리 애는 죽고 말걸세. 어떻게 다시
찾아보세나."

밤새 한숨도 못 자고 먹지도 못한 외할머니가 다리를 후들거리
며 일어섰다. 태준도 따라나섰다.

선창에 내리니 마을 사람들이 하나둘씩 모여들고 있었다. 본 적
없던 배가 나타나 방을 얻으러 다닌다는 말에 궁금해 나온 이들이
었다. 그중에도 노인들이 관심이 많았다.

"어디서 오는 분들이오?"

"연해주에 건너가 살다가 조선으로 돌아왔는데 어젯밤 저희 아
이가 배에서 출산을 했지 뭡니까? 산모가 다 죽게 생겨서 그러니
좀 도와주세요."

외할머니는 사위가 병으로 죽어 배 안에 실려 있다는 것, 불쌍한
유복녀가 젖도 나오지 않는 어미의 품 안에서 죽어 가고 있다는 것
도 다 말했다.

"이런 불쌍한 일도 있나……. 참 안됐구려."

"우선 산모를 살리고 봐야겠구려. 우리가 방을 알아봐 주리다."

노인들은 자기들이 나서서 방을 찾아 주기 시작했다. 정 서방도 있어 방 두 개는 필요한데 두 칸을 빌려 줄 수 있는 큰 집은 없었다. 두 집에서 방 한 칸씩을 빌릴 수 있었다.

노인들은 우선 산모와 아기를 따뜻한 방으로 데려가라고 했다. 그러나 어머니는 새파랗게 추위에 떨면서도 남편의 관을 배에서 내려 가매장하는 것을 직접 지휘했다. 뱃사공들이 관을 들어 나르고 마을 사람들이 매장을 도와주었다. 아버지의 임시 묘지는 바닷가 소나무 사이에 만들어졌다. 뱃사람들의 공동묘지였다. 모래로 쌓은 봉분들은 바람에 날려 나직했고 묘비 하나 서 있지 않은 곳이었다.

해가 지고서야 매장이 끝났다. 어머니는 잔디도 심지 못한 모래 봉분 앞에 두 번 절을 올리고 일어서며 말했다. 마치 살아 있는 남편을 대하듯 했다.

"여보, 잠시만 기다리세요. 꼭 고향 선영으로 모셔다 안장해 드릴게요."

배는 떠나고, 태준의 가족은 낯선 마을에 남겨졌다. 어둠과 함께 다시 거친 바람이 불어오기 시작했다.

동해안을 따라 동북쪽으로 비스듬히 내달리던 함경산맥이 바다에 빠져 버릴 듯 아슬아슬하게 스치고 지나가는 급경사지에 붙은 배기미는 거센 바닷바람도 옴짝달싹할 수 없을 것만 같은 가파르고 좁은 마을이었다. 논을 만들 평지는커녕 비알밭조차 가지지 못한 마을 사람들에게는 바다가 밭이요 논이었다. 파도를 헤치고 물고기를 잡아 오면 산촌 사람들이 곡식을 지고 내려와 바꾸어 갔다.

배기미에서 외부로 나가는 평지 길이라곤 남쪽으로 빤히 보이는 소청이라는 마을로 이어지는 구불구불한 해안로뿐인데 파도가 세찬 날이면 그나마 바다가 되어 버려 길도 없는 산등성이를 타고 돌아가야 했다. 산비탈에 지어진 집집마다 창문이 바다로 가득 찼다.

태준네가 얻은 방에서도 들창을 열면 바다와 하늘밖에 보이지 않았다. 나무로만 된 들창을 닫으면 방 안이 깜깜해졌다. 어른들은 침침한 방에 모여 앉아 앞으로 살아갈 일을 걱정했다.

"여기 오니 속은 편하구나. 의병도 없고 왜놈도 없으니 말이다. 청진이구 원산이구 갈 것도 없이 여기에 눌러앉을까 싶다."

외할머니의 말에 정 서방이 나섰다.

"근데 이놈의 동네에서는 무얼 해 먹고살 게 있어야 말이주. 지도 물고기를 잡는 법은 몰라요."

어머니도 말했다.

"어차피 용담에 가 봐야 농토도 없으니 어디든 정착해요. 그런데 여기는 빌려 쓸 논밭도 없고 아이들 가르칠 글방도 없으니⋯⋯."

어른들은 여러 날 궁리 끝에 소청 마을로 나가 자리를 잡기로 했다. 정 서방은 외할머니와 함께 몇 번이나 소청에 가서 살 집을 찾았다. 그동안 어머니는 매일 소복을 입었다. 비록 임시라 해도 아버지의 묘를 이장했으니 삼칠일은 지내야 한다는 생각이었다. 삼칠일은 매장하고 21일째 되는 날 올리는 제사였다. 어머니 뜻대로 태준네는 삼칠일 제사를 마친 후 소청으로 이사했다.

소청은 바다와 붙은 마을이기는 했으나 나루가 없는 곳이었다. 대신 청진과 웅기를 잇는 큰길이 지나기 때문에 객주도 있고 잡화상과 포목전도 있었다. 주변의 여러 산촌 사람들이 장을 보러 내려오는 곳이기도 했다. 무엇보다도 어머니 마음에 든 것은 조금 떨어진 이웃 마을에 아이들 가르치는 서당이 있다는 점이었다.

어머니는 남은 돈을 모두 털어 집을 사고 음식점을 열었다. 간판이니 의자니 탁자 같은 것도 없이, 부엌이 주방이요 방들이 다 손님방이었다. 방마다 장작불을 훨훨 때서 덥혀 놓고 밤늦게까지 밥도 팔고 술도 팔았다.

어머니와 정 서방도 열심히 일했지만 음식을 담당한 것은 외할머니였다. 함경도 사람들은 녹두를 심어 녹두전이나 떡을 해 먹으면서도 묵을 쑤어 먹을 줄은 몰랐다. 녹두를 갈아 청포묵을 쑤어 내놓으니 금방 소문이 나서 식기도 전에 팔려 나갔다. 잘게 썬 김장 김치나 양념간장에 버무린 하얀 청포묵은 이 지역의 새로운 별미로 떠올랐다. 비싸지도 않았기 때문에 사람들은 청포묵을 사다가 간식으로도 먹고 막걸리 안주로도 삼았다.

외할머니의 머릿속에는 새로운 생각이 계속 떠올랐다. 청진항을 통해 밀가루가 들어오고 있었는데 그곳 사람들은 감자 넣어 수제비나 해 먹을 뿐 만두를 만들 줄도 모르고 칼국수를 할 줄도 몰랐다. 외할머니가 만두와 칼국수를 만들어 내니 너도나도 맛을 보러 찾아왔다. 정 서방이 직접 돼지를 잡아 고기를 댔는데 며칠이면 동이 났다.

따로 간판을 달지 않았는데도 사람들은 태준네 식당을 강원도집이라고 불렀다.

"회령이니 청진에 가도 강원도집 음식만 한 게 어디 있낭?"

"암, 함경도 최고의 식당이당이!"

태준네 식구들은 고향을 떠나온 후 처음으로 마음 편한 겨울을 맞이할 수 있었다. 어머니도 식당에서 매일 고깃국을 먹으니 젖도 잘 나오고 메말랐던 몸도 빠르게 회복되었다. 덕분에 갓난아이는 죽지 않고 살아났다. 어머니는 선녀라고 이름을 지어 주었다.

어머니는 늘 바닷가 모래사장에 가매장해 놓은 남편의 유해를 걱정했다. 땅이 깊이 얼기 전에 기어이 인부들을 데리고 가서 관을 다시 파 올려 소청의 야산으로 옮겨 놓고서야 마음을 놓았다.

해가 바뀌자, 어머니는 열 살이 된 누나를 회령읍에 일본이 새로 지은 보통학교에 넣었다. 회령은 말을 타고도 종일 가야 하는 곳이었는데 자신이 직접 말을 타고 아이를 데리고 가서 입학시키고 선생 집에 기숙까지 정해 주고 왔다. 일곱 살이 된 태준은 마을에 있는 서당으로 보내 한문을 배우게 했다.

어머니는 바쁜 중에도 동네 처녀들을 모아 한글이며 자수, 수정과와 식혜 만드는 방법을 가르쳤다. 동네 처녀와 청년 들은 어머니를 선생님처럼 모셨다. 손님들도 야무지고 인정 많은 어머니를 좋아했다. 외할머니의 음식 솜씨는 말할 것도 없었다. 강원도집에 대한 소문은 멀리 회령과 청진까지도 퍼져, 일부러 음식을 먹어 보려 찾아오는 이도 있었다. 이때쯤 어머니는 남편의 유해만 철원으로 보내고 남은 식구들은 소청 땅에 자리 잡고 살 수 있겠구나 생각하게 되었다.

그러나 운명이란 알 수 없는 일이었다.

어머니

머리 감기를 싫어했던 태준에게는 싫은 일이 새로 생겼다. 서당에
나가는 일이었다. 무엇보다도 외할머니 곁을 떨어지기가 싫었다.
집에는 밤낮 커다란 가마솥에서 사골 국물이 펄펄 끓었다. 언제든
떡국과 만둣국을 먹을 수 있었다. 외할머니를 올려다보며 '흐응'
하고 콧소리만 내면 바로 왕자가 되었다.

　"떡국?"

　"아니!"

　"그럼 만두?"

　"누가 그까짓 거……."

　"그럼 달걀 삶아 줄까?"

그래도 흐응 소리를 내면 외할머니는 으레 돈주머니의 끈을 풀었다. 태준은 곧바로 가게에 달려가 청진에서 들어온 사탕을 샀다. 오색 물감이 칠해진 납작한 사탕을 빨아 먹으면 혀가 검보라색으로 변했다. 어머니가 옆에서 아이 버릇 나빠진다고 핀잔을 주어도 할머니는 웃기만 했다.

"그거 먹이자고 이 노릇을 하지, 누굴 위해 이 고생을 한다냐?"

태준이 서당에 가기 싫다고 보채 야단을 맞아도 어머니보다는 손자 편을 들었다.

"고만둬라. 태준이가 그래도 이 감리의 아들인데 그깟 서당 안 다닌다고 글을 모를까? 때가 되면 다 하게 되니라."

태준이 순순히 서당에 가는 날이라도, 외할머니는 손자가 보이지 않을 때까지 한곳에 서서 지켜보며 어서 가라고 손짓을 해 주었다. 이런 할머니와 몇 시간이라도 떨어져 모르는 아이들과 섞여 있는 게 태준은 너무 싫었다.

서당의 아이들도 마음에 들지 않았다. 우선은 쓰는 말이 달랐다. 함경도 사투리는 너무 지독해서 알아듣지 못할 단어가 너무 많았다. 반대로 그네들에게는 서울 말과 비슷한 철원 말이 알아듣지 못할 외국어로 들리는 듯했다. 아이들은 태준이 뭔 말만 하면 웃긴다고 깔깔댔다.

빡빡머리도 계속 놀림감이 되었다. 개화된 머리라고 말해 봐야 통할 아이들이 아니었다. 태준보다 대개 여러 살이나 더 먹은 아이들이 자신들의 치렁치렁한 댕기 머리를 흔들어 보이며 태준을 무슨 문둥병에 걸려 머리를 깎은 아이처럼 놀려 댔다. 어머니에게 머리를 기르게 해 달라 해도 아버지의 유언이라며 엄한 얼굴을 했다.

공부에도 재미가 붙지 않았다. 천자문은 고작 천 글자의 한자에 불과했다. 하루에 스무 글자 정도야 마음만 먹으면 열 번만 읽고 열 번만 써 보아도 외울 자신이 있었다. 그런데 정신을 차릴 수가 없었다.

"별 진 잘 숙, 벌일 열 베풀 장……."

"날 일 달 월, 찰 영 기울 측……."

스무 명이 넘는 아이들이 제각기 다른 단어를 핏대를 올려 목청껏 외쳐 대는데 귀가 멍멍하고 정신이 하나도 없었다. 소리만 내는 게 아니었다. 스무 명이 제각기 방아 찧듯 코가 책에 닿도록 앞으로 숙였다가 뒤통수가 벽에 부딪치도록 재껴 대니 파도 사나운 바다 한복판으로 돌아간 것 같았다. 공부가 아니라 아우성이었다. 몸집도 키도 작은 태준은 아무리 소리를 질러도 제 목소리가 제 귀에 들어오지를 않았고 그 요란한 방아질도 하고 싶지 않았다.

'어머니는 왜 나를 서당에 보냈나?'

멍하니 앉아 원망하고 있으면 곧바로 훈장의 물푸레나무 회초리가 날아와 책을 딱 때렸다. 낡은 책에서는 먼지가 풀썩 피어올랐다. 코를 찡그리며 얼굴을 돌리면 등짝에 회초리가 날아왔다. 그런 일이 거의 매일 계속되었다. 대개는 꾹 참았지만 별나게 아픈 날은 소리 내어 울음을 터뜨리고 말았다. 그러면 다른 아이들의 글 읽는 소리가 뚝 그쳤다. 모두들 태준만 바라보았다. 훈장은 소심한 늙은이였다. 우는 소리에 찔끔해서 곁눈질을 하며 물었다.

"이, 이놈아 어째 우능야?"

"드끄러 어떻게 읽어요?"

"무스거?"

철원에서는 시끄러워를 드끄러워라 하고 함께를 서껀이라고 했다. 함경도 사람들이 알아들을 리 없었다. 서로 외국 사람처럼 말이 통하질 않았다.

결국 태준은 같이 시작한 다른 아이들이 『천자문』을 다 떼도록 백 자도 제대로 외우지 못했다. 어머니도 이 사실을 알게 되었다. 어머니는 훈장을 찾아가 부탁했다.

"우리 아이는 다른 책은 배우는 거 급하지 않으니 몇 해가 걸리든 『천자문』이라도 제대로 배우게 되풀이해서 가르쳐 주세요."

일 년에 쌀 한 가마니인 학비도 가을에 쌀로 내야 하는 걸 미리 돈으로 냈다. 태준은 선생의 회초리에 너덜너덜해진 『천자문』 책을 다시 첫머리부터 배워야 했다.

"태준이는 바보당이. 저러다 장가는 언제 가능야?"

아이들이 놀려 댔다. 어머니도 아들의 재능을 의심했다.

"이 녀석아! 커서도 이렇게 둔하면 뭣에다 쓰겠냐?"

외할머니는 그래도 손자 편을 들었다.

"걱정 마라. 태준이가 여기 애들만 못할까 봐? 아직 일곱 살이라 열 살 넘은 아이들을 따르지 못할 뿐이지, 두뇌는 뛰어난 아이다."

"어머니두 참. 두둔할 걸 두둔허시우. 다섯 살에 『천자문』 뗐다는 옛 선비들 이야기도 못 들었수? 당장 같이 들어간 아이들은 반년 만에 『천자문』 다 떼고 『사략』을 줄줄 외는데, 저 녀석은 두 번째 배우는 천자인데도 외우는 게 없으니 남부끄럽지 않우? 애 아버지가 계셔 봐요. 저 녀석 종아리가 성해 낼 것 같우?"

어머니가 어떤 말을 해도 외할머니는 손자에 대한 믿음을 버리지 않았다.

"사람은 크는 걸 봐야 안다. 뜬쇠가 달아오르면 더 뜨거운 법이야."

뜬쇠가 무언지는 몰라도 할머니만은 자기 속을 알아주는 게 고마웠다. 한없는 그 사랑은 일곱 살밖에 안 된 아이를 낙천적으로 만들었다.

'흥! 『사략』 두어 장 외우는 아이를 신동이라고 칭찬들 하지만 나는 그보다 훨씬 잘할 수 있어!'

외할머니의 믿음에 보답하고 싶었다. 자신을 바보로 보는 어머니를 꼼짝 못하게 만들고 싶었다. 늦기는 했지만 점점 열심히 공부를 하게 되었다. 정신을 집중하니 귀청을 울려 대는 아이들의 소란함도 아득히 멀리 들렸다. 보기 싫은 늙은 영감이라고 미워하던 훈장도 점차 평범한 할아버지로 보였다.

하루는 점심 먹으러 집에 온 길에 어머니에게 말했다.

"엄마, 내가 글 하나 지을 테니 보실 테우?"

"예끼!『천자문』을 이 년씩이나 배우는 녀석이 무슨 글을 지어?"

어머니는 싱겁게 넘어가려 했으나 외할머니는 환한 얼굴이 되었다.

"우리 태준이가 어떤 아이인데? 잠깐 기다려라."

외할머니는 휭하니 벼루집을 들고 왔다. 벼루집은 외상값을 정리하기 위해 어머니가 쓰는 것으로 벼루에 먹이 흥건히 갈려 있었다.

"엄마! 내가 글 지으면 그 복숭아 연적 나를 줄래요?"

먹을 갈 물을 담아 두는 복숭아 연적은 아버지의 유일한 유품이었다. 복숭아 모양으로 만들어진 주먹만 한 도자기로, 아버지는 천도연적이라 부르며 아꼈다. 어머니는 흔쾌히 응했다.

"잘만 지으면 주고말고."

태준은 바로 붓을 들어 하얀 두루마리에 시원시원하게 써 내렸다.

"천자재독아 만문부독지(千字再讀兒 萬文不讀知)."

글을 모르는 외할머니는 무슨 뜻인지도 모르면서 글씨체만 가지고 천하 명필이라고 칭찬했다. 놀란 것은 어머니였다.

"아이가『천자문』을 두 번 배우니 읽지 못할 글이 없으리라?"

중얼중얼 해석을 하던 어머니는 갑자기 와락 아들을 끌어안았다.

"이 녀석! 이제 됐다!"

어머니는 다음 날로 돼지를 잡게 하고 떡을 만들어 훈장과 서당 아이들을 모두 초청해 잔치를 벌였다. 『천자문』을 떼면 하는 기념 잔치인 천자책마지를 미리 차려 준 것이다. 훈장도 무척이나 좋아했고 아이들은 그동안 놀려 먹은 걸 다 잊어버렸다.

다만, 어머니는 약속했던 천도연적은 주지 않았다.

"너희 아버지가 쓰시던 거라고는 이 연적 하나뿐이다. 네가 나중에 커서 이런 걸 아낄 만하게 되면 주고말고."

『천자문』을 완전히 떼니 이듬해 봄이 되었다. 여덟 살의 봄이었다. 보통은 『천자문』을 떼는 여름부터 시문을 가르쳤다. 태준은 조금 늦었지만 당나라 시를 배우기 시작했다.

옛 한문시는 여덟 살 아이에게는 너무 어려웠다. 글자를 읽고 쓸 줄 안다 해도 본래의 뜻을 제대로 이해하기는 어려웠다. 그래도 단조로운 『천자문』보다는 즐거웠다. 분명치는 않아도 옛 시를 암송하고 있으면 막연히나마 시인의 마음이 느껴지는 것 같았다.

유치하나마 자기가 직접 한시를 지어 보기도 했다. 글짓기는 지금까지 해 본 놀이 중 가장 재미있는 놀이였다. 새 글을 지을 때마다 뜻도 모르면서 글자만 보고 기뻐하는 외할머니와 내용까지 이해하며 감탄하는 어머니에게 달려갔다. 할머니는 시의 내용을 설명해 주면 더욱 탄복하며 등을 두드렸다.

"에구 좋구나! 그럼 그렇지! 네가 이 감리의 아들인걸!"

글 쓰는 재미가 생기면서, 서당에 안 가겠다고 버티는 아침은 거의 없어졌다. 물론 그래도 노는 날이 더 좋았다. 가장 즐거운 것은 화전놀이였다. 일 년에 한 번, 봄을 맞아 서당의 학동들과 학부모들이 함께 산에 올라가 진달래꽃을 따 전을 부쳐 먹는 날이었다.

소청에는 오월이 되어야 진달래가 활짝 피었다. 학부형들은 찹쌀가루와 참기름, 솥을 가져오고 아이들은 모래판을 들고 산으로 향했다. 서당에는 칠판이 없었다. 나직하니 네모진 나무 그릇에 모래를 담고 싸릿대로 붓을 만들어 글을 썼다. 새로 쓸 때는 모래판을 흔들어 지우면 됐다. 쓰고는 흔들고, 흔들고는 썼다. 모래판은 한자로 사판이라고 불렀는데 들로 산으로 다니며 산딸기나 머루, 다래를 따 담는 과일 그릇으로도 썼다.

이날 외할머니와 어머니는 오지 못했다. 한동안 건강을 찾은 듯했던 어머니는 얼마 전부터 누워 있는 날이 많았다. 한의사를 불러 진맥을 짚어 봐도 폐가 나쁘니, 기가 허하니 하는 모를 소리만 했다. 한의사가 지어 준 한약을 몇 달째 먹고 있었지만 나아지는 기색이 없었다. 이번에는 벌써 며칠째 어두운 방 안에서 나오지를 못하고 있었다. 어머니가 누워 있으니 외할머니도 식당을 지키느라 화전놀이에 따라올 수가 없었다.

태준은 다른 아이들의 부모가 전을 부쳐 제 아이를 불러 먹이는 것을 보면 서글프기도 했지만 곧 잊어버렸다. 진달래 꽃밭에 들어가면 꽃바다에 든 것 같았다. 꿀벌이 앵앵거리는 사이를 누비며 주먹만큼이나 크고 소담스런 진달래를 따서 어른들에게 갖다 주면 찹쌀가루로 만든 전 위에 한 잎씩 얹어 화전을 만들었다. 꽃 숲에 앉아 먹는 화전은 떡이 아니라 꽃향기였다.

꽃향기로 배 속을 따뜻하게 채우고 나니 시 짓기 대회가 열렸다. 이름도 꽃시회라 불렸다. 아이들은 모래판에 시를 썼고 훈장은 하나씩 돌아다니며 감상한 후 수상작을 결정했다. 상품은 종이나 붓, 먹 같은 문방구들이었다.

태준은 이날 오언절구 두 수로 제일 높은 상을 받았다. 벌써 『천자문』을 뗀 나이 많은 학생들도 받지 못한 상이었다. 태준은 상으로 받은 종이와 붓을 가슴에 안고 집으로 달려갔다. 어머니는 보이지 않고 외할머니가 식당에 나와 있었다.

"에구 우리 장한 손주……. 장차 글로써 크게 이름을 날릴 거다."

외할머니는 안은 팔을 풀 줄을 몰랐다.

"엄마는요?"

외할머니의 얼굴은 잠깐 어두워졌다.

"방에서 쉬고 있단다. 들어가서 이 기쁜 소식을 알리자꾸나."

며칠째 세수도 않고 머리도 안 빗은 채 누워 있던 어머니는 상을 타 왔다는 소리에 누운 채로 태준을 끌어안고 웃었다. 며칠 만에 보는 웃음이었다.

"이 기쁜 소식을 네 아버지께 알려 드려야지."

어머니는 온 힘을 모아 몸을 일으켰다. 외할머니가 말렸지만 고집을 꺾지 않았다. 어머니가 세수를 하고 머리를 빗고 새 옷까지 꺼내 입는 동안, 태준은 상을 탄 시를 종이에 옮겨 적었다. 그리고 시가 적힌 두루마리와 상품들을 손에 들고 따라나섰다.

아버지의 산소는 해안 길을 따라 배기미 쪽으로 한참 내려가면 해당화 숲을 지나 바다가 내려다보이는 언덕에 있었다. 잔디가 성기게 자라난 산소에는 비석도 석상도 없었다. 어머니는 아들의 시와 상을 봉분 앞에 가지런히 놓게 하고 절을 시켰다.

"여보, 우리 태준이가 『천자문』을 떼고 한시를 써서 큰 상을 받아 왔어요. 기뻐해 주세요."

태준은 절을 하느라 엎드린 손바닥이 모래와 잔디에 따끔거렸지만 아버지를 즐겁게 해 주는 일이라 생각하며 꾹 참았다.

절을 마치고 나니 어머니는 이내 얼굴을 바다 쪽으로 돌렸다. 아버지의 무덤은 언제나 눈물을 불러일으키는 곳이었다. 외할머니는 무덤에만 오면 멀리 한길을 지나던 사람까지 돌아보도록 큰 소리로 울었다. 태준은 외할머니의 모든 게 좋았지만 소리 내어 우는 것만은 싫었다. 어머니는 소리 없이 울어서 괜찮았다.

아버지 묘지 앞에 가면 태준 역시 가슴이 저렸다. 고개를 돌려 가만히 바다를 보고 있으면 마음이 가라앉았다. 한참이나 바다를 바라보았다. 그날따라 바다에는 배 한 척이 없어 기선의 연기도 보이지 않았다. 끊임없이 밀려오는 파도를 보고 있으면 자기도 모르게 같은 소리가 나나 안 나나 귀를 기울이곤 했었다. 그런데 이날은 파도 소리조차 고달프게 들렸다.

멧새가 쫑쫑쫑 소리를 내며 새파란 하늘에 떠올랐다. 아무리 기다려도 어머니는 돌아서지를 않았다. 기다리다 못해 앞으로 가서 올려다보니 어머니는 손등으로 눈물을 누르고 쪼그려 앉아 태준을 꼭 끌어안았다.

"너, 철원 용담 생각나지?"

"쪼금."

"너, 그리로 가서 살고 싶지 않니?"

"할머니하고 엄마가 같이 가시면."

"엄마는……."

어머니는 말을 맺지 못하고 기침을 토해 냈다. 기침 뒤에는 고개를 돌려 무언가를 뱉고 모래로 덮었다. 그것이 피라는 것을 여덟 살짜리는 알지 못했다.

여름이 지나고 가을이 되었다. 어머니는 정 서방을 시켜 싸리나무를 잔뜩 베어 오게 했다. 솜씨 좋은 정 서방은 싸릿가지를 비틀고 불에 그을러 자기 등에 지기에 꼭 맞게 고리짝을 만들었다. 정 서방이 뚜껑까지 다 만들자 어머니가 나서서 직접 하얀 창호지로 안과 밖을 몇 번이나 덧붙였다.

며칠 후 날씨 맑은 날, 하얀 소복을 입은 어머니는 정 서방과 함께 인부 하나를 사서 아버지의 무덤을 파헤쳤다. 아버지의 유해는 덜 부패해 썩은 살이 뼈를 덮고 있었다. 어머니는 누굴 시키지도 않고 앙상하게 마른 자기 손으로 직접 뼈를 발라내고 물을 길어다 씻고 또 씻어 창호지에 하나씩 싸서 고리짝에 순서대로 담았다. 밤이 되자 아버지의 유골을 집으로 지고 오게 해 안방에 모셔 놓고 밤새도록 촛불을 밝혔다. 어머니는 곧 쓰러질 듯 죽음이 드리운 얼굴로, 촛불 앞에 앉아 밤을 지새웠다. 외할머니도 혼신을 다하는 안타까운 광경에 차마 딸을 말리지 못했다.

다음 날 아침, 어머니는 아버지의 유골을 등에 진 정 서방에게 두둑한 돈주머니를 건네며 말했다. 늘 반말을 했는데 마지막이 될 이날은 존댓말을 썼다.

"정 서방, 그동안 참으로 고마웠어요. 용담까지 걸어가기에 충분한 여비에다가 반나절 갈이라도 장만할 돈을 넣었으니 이번에 가면 돌아오지 말고 잘살아요."

반나절 갈이란 반나절 일하면 되는 농토를 뜻했다. 천 평쯤 살 수 있는 돈이었다. 철원부터 러시아를 거쳐 소청에 자리 잡기까지 한 식구로 살아온 정 서방은 못내 슬픈 얼굴로 큰절을 올렸다. 어머니도 정 서방에게라기보다는 아버지의 유해를 향해 맞절을 했다.

외할머니는 어린 동생을 보느라 집에 있고, 어머니와 태준은 몇 킬로미터를 걸어 고갯마루까지 아버지의 유골을 뒤따랐다. 어머니는 마지막으로 다시 정 서방에게 부탁했다.

"도랑 하나라도 뛰어 건널 땐 넘어져 빠지지 않게 잘 건너야 해요. 절대로 감리 어른 유골에 비를 맞히면 안 돼요. 비 오는 날은 며칠이고 묵었다가 떠나고 어디서든 내려놓을 때는 자리가 반듯한가 살펴보고, 물기가 있거나 경사가 있는 곳에 절대 내려놓으면 안 되고……."

정 서방은 어머니의 긴 잔소리를 끝까지 네네 하며 들었다. 그의 얼굴도 눈물범벅이었다. 어머니는 마지막으로 태준에게 말했다.

"태준아, 너 커서 반드시 정 서방 은혜를 갚아야 한다. 알았지?"

정 서방은 태준의 손을 잡고도 눈물을 떨어뜨렸다.

"도련님, 공부 잘해서 이담에 서울로 오시우. 어서 커서 나리님 뜻을 이어야지요. 제가 꼭 기다렸다가 모시리다. 저도 다시 도련님을 모시고 살다 죽으면 한이 없겠수."

정 서방은 몇 번이나 뒤돌아보고 돌아보며 꼬불꼬불한 산길을 내려갔다. 어머니는 태준을 끌어안고 돌무더기 위에 주저앉았다. 정 서방은 산 밑으로 사라지더니 한참이 지나서 조밭과 모래벌판 사이로 끝없이 이어진 길 위에 조그맣게 나타났다. 정 서방은 다시 뒤를 돌아보다가 언덕 위의 두 모자를 발견하고 손을 흔들었다. 어머니도 손을 들어 어서 가라고 했다. 정 서방은 빨리 걷는 듯했다. 그러나 멀어질수록 타박거리는 것만 같았다. 천천히 작아지던 정 서방은 끝내 좁쌀만 하게 작아져 보이지 않게 되었다.

"잘 가세요. 난 아무래도 여기 흙이 되려나 보우."

어머니는 보이지 않게 된 남편에게 말하고 일어서려 했다. 그러나 몸에 힘이 없어 털썩 주저앉고 말았다. 얼마 만에야 산새 소리에 정신을 차리고 일어나 이마에 배어 나온 진땀을 씻고 걸음을 옮겼다. 휘청이며 몇 걸음 옮기던 어머니는 문득 화사한 단풍나무 아래 발걸음을 멈췄다. 메마른 얼굴에 모처럼 미소가 떠올랐다. 어머니는 다섯 손가락 모두 새빨간 단풍잎 하나를 따서 아들에게 건넸다.

"참 예쁘구나."

태준은 어머니의 얼굴에 핀 미소가 더 예쁘게 보였다. 단풍잎을 집에 들고 와 『천자문』 책갈피에 잘 끼워 두었다.

눈발이 날리기 시작할 무렵, 어머니는 다시는 일어나지 못한 채 자리에 누워 버렸다. 정 서방으로부터는 떠난 지 두 달 만에 소식이 왔다. 아버지의 사촌 형제인 오촌 아저씨 중 한 분이 보내온 편지였다. 어머니는 창백한 얼굴로 누운 채 아들이 읽어 주는 편지를 들었다.

편지에는 유골이 무사히 왔다는 것, 선조들의 무덤이 있는 매봉재에 매장하려 했으나 요즘 철도가 들어서면서 매봉재의 머리 부분을 끊어 버려 이미 있던 산소들도 옮기는 판이라 '공기꿀'이라는 골짜기에 매장했다고 써 있었다. 오촌은 남은 재물도 없을 텐데 아이들 데리고 어떻게 살고 있느냐 걱정을 했지만 고향으로 오라는 말은 없었다.

어머니는 유골이 무사히 안장되었다는 데 안심을 했지만 오촌이 인사치레라도 고향으로 돌아오라는 말 한마디 하지 않은 게 마음에 걸리는 듯했다. 점점 희미해지는 목소리로 '아이들을 어떻게 하나' 중얼거리다가 정신을 잃었다. 외할머니가 흔들어 깨우자 다시 눈을 떴지만 넋이 나간 사람처럼 멍하니 천장만 바라보았다.

북쪽의 겨울은 눈이 장맛비처럼 쏟아졌다. 한번 내리기 시작하면 며칠이고 계속 퍼부어 무릎을 덮고 허벅지까지 쌓여 녹지를 않았다. 오촌의 편지를 받고 며칠 후 설날이 다가올 때였다.

태준은 그날도 옆 마을에 있는 서당에서 한시를 공부하고 있었는데 낮부터 시작된 폭설로 길이 다 지워지고 말았다. 눈은 밤이 되도록 계속되었고, 집에 못 가게 된 아이들은 서당에서 자게 되었다. 함께 놀게 된 아이들은 신이 났다. 군불을 후끈후끈하게 땐 방에서 웃고 떠들며 놀다가 한차례 글을 읽고 나니 훈장이 밤참으로 도루묵 알을 함지박 가득 삶아 가지고 왔다. 다들 장난치고 깔깔대며 한 움큼씩 집어 오드득오드득 먹고 있을 때였다.

소청 거리에 사는 청년 하나가 무릎까지 빠지는 눈을 헤치고 서당 마당에 들어섰다. 청년은 훈장에게만 뭐라고 귀엣말을 했다. 훈장은 깜짝 놀라 눈이 똥그래지더니 태준에게 말했다.

"태준아, 어서 집에 가 보거랑이."

겁이 났다. 왜 데리러 왔느냐고 묻지도 못하고 청년이 내미는 대로 넓은 등판에 업혔다. 눈은 여전히 내리고 있었다. 청년은 건장했지만 무릎까지 빠지는 눈을 헤치고 길을 찾기란 쉬운 일이 아니었다. 머리칼과 목덜미에서 김이 솟도록 헤맸지만 달빛조차 없는 어둠은 갈수록 힘을 빠지게 할 뿐이었다. 그때 저 앞 어둠 속에서 누군가의 고함 소리가 들려왔다.

"여기야, 여기! 어이!"

청년이 길을 잃을까 봐 뒤따라와 중간에서 기다리고 있던 다른 청년이었다. 청년이 목소리를 목표로 삼아 어둠을 헤치고 가니 다시 저 앞에서 또 다른 목소리가 들려왔다.

"이쪽으로! 여기여!"

마을 청년이 셋이나 중간중간에 서서 소리를 질러 길을 안내하는 것이었다. 어머니가 가르친 처녀들의 오빠나 벗 들이었다.

태준이 눈을 털고 방 안에 들어서니 동네 노인들이 그득히 모인 속에서 외할머니가 일어났다. 이미 붉어진 할머니의 눈에는 다시 눈물이 고였다. 그러나 두 손을 후들후들 떨기만 할 뿐, 다른 때처럼 소리 내어 울지도 못했다. 동네 노인들이 할머니를 진정시켜 앉히고 대신 태준을 이끌었다.

"태준아 이를 어쩌능야?"

노인들은 태준을 아랫목에 데려가더니 길게 덮인 하얀 홑이불을 제꼈다. 어머니가 잠든 듯 창백한 얼굴로 누워 있었다. 부모가 죽으면 자식이 '아이고, 아이고' 하며 길게 곡을 하는 것이 유교의 법도였다.

"태준아 어서 곡을 해야지."

누가 말하자 다른 이가 막았다.

"이 어린 게 울 줄이나 아오? 우리가 대신 해 줍서."

노인들은 태준을 대신해 소리 내어 울기 시작했다. 수많은 죽음을 겪어 온 노인들이 내는 곡성은 구슬프기 한없었다. 외할머니도 다시 울음을 터뜨렸다. 태준은 할머니의 울음소리를 듣고서야 가슴에 찬바람이 몰아쳐 들어오는 듯 겁이 났다. 방 안 가득한 울음 소리가 천장까지 울리는 것 같은데 어머니의 감긴 눈은 꼼짝도 안 했다. 뼈대만 남은 채 핏기가 가셔 분을 바른 듯 새하얀 얼굴이 조 각상 같았다.

'어머니가 돌아가셨구나. 주검이란 이런 것인가?'

태준은 요 아래로 떨어진 어머니의 손을 가만히 만져 보았다. 돌 처럼 찼다. 제 손까지 서늘해지는 것 같았다. 얼른 놓고 말았다. 그 러나 울음은 도무지 나오지를 않았다. 아버지가 돌아가신 이후로 시도 때도 없이 목 놓아 우는 외할머니의 울음소리에 싫증이 난 탓 이었다. 누나와 재미있게 놀다가도 외할머니의 울음소리에 흥이 깨진 적이 여러 번이었다. 이웃 사람들이 혀를 끌끌거리며 애비 없 는 놈이라고 불쌍히 여기는 것도 너무 싫었다.

"이놈아! 어머니가 돌아가셨으니 울어야징!"

"어서 울어라잉. 어머니 서운하시지 않나?"

동네 노인들이 재촉하니 은근히 반항심까지 생겨 더 눈물이 나 오지 않았다. 이 많은 사람들 앞에서 억지로 우는 꼴을 보이고 싶 지도 않았다. 보송보송한 눈으로 어머니 곁을 지키다가 새벽닭이 울 무렵 그만 자 버리고 말았다.

밤사이에 눈은 그쳤으나 사람의 힘으로 치울 수 있는 높이가 아 니었다. 허벅지까지 빠지는 눈은 햇살에도 녹지 않았다. 사람들이 모두 나서서 겨우 우물로 가는 길만 치웠을 뿐 마을 길이며 외부로 이어지는 길은 새하얀 눈이불에 묻혀 버렸다.

더구나 어머니는 자기 남편이 묻혔던 자리에 묻어 달라고 유언을 해 놓았다. 큰길도 눈에 묻혀 사라졌는데 봉분도 없는 무덤 자리를 찾을 길이 없었다. 당장 관을 들어 나를 수도, 묘혈을 팔 수도 없으니 어머니의 장례도 미뤄질 수밖에 없었다.

다섯 날 밤을 기다리고 있으니 세찬 바람이 불기 시작했다. 메마른 겨울 폭풍이었다. 지붕을 날리고 한 아름 되는 소나무도 부러뜨리는 무서운 바람이 휩쓸고 다니며 눈을 쓸어 버리기 시작했다. 혹한에 밀가루처럼 얼어 있던 눈알갱이들은 바람을 따라 이리 쓸리고 저리 쓸려 깊은 골을 메워 버렸다. 대신 높은 곳은 빗자루로 쓸어 낸 듯 깨끗이 바닥을 드러냈다. 아버지의 무덤 자리도 드러났다.

아흐레째 되는 날에야 장례가 치러졌다. 전날부터 종일 장작불을 피워 언 땅을 녹이고 묘혈을 파 놓은 자리에 어머니의 관을 묻었다. 태준은 이날 여러 번 심술이 났다. 귀가 잘릴 듯 시린데 털모자 대신 삼베를 씌우고 덜덜 떨리는 베옷만 입혔기 때문이다. 외할머니가 시킨다면 투정이라도 부릴 텐데 모두 동네 노인들이 시키는 것이었다. 이리 해라 저리 해라, 함경도 사투리로 얼마나 잔소리를 하는지 몰랐다. 맨손에 차가운 나무지팡이를 들려 '에고 에고' 곡을 하며 꽃상여 뒤를 따르게 하는 것이 가장 짜증 났다.

'엄마는 왜 죽어 가지고 나를 이렇게 귀찮게 하나?'

원망뿐이라 곡소리도 눈물도 나오지를 않았다. 서당에 가지 않

는 것만은 괜찮았다. 못살게 구는 노인들 보란듯이 돼지 오줌통에
바람을 불어 만든 북을 둥둥거리며 놀았다.

"나이나 적소? 아홉 살이나 먹은 녀석이 저게 뭐당이?"

"엥이 불효자식이랑이!"

노인들이 고개를 내저으며 흉을 봤지만 모른 척했다. 어른들을
만족시켜 준 것은 회령에 가서 공부하던 누나였다. 눈 때문에 연락
이 늦어 장례가 끝나고서야 도착한 열두 살 누나는 집 안에 들어서
자마자 대성통곡을 하여 도리어 어른들을 놀라게 했다. 산소에 가
서도 잘 울었고 집에서 아침저녁으로 제사상을 올릴 때도 목 놓아
울었다. 동네 노인들은 썩 만족스러워 했다.

"자랑이 같당이!"

어른스럽다는 뜻이었다. 가엾다고 생선을 가져오는 사람도 있었
는데 누나 이름만 부르지 태준이 주라는 말들은 없었다. 태준이도
비로소 남들의 눈치가 느껴졌다. 예전 같으면 '태준이 엄마', '태준
이 할머니' 하고 부르던 이들이 자기 이름은 아예 입에 올리지도 않
는 걸 보며 외로움을 느꼈다. 외할머니는 누가 뭐래도 여전히 태준
이만 보면 안아 주고 뺨을 비볐지만 갈수록 어머니가 보고 싶었다.

태준은 점점 말이 없어졌다. 햇살이 따뜻한 날이면 눈길을 헤치
고 어머니의 무덤 앞에 가서 한참이나 서 있다 돌아오곤 했다. 무
덤 앞에 서 있으면 못 견디게 어머니가 보고 싶었다. 울지는 않았
다. 무슨 일이 있어도 기죽지 말고 당당하게 살라던 아버지의 말을

기억하고 있었다. 눈물이 나려 하면 주먹을 꾹 쥐고 바다를 바라보았다. 바닷바람이 뺨을 베어 갈 듯 차가워도, 눈이 시리고 귀가 깨질 듯 아파도 주먹을 쥐고 바다를 바라보았다. 그러면 천천히 마음이 가라앉았다.

양반의 고을

신문명은 여러 사람의 운명을 바꾸어 놓았다. 어머니가 죽고도 계절이 두어 번 바뀌었을 때였다.

"배기미에 윤선이 들어왔다!"

길고 둔한 뱃고동 소리가 소청까지 들려왔다. 기선을 윤선이라 부르던 시절이었다. 소청 사람들은 처음 보는 여객선을 구경하기 위해 바닷가로 몰려갔다. 어떤 이들은 배기미까지 단숨에 달려갔다.

기선은 배기미를 거쳐 웅기 쪽으로 들어가더니 이튿날 다시 배기미에 들렀다가 청진 쪽으로 내려갔다. 태준은 원산에서 블라디보스토크로 갈 때 이보다 더 큰 러시아 화물선도 타 보았으나 미끈한 검은 몸체에 높이 솟은 굴뚝을 가진 여객선이 훨씬 멋져 보였다. 동네 아이들도 제각기 배를 구경한 소감을 떠들어 댔다.

"굴뚝도 댑다 크당이."

"태풍에도 끄덩 안 한다 앙나?"

일주일쯤 후에는 또 다른 기선이 나타났다. 사람들은 요전 것보다 크니 적니 하고 다투었다. 일본우선주식회사의 항로가 열린 것이다. 사람들은 이제 소청도 커질 거라고 신나 했다. 그러나 예상은 빗나갔다.

소청 거리에는 갑자기 행인이 거의 없어지고 말았다. 웅기 이북으로 갈 사람들은 배로 웅기까지 직행했고, 소청 근처 사는 이들은 배기미까지 배를 타고 왔다. 집 한 채 제대로 얹을 수 없는 한가한 어촌이던 배기미가 갑자기 번창하게 되었다. 도저히 집을 지을 수 없을 것 같던 비탈에 객주가 생기고 식당이 생겼다. 장사꾼들도 그리 다 몰려갔다.

행인이 줄어드니 강원도집은 어쩌다 동네 단골이나 몇 사람 올뿐, 썰렁해지고 말았다. 뱃고동 소리만 나면 태준과 정송은 밥숟가락을 내던지고 뛰어나가 손을 흔들었으나 외할머니는 영 원망스러워 했다.

"저놈의 윤선이 우리를 죽이고 또 죽이는구나. 애초에 이 감리를 일본에 데려가 망치게 한 것도 저놈이다. 남은 재산 다 팔아 해수애에 우릴 데려간 것도 저놈 아니냐. 이젠 우리 생계까지 끊어 놓는구나."

정 서방도 떠나고 딸까지 잃은 후로 외할머니는 평생 못 해 본 고생을 혼자 감당하고 있었다. 두 살밖에 안 된 선녀를 등에 업고, 열두 살과 아홉 살짜리들을 건사하며 홀로 식당 일을 하기는 너무 힘들었다. 동네 처녀들이며 청년들이 기꺼이 돼지를 잡아 주고 물을 길어다 주기는 했지만 부탁도 한두 달이지 계절이 몇 번이나 바뀌도록 계속되니 미안해서 입이 떨어지지 않았다. 그나마 여객선 때문에 장사가 안 되어 먹고살기도 어렵게 되었으니 더 이상은 버틸 수가 없었다.

외할머니는 서당 훈장을 찾아가 철원 용담의 이씨 문중으로 편지를 써 달라고 부탁했다. 아이들의 어미마저 죽었고 자신은 늙고 물정에 어두워 이 애들을 가르칠 수가 없으니 문중에서 이 애들을 데려가든지 아니면 누가 한번 오기라도 해서 이 아이들의 교육과 혼인에 대해 의견이라도 달라는 내용이었다.

한 통의 편지가 산을 타고 바다를 건너 철길로 이어지는 몇 백 리 길을 가는 데 얼마나 걸릴지 알 수 없는 시대였다. 오래도록 기다리던 끝에 반가운 손님이 찾아왔다. 철원에서 문중 어른이 기선을 타고 온 것이었다.

그날도 서당에서 글을 읽고 있는데 동네 처녀가 태준을 집에 보내 달라는 외할머니의 전갈을 가져왔다. 처녀를 따라 집에 들어가니 문밖에서 기다리던 할머니는 또 소리까지 내어 운 듯, 쉰 목소리로 말했다.

"너희 오촌 아저씨가 오셨다. 네 아버지의 가까운 사촌 동생이시다. 들어가 절해라."

담배 연기 자욱한 침침한 방 안에는 두 사람이 앉아 있었다. 따끈한 아랫목에는 챙 넓은 양반 갓을 쓰고 도포를 잘 차려입은 이십대 후반의 젊은이가 처음 보는 얼룩덜룩한 빨간색 담뱃대를 빨고 있었다. 차가운 윗목에는 그보다 한결 나이가 많은 이가 서양식 중절모를 쓰고 앉아 종이에 만 담배를 피우고 있었다.

어린 눈에도 아랫목에 앉은 이가 상전이라는 생각이 들었다. 그렇지만 나이든 사람이 어른이라고도 배웠다. 누구에게 먼저 절을 해야 할지 판단할 수가 없었다. 태준이 망설이니 할머니는 먼저 아랫목의 젊은이에게 절을 하게 했다. 윗목의 중늙은이에게도 절을 하고 나니 젊은이가 담뱃대를 놓고 태준의 손목을 잡아끌었다.

"아이들은 잠깐 만에 크는구나. 너 나 모르겠니? 아랫말 오촌 아저씨다."

자세히 살펴보니 전에 용담 마을에 살 때 본 듯도 했다. 얼굴이 유난히 희고 수염은 적게 났으면서도 점잖은 얼굴이었다. 오촌의 눈에는 이내 눈물이 핑 돌더니 굵은 눈물이 갓끈에 떨어졌다.

"형님도 이걸 여기다 남기시구······."

오촌은 목이 메어 더 말을 못 하고 울기만 하는데 윗목의 중늙은이는 담배만 뻐끔뻐끔 피우며 물었다.

"너 몇 살이냐?"

"아홉 살이꼬마."

"허허, 함경도 아이가 다 됐구나!"

이씨 문중의 법률적인 일을 담당해 온 윤 생원이었다. 소청 사람들은 종이를 오려 자기 손으로 담배를 말아 침으로 붙여 피웠는데 윤 생원은 궐련을 피웠다. 새파란 바탕에 빨간 산호 가지를 그린 담뱃갑이 예뻤다. 가지고 싶었다. 누나가 옆에 있었다면 저건 내 거라고 미리 맡아 놓았을 것이다.

오촌 아저씨는 서당에 잘 다니는지, 뭘 배우는지 물었다. 그러나 태준의 관심은 그의 담뱃대에만 쏠려 있었다. 새빨갛고 알록달록한데다 마디도 없는 것이 꼭 빨간 수수깡같이 예뻤다.

"이게 무슨 참댄둥?"

무슨 대나무냐는 말을 입에 붙은 함경도 사투리로 물으니 오촌 아저씨는 눈물을 닦으며 웃었다.

"녀석! 양철 담뱃대란다. 양철을 처음 보는 모양이구나?"

1912년, 서울에는 전차가 다니고 자동차도 다녔지만 북쪽 끝 오지마을 사람들은 여전히 말이 아니면 마차를 타고 다녔다. 사기그릇을 쓰고 나무수저로 밥을 먹었다. 신문명은 배기미의 기선처럼, 아주 멀리서 왔다가 다시 멀어지고 있었다.

태준네는 다음 날부터 집을 내놓고 무거운 가재도구를 다 팔았다. 이 일은 윤 생원이 맡았다. 동네 사람들은 모여들어 세간살이를 나눠 사 가면서도 퍽 섭섭해 했다.

외할머니는 닭을 한 마리 잡고 소주를 한 병 받아다가 태준에게 들러 서당으로 갔다. 태준은 훈장에게 술을 따라 올리고 절을 하고 물러 나왔다. 훈장도 똑똑한 아이 떠나보낸다고 못내 섭섭해 했지만 서당 아이들은 태준을 부러워했다.

"태준이는 윤선을 타 보겠구나! 좋겠당이!"

사실 태준은 즐거웠다. 기선을 타 볼 것도 즐거웠고, 고향에 가면 새로 생긴 신식 학교에 다닐 수 있다는 것도 즐거웠다. 그렇지만 어딘지 부족한 즐거움이었다. 어머니가 같이 간다면 더 즐거울 것 같고, 친구들도 몇은 데려가고 싶었다. 누나 친구 중에도 서분이나 옥동이는 같이 가면 아주 즐거울 것 같았다.

외할머니는 철원에서 집안사람이 오지 않는다면 태준을 서분이 집에 데릴사위로 넣으려고 생각했었다. 타고난 미인인 태준의 누나 정송은 회령쯤에 잘사는 집 민며느리로 넣을 생각이었다. 태준도 누나와 같은 나이인 서분이를 좋아했다. 그러나 이제 헤어질 때가 되었다.

태준네 가족이 타고 갈 기선이 배기미를 거쳐 웅기로 들어갔다. 짐은 벌써 다 꾸려 놓았다. 다음 날 배가 배기미로 돌아 나오면 오촌 아저씨와 윤 생원까지 다 함께 타고 떠날 것이었다.

달이 밝은 저녁이었다. 태준은 누나 친구들 사이에 끼어 숨바꼭질을 하며 놀고 있었다. 소청은 어떤 울타리 밑, 어떤 골목 뒤에 가도 모래가 해변처럼 폭신폭신했다. 술래가 된 옥동이가 숫자를 세는 동안 뒷골목으로 달음질쳐 어느 집 굴뚝 뒤의 볏단에 기대 털썩 주저앉았다. 얼굴에 비치는 밝은 달빛이 '태준이 여기 있다!'고 일러 주는 것 같았다. 뛰어오느라 벌떡거리는 가슴 소리가 가라앉으니 파도 소리도 들려왔다. 문득 러시아의 해변이 생각났다. 그곳의 달도 밝았다. 함께 놀던 아이들이 생각나고 아버지가 돌아가셨을 때가 생각났다.

그때 소란한 발소리가 들려왔다. 옥동이었다.

"태준이 찾았다!"

태준이 술래가 되었다. 열까지 천천히 센 후 맨 먼저 방금 자기가 숨었던 굴뚝 뒤에 가 보았다. 서분이가 숨어 있었다. 달빛에 비친 얼굴이 달덩이처럼 고왔다. 찾았다고 소리치려는데 서분이 얼른 낮은 목소리로 말했다.

"얘! 가만있어!"

서분이 속삭이며 태준의 손을 잡아 끌어들였다. 누나 친구라도 서로 반말을 하는 사이였다.

"왜?"

"저 애들이 찾게스리 가만히 있어 보자."

"그래!"

태준이 재미있어 하며 낟가리에 파고들었다. 부스럭 소리가 났다. 서분은 조용하라며 확 끌어안았다. 어머니나 외할머니가 아닌 여자에게 안겨 보기는 처음이었다. 말랑말랑한 젖가슴이 태준의 가슴에 밀착되었다.

"내일 저녁엔 너희는 저 달을 윤선에서 보겠구나?"

"넌?"

서분은 달빛에 비친 태준의 얼굴을 잠시 들여다보고는 말했다.

"난 저녁마다 혼자 여기 와서 쳐다볼 거야."

"혼자?"

서분은 고개를 끄덕이며 울듯 한 얼굴로 달을 쳐다보았다. 서분은 태준네와 오간 혼담을 잘 알고 있었다. 태준은 서분이 불쌍하게 생각되었다. 철원으로 데리고 가면 얼마나 좋을까 하는 생각이 들었다. 껴안은 팔에 힘껏 힘을 주었다. 바닷바람에 거칠어진 서분의 살결이 뺨에 느껴졌다.

"태준아! 서분아! 어디 있니? 못 찾겠다!"

누나와 옥분의 목소리가 들려왔다. 둘은 얼른 팔을 풀고 떨어져 마당으로 달려 나갔다.

이튿날은 창이 밝기도 전에 집 안이 소란했다. 태준도 어느 날 아침보다 일찍 잠이 깼다. 어머니가 돌아가셨을 때처럼 동네 할머니들이 앉을 자리가 없도록 잔뜩 모였다. 어머니가 가르쳤던 동네 처녀들도 벌써 와서 아침밥 하는 것을 거들었다.

서분이는 남들이 보는 데서는 태준이 옆으로 오지 않고 멀리서만 어쩌다가 한 번씩 날쌔게 훔쳐보았다. 태준은 전날 저녁 서분이 한 말이 생각났다. 저녁마다 혼자 그 자리에서 달을 보겠다던 말이었다. 무언가를 잃어버린 때처럼 허전한 기분이 들었다.

서분이와 이야기할 기회는 없었다. 모인 사람들은 거의 전부 태준의 어머니 산소까지 따라갔다. 태준이가 제일 먼저 산소에 술을 따르고 절을 했다. 벌써 소리 내어 우는 것은 외할머니뿐이 아니었다. 동네 할머니들도 하나같이 구슬프게 울었다. 누나의 친구들도 함께 울었다. 서분이도 서럽게 우는 모습이 보였다. 할아버지들 중에도 우는 이가 여럿이었다. 어머니 시신 앞에서 태준 대신 곡을 해 준 이들이었다.

죽은 이에 대한 예의만은 아니었다. 겨우 이 년 넘게 한동네에 살았을 뿐인데 너무 깊이 정이 든 것이었다. 고마운 사람들이었다. 하지만 태준은 몇 년째 계속되는 울음소리가 지긋지긋했다. 태준은 사람들을 거슬러 큰길로 뛰어나오며 다짐했다.

'난 울지 않을 거야! 난 절대 안 울어!'

동네 사람 여럿이 배기미까지 따라와 주었다. 기선은 제시간에 들어와 멀리 바다에 정박했다. 뱃머리에 은성환이라고 쓴 한자 이름이 보였다. 태준네 일행은 마을 사람들과 헤어져 쪽배를 타고 은성환으로 향했다. 기선의 시커먼 벽에 내려진 사다리를 타고 사람과 짐이 오르는 데 한참이나 걸렸다.

어른들은 짐을 들고 객실에 내려가 자리를 잡느라 바빴지만 태준은 멀리서만 보던 기선에 탄 것이 좋아 갑판을 돌아다녔다. 허연 김과 함께 화통에서 터져 나오는 우렁찬 뱃고동 소리가 육지의 산맥에 부딪혀 메아리가 되어 돌아왔다. 바닷물 속에 담가 놓았던 닻을 끌어올리고 남쪽을 향해 출발할 때의 그 부드러운 움직임이란 러시아에서 타고 왔던 목선과는 비교할 수 없었다.

배가 속도를 올리면서, 갈라지는 물결이 차츰 굵어지더니 나중에는 하얗게 물거품이 되어 뒤로 날아갔다. 배기미는 까맣게 사라지고 소청 마을이 가까워졌다. 바닷가 언덕 위로 어머니 산소가 보였다. 거리 앞 둔덕에는 동네 사람들이 하얗게 모여 있다가 손을 흔들었다. 태준이도 손을 저어 주었다. 누가 누구인지는 알 수 없었다. 거리는 차츰 두 집이 한 집으로, 두 사람이 한 사람으로 줄어들었다. 사람들의 움직임이 잘 보이지 않을 정도로 멀어지면서 어머니의 산소가 있는 언덕도 보이지 않게 되었다.

'아! 엄마 산소!'

곁에는 아무도 없었다. 비로소 눈물이 샘처럼 솟구쳤다. 누구 앞에서도 흘리지 않으리라 고집 피우던 눈물이었다. 정 많은 소청의 노인들은 인정머리 없는 아이라고 흉봤지만, 자기 가슴속에 그들보다 훨씬 많은 눈물이 들어 있음을 어찌 알까? 이 세상에 어머니의 죽음을 자기보다 더 슬퍼할 사람이 있을까? 태준은 홀로 엉엉 소리 내며 오래도록 울었다.

은성환 호는 항구마다 모조리 들르느라 꼬박 일주일 만에야 원산항에 닿았다. 원산부터 서울까지는 새로 뚫린 철도가 놓여 있어 반나절이면 철원까지 갈 수 있다고 했다. 기차는 빨랐다. 들과 산이

획획 지나갔다. 외할머니는 처음 타 보는 기차에 감탄했다.

"윤선보다 훨씬 빠르구나. 예전엔 철원에서 원산까지는 말을 타고 닷새가 걸렸건만……. 세상 참 금방 변하는구나."

저녁 무렵 철원역에 내린 일행은 짐을 나눠 든 채 남쪽으로 용담까지 다시 십 리를 걸었다. 용담 마을에 들어섰을 때는 날이 저물어 아무것도 보이지 않았다. 오촌은 태준네 가족을 아랫말 자기 집으로 데려갔다.

어렴풋이 기억에 남아 있는 집이었다. 문간방과 외양간으로 이뤄진 바깥채의 가운데에 있는 대문을 지나 마당을 밟으면 안방과 대청마루와 건넌방이 있는 오래된 기와집이었다. 용담 친척들의 집은 마당의 크기만 다를 뿐 다 이와 비슷한 기와집이었다.

태준네 오누이가 왔다는 말에 친척 어른들이 모여들었다. 마당에는 관솔불이 밝혀지고, 대청마루에는 남폿불이 켜졌다. 젊은 아저씨와 아주머니 들은 마당에 모이고, 나이든 이들은 대청마루에 올라와 앉았다. 태준은 어른들이 시키는 대로 대청마루의 노인들에게 차례로 큰절을 올렸다. 절을 할 때마다 모두들 한마디씩 했다.

"불쌍하다, 불쌍해."

"이 어린것들을 어쩌누?"

어떤 노인은 울기까지 했다. 그러나 덥석 끌어안아 주는 이는 하나도 없었다. 노인들은 절만 받았을 뿐, 그 이상 애틋한 애정을 표현하거나 말을 거는 이가 없었다. 소청 사람들은 남의 애라도 귀엽다고 머리를 쓰다듬고 이것저것 묻기 마련이었는데 참으로 어색하고 낯선 분위기였다. 불쌍하다고 혀를 차는 소리도 듣기 싫었다. 태준은 양반이란 이런 걸까 생각했다.

넓고 따뜻한 안방에서 저녁을 먹고 나니 이내 졸음으로 눈은 한없이 뻑뻑해져 오는데 어디서 자야 할지 몰랐다. 육촌 사이가 되는 이 집 아이들은 다들 자기 자리를 찾아 잠자러 갔다. 그러나 태준네 식구에게 어디에서 자라고 말해 주는 이는 없었다. 외할머니도 몹시 피곤한 기색이었으나 역시 이 집 사람들의 눈치만 보았다. 모르는 사람들뿐인 러시아와 소청에서도 그토록 당당하던 외할머니가 의기소침해져서 잠자리가 어디냐고 묻지조차 못하는 모습은 이상하게 느껴졌다. 소청에 두고 온 집 생각이 났다. 서분이가 생각나고, 만두 끓는 고깃국 냄새 구수하던 부엌이 생각났다. 앉은 채로 깜빡 잠이 들어 몇 번이나 고개가 방바닥에 부딪힐 뻔하고서야 어른들이 자라고 했다.

남폿불이 밝고 훈훈한 안방이 아니라 뜰아래 문간방이 태준네의 잠자리였다. 조그만 방에는 등잔불이 금방이라도 꺼질 듯 가물거리고 있었다. 오래 비웠다가 불을 땐 듯 비릿한 물내와 장판에 바른 피마주 기름내가 났다. 그래도 너무 피곤했다. 태준과 두 누이는 이불에 들어가자마자 잠이 들어 버렸다.

'땃 따다다 땃 따다다…….'

아직 어두운 시간이었다. 태준은 처음 듣는 나팔 소리에 퍼뜩 잠이 깼다. 대청마루 쪽에서 누가 수선스럽게 돌아다니는 소리가 났다. 윗몸을 일으켜 미닫이에 붙은 유리창으로 살펴보니 오촌 아저씨의 동생인 작은아저씨가 희끄무레한 어둠 속에서 황급히 움직이고 있었다.

스물한 살인데 벌써 결혼해 아이까지 둔 작은아저씨는 한참 몸단장을 하더니 마루에 걸터앉아 발목에 각반을 차기 시작했다. 저고리에 조끼를 덧입고, 턱끈이 달린 새까만 모자를 썼다. 기둥 옆에 세워 두었던 것을 집어 드는데 어둠 속에 보기에 틀림없는 장총이었다. 가죽끈까지 달린 총을 어깨에 멘 작은아저씨는 곧장 대문 밖으로 튀어 나갔다. 그때쯤 나팔 소리는 다른 곳에서도 울려왔다. 함께 뛰어나가고 싶은 유혹이 들끓었다.

나팔 소리는 점점 멀어지고 있었다. 태준은 몸이 달아 안달을 하다가 외할머니가 말리는 것을 뒤로하고 옷을 주워 입고 밖으로 나왔다. 오래전 기억들이 아물아물한 골목을 달려 나팔 소리를 찾아갔다. 나팔 소리는 앞산에서 들려오고 있었다. 총을 멘 사람들이 백 명도 넘게 솔밭으로 뛰어 올라가는데, 가만히 보니 맞은편에서도 백 명가량의 총을 멘 사람들이 마주 달려 올라갔다. 옷 입은 것도 총도 두 무리가 비슷했다. 선봉이 서로 가까워지자 나팔 소리까지 파묻히도록 서로 고함을 질러 댔다.

"와아—! 물리쳐라!"

"공격해라! 돌격!"

이상하게 총성은 울리지 않았고 비명 소리도 들리지 않았다. 어린아이들 전쟁놀이처럼 서로 고함만 지르고 육박전을 하는 시늉만 하더니 점차 잠잠해졌다. 물을 길러 가던 아낙네들도 잠깐씩 발을 멈추고 태평스레 바라볼 뿐 놀라는 기색이 없었다.

얼마 있으니 산에 올랐던 이백 명이 합쳐 줄을 지어 내려오기 시작했다. 솜바지에 양복 상의를 걸친 젊은이가 양철 북을 치며 앞장서는 가운데, 들어 본 적 없는 씩씩한 노래를 다 같이 합창하며 행진해 왔다. 가까워지면서 얼굴들이 보이는데 겨우 태준보다 두어 살 많은 소년부터 서른 살은 되어 보이는 장년까지 있었다. 옷차림도 가지각색인데 머리들은 하나같이 짧게 깎았다.

태준은 유일하게 아는 얼굴인 작은아저씨를 찾아보았다. 무리 속에 섞여 있던 작은아저씨는 눈이 마주쳤지만 노래를 하느라 못 본 척했다. 그런데 아침에 보았던 장총을 가만히 살펴보니 나무를 깎아 만든 가짜였다. 총구도 없고 방아쇠도 없는 나무 모형이었다. 다른 이들이 가진 총도 모두 마찬가지였다.

청년들은 마을을 지나더니 넓고 평탄한 운동장으로 들어갔다. 운동장 입구에는 '사립봉명학교'라고 쓴 간판이 세워져 있었고 한쪽에는 보통 기와집과 달리 길쭉한 일 층 건물이 한 채 서 있었다. 젊은이들은 운동장에 들어가자 목총을 세워 놓고 줄을 맞춰 넓게 서서 체조를 시작했다. 태준은 그만 심심해져서 돌아섰다.

오촌 집에 돌아오니 외할머니는 부엌에서 아주머니들과 일을 하며 이야기를 나누고 있었다. 문간방으로 따로 밥상을 가져와 식구들끼리 밥을 먹는데 아침에 본 광경을 자랑하니 할머니는 웃지도 않으며 말했다.

"그런 데 따라다니지 말고 어여 밥이나 먹거라."

무거운 표정이었다. 흥미를 잃고 밥을 먹는데 문득 정 서방이 떠올랐다. 방금 부엌에서 외할머니와 아주머니들이 정 서방이 어쩌고 하던 말이 생각나서였다.

"할머니, 정 서방은 여기 왜 없어요?"

외할머니는 얼른 대답하지 않았다.

"용담으로 간다고 했잖우? 어디 있어요?"

"의병 갔단다."

외할머니 말이 이해가 되질 않았다. 정 서방이 아버지를 때려서 죽게 만든 의병에 들어갔다는 건가? 아까 총을 들고 몰려다니던 사람들도 의병인가?

"그럼 작은아저씨도 의병인가?"

외할머니는 피식 웃었다.

"학생들이란다. 동네 어른들이 신식 학교를 세워 군대 훈련을 하는 것뿐이야. 나라가 없어진 지 언젠데 이제사 왜놈들을 물리치 겠다고 저러는구나. 저러다가 크게 다치지……. 어여 밥이나 먹으라니까!"

밥을 먹으려니 다시 정 서방이 생각났다. 은근히 서운했다.

"정 서방은 의병 갔어도 우리가 왔다면 안 올까?"

"……."

모르는 척 밥만 먹던 외할머니는 한참이나 지나서 슬픈 얼굴로 말했다. 울지는 않았다.

"정 서방은 일본군과 싸우다가 돌다리에서 총에 맞아 죽었다더라. 살아서 어디론가 멀리 사라졌다는 말도 있구."

숨이 멎는 기분이었다. 죽음은 아무리 겪어도 익숙해지지 않았다. 삼촌 같던 정 서방까지 죽다니. 소청을 떠날 때 도련님이라 부르며 얼굴이 눈물로 범벅이 되어 울던 모습이 떠올랐다.

"네 어미가 챙겨 준 돈으로 땅이나 사서 장가나 가지, 어차피 죽을 의병에를 왜 가누? 네 아버지나 정 서방이나 피가 끓는 사람들은 어쩔 수가 없구나."

외할머니는 한탄하다 말고 엄숙한 눈으로 태준을 들여다보며 말했다.

"태준이 너는 아버지나 정 서방을 닮아서는 안 된다. 정치가도 되지 말고 군인도 되지 마라. 너는 문장을 잘하니 장차 이태백같이 유명한 문사가 되어야 한다. 알았니?"

태준은 아무런 대꾸도 하지 않았다. 시를 좋아하기는 했다. 처음 한시를 지었을 때 아파 누웠던 어머니가 벌떡 일어나 잔치를 벌였던 기억이 잊히지 않았다. 그렇지만 한시는 여전히 이해하기 어려웠다. 같은 문장을 두고도 사람마다 다르게 해석하는 것도 맘에 들지 않았다. 사람들이 알아들을 수 있도록 말 나오는 대로 쉽게 쓰면 얼마나 좋을까 생각했다.

태준은 아침마다 나팔 소리에 잠이 깼다. 벌떡 일어나 유리 쪽으로 안마당을 내다보면 작은아저씨는 틀림없이 각반 친 다리에 총을 메고 봉명학교의 모표가 번쩍거리는 검은 모자를 쓰고 뛰어나가는 것이었다. 그때마다 어서 봉명학교에 들어가고 싶은 마음으로 조바심이 났다.

봉명학교는 서당과 달리 산술, 지리, 역사, 체조 같은 현대 학문을 가르쳤다. 이 학교를 세운 이는 오촌 아저씨 중 한 사람인 이봉하로, 대한제국 때 참봉 벼슬을 했다 하여 '참봉 아저씨'라 불리던 이였다.

항렬이 높아 문중에 영향력이 컸던 이봉하 아저씨는, 양반집 자제들에게 어찌 중인들이나 배우는 셈법이니 지리를 가르치느냐며 완강히 반대하는 노인들을 설득해 허락을 얻었다. 스스로 교장이 된 자기가 먼저 상투를 자르고 서울에 올라가 여러 학과 선생들을 초빙했다. 문중 땅을 빌려 자기 돈으로 건물과 운동장을 만들었다. 봉명학교는 온전히 이봉하 아저씨가 세운 것이었다.

초빙된 교사 중에는 대한제국 군대 출신도 있었다. 오 선생이었다. 이봉하 아저씨는 일본군에 의해 강제로 군대가 해산된 후 분노에 사로잡혀 술로 세월을 보내던 오 선생을 데려와 학생들에게 군사훈련을 하도록 했다. 그래서 매일 새벽마다 이백 명의 학생들이 목총을 들고 돌격 훈련을 해 왔던 것이다.

서당을 싫어했던 태준은 하루빨리 봉명학교에 들어가고 싶었다. 산수도 배우고 지리도 배우고, 무엇보다도 목총을 들고 산으로 뛰어다니고 싶었다. 아버지가 그토록 미워하던 일본, 정 서방을 쏘아 죽인 일본군과 싸우고 싶었다.

태준의 희망은 그러나 이뤄지지 않았다. 얼마 지나지 않아 용담을 떠나게 되었기 때문이다.

모시울 아이

어느 날, 호리호리하니 마르고 큰 키에 낡은 갓을 쓴 어른이 아랫말 오촌 댁에 찾아왔다. 같은 철원군 안협의 모시울이라는 곳에 사는 모시울 오촌이었다. 모시울은 용담에서 칠십 리 떨어진 빈한한 산골 마을이었다. 자식이라고 딸 하나뿐이라 제사를 지내고 함께 농사지을 양자를 찾던 중에 태준을 데리러 온 것이었다.

누이들은 데려가려는 이가 없었다. 아랫말 아저씨 댁에 그대로 살아야 했다. 태준은 누이들과 헤어지고 싶지 않았다. 용담에서 작은아저씨와 함께 학교도 다니고 군사훈련도 받고 싶다고 투정했다. 외할머니가 함께 간다는 말에야 수그러졌다.

다음 날 새벽, 태준은 울고 있는 누이들과 헤어져 외할머니와 함께 모시울 아저씨를 따라 나섰다.

온종일 걸어야 하는 먼 길이었다. 모시울 아저씨는 가난해 말을 빌리지를 못했다. 물이 나오면 신발을 벗고, 산이 나오면 웃통을 벗어 들고 한없이 걸었다. 더우내라는 큰 개천을 건너니 세수묵이라는 고개가 기다리고 있었다. 몇 킬로미터를 땀 흘려 걸어 올라 고개를 넘으니 다시 몇 킬로미터를 내려가야 했다. 태준은 물집 잡힌 발을 절뚝거리며 외할머니의 손을 놓지 않았다. 외할머니는 가끔 멈춰 서서 태준의 얼굴에 맺힌 땀을 씻어 주고 힘내라고 격려했지만 자신도 일흔이 다 된 노인이었다. 예전처럼 안거나 업어 줄 힘은 없었다.

태준이 무릎을 펴고 설 힘조차 없을 지경이 되어서야 모시울이 나타났다. 벌써 저녁이었다. 앞산이 턱을 받치고 뒷산이 등을 누르고 있는 듯 비좁은 협곡에 스무 가구 남짓 모여 사는 첩첩 산촌은 이른 어둠에 덮이고 있었다. 동구에 들어서자 개들이 짖어 댔다.

"아버지!"

싸릿대로 담을 친 조그마한 초가집에서 여자애 하나가 튀어나와 아저씨에게 안겼다. 누나와 같은 나이에 이름은 정선이라 했다. 정선은 뭘 사왔냐고 어리광을 부렸다. 모시울 아저씨는 길바닥에 선 채로 용담에서 사온 과자 봉지를 끌러 오리 모양의 과자를 한 움큼 꺼내 주며 말했다.

"태준이도 줘라."

정선은 금방 뾰루퉁한 얼굴이 되었다.

"쟤는 오면서 먹지 않았수?"

"와서 너랑 같이 주려고 여태 안 줬다."

정선은 마지못한 얼굴로 이미 자기가 이미 한 입 베어 먹은 과자를 내밀었다. 태준은 과자를 받아 들고 외할머니를 올려다보았다. 할머니도 먹으라고는 하지 않았다. 그렇다고 보는 앞에서 버릴 수도 없어 조끼 주머니에 넣고 말았다.

초가에 들어가니 오촌 아주머니가 먼저 외할머니 손을 마주 잡고 울음을 터뜨렸다. 태준의 손을 잡고도 눈물을 글썽거렸다.

"벌써 이렇게 컸구나! 칠월이 등에 업혀 다니던 게 엊그제 같은데."

칠월이라면 하녀를 말하는 것 같은데 태준은 아주머니든 하녀든 하나도 기억나지 않았다.

방 안은 남폿불에 도배까지 하여 그리 어둡지 않았다. 문갑도 있고 탁상시계와 경대도 있는 것이 예전에는 잘살던 집 같았다. 방이라고 두 칸이었다. 태준은 좁쌀이 쌀보다 더 많은 저녁밥을 먹는 둥 마는 둥 하고 억새로 불을 때 연기 냄새 자욱한 건넌방에 쓰러져 버렸다.

이리 오래 걷기는 처음이었다. 어찌나 잠이 쏟아지는지 붓고 터진 발이 후끈거리는데도 정신이 아득해졌다. 이마에서는 진땀이 멈추지를 않았다. 외할머니는 자신도 녹아내린 촛농처럼 늘어졌음에도 후들거리는 손으로 손자의 이마를 닦아 주었다. 앞뒤 산에서는 짐승 우는 소리가 들려왔다. 늑대 같았다.

"고운 솜에 싸 기르던 이 금싸래기 같은 녀석을 어찌 이런 산속에서 키우누⋯⋯. 할미도 없이 어찌 사나⋯⋯. 누이들 보고 싶어 어쩌누⋯⋯. 차라리 소청에서 우리끼리 살걸⋯⋯."

태준은 외할머니의 중얼거리는 소리를 들으며 아득히 잠에 빠져들었다. 할미 없이 어찌 사냐는 말이 마음에 걸렸지만 너무 피곤해서 꼼짝도 할 수가 없었다.

외할머니는 이미 갈 곳을 생각해 두고 있었다. 모시울에서 다시 칠십 리 떨어진 진멩이라는 산골 마을에 사는 자신의 시동생 집이었다. 모시울에서는 멀지만 용담에서 보자면 십여 킬로미터밖에 떨어지지 않은 곳이었다. 시동생네는 조카딸인 태준이 어머니가 용담에 살 때 사 준 땅으로 살고 있었다. 남편이 죽은 지 오래니 달가워할 리가 없지만 오갈 데 없는 늙은이가 갈 수 있는 유일한 곳이었다.

태준은 진멩이로 가야 한다는 외할머니의 말을 듣고 밥도 물도 먹지 않았다. 울고 고집을 부릴 형편은 못 되었다. 오촌 아주머니가 힐끗힐끗 곁눈질을 하는 것이 야단을 치는 것보다 더 위축되었다. 정선이의 비쭉거리는 비아냥도 울지 못하게 했다.

"떨어지기 싫으면 너도 따라가렴. 거지새끼처럼⋯⋯."

거지가 된다 해도 외할머니와 같이 가고 싶었다. 그러나 할머니도 혼자 가야 한다고 하니 따라가겠다고 떼를 쓰기가 힘들었다. 언제나 자기 말을 들어주던 할머니에게 배신을 당한 기분이었다.

모시울 산골에는 벌써 눈발이 희끗희끗 날리기 시작했다. 차마 손자 곁을 떠나지 못하고 하루 이틀 지체하던 외할머니는 눈이 쌓이면 길이 막힌다며 기어이 털고 일어났다.

태준은 오촌 아저씨에게 손목을 잡힌 채 세수묵 고개 입구까지 외할머니를 배웅했다. 할머니는 자꾸 눈물이 앞을 가려 장님처럼 지팡이로 길을 더듬었다. 열 걸음을 못 가 돌아보고, 또 열 걸음을 못 가 돌아보았다. 태준도 자꾸 눈물이 나왔다. 아저씨가 손을 꽉 잡고 있지 않았다면 그대로 뛰어 쫓아갔을 것이었다. 잡히지 않은 한 손으로 자꾸 눈물을 닦았다.

외할머니는 산길 모퉁이를 돌 때까지 울음을 보이지 않았다. 그러나 서로 보이지 않게 되었을 때, 태준의 귀에 너무나 익은 커다란 울음소리가 들려왔다. 아버지가 죽었을 때, 어머니가 죽었을 때, 아무 때고 슬픈 기분이 들 때마다 들려오던 그 소리였다. 듣는 이의 가슴을 후벼 내는 듯, 청승맞은 울음소리였다. 울음소리는 냇물소리와 함께 산 갈피에서 흘러내려 왔다. 태준도 기어이 소리 내어 목청껏 울부짖기 시작했다.

"할머니! 할머니! 나 따라갈래!"

오촌 아저씨는 손목이 아프도록 억세게 태준의 손을 잡아끌더니 뒤돌아볼 기회도 안 주고 질질 끌다시피 모시울로 향했다.

이날로 태준은 모시울 아이가 되었다. 처음에는 친구가 없어 정선이만 따라다녔다. 정선이가 걸레를 빨러 개울로 가면 요강을 들고 따라갔다. 정선이가 함지박을 이고 물레방앗간으로 곡식을 빻으러 가면 체나 키를 들고 따라갔다.

정선이는 태준을 잠시도 놓지 않았다. 동무도 되거니와 심부름을 잘 들어주기 때문이었다. 심부름은 해 줄수록 늘었다. 어떤 때는 부엌에서 정선이가 부르는 소리가 났다. 뛰어가 보면 한 걸음만 옮겨도 넉넉히 집을 수 있는 것을 집어 달라고 했다. 어떤 때는 방 안에서 급히 찾았다. 뛰어들어 가 보면 제가 오줌 누고 밀어 놓은 요강에 뚜껑을 덮으라고 시켰다.

얄미운 심부름은 그래도 나았다. 무엇을 엎지르든지 무엇을 깨뜨리든지 어른들 안 보는 데서 저지른 일은 모두 태준이가 한 것으로 뒤집어씌웠다. 태준은 억울하기보다 매라도 대신 맞아 정선이를 즐겁게 해 주는 것만 다행스러웠다.

모시울에는 서당이 없었다. 아이들은 산새 잡고 땔나무 해 오는 것이 놀이요, 일이었다. 아이들과 점차 친해진 태준은 새 잡는 덫을 만드는 법을 배웠다. 싸릿가지를 활처럼 휘어 새가 들어가서 먹이를 쪼면 덮치게 만든 덫이었다. 아이들은 창애라 불렀다. 태준도 며칠이나 공을 들여 참새창애, 박새창애, 멧세창애 세 벌을 만들었다.

소 먹이는 집의 장독에는 참새가 잘 내려앉았다. 창애 바닥에 볏짚을 깔고 쌀알을 끼워 놓았다. 멧새가 잘 내려앉는 덤부사리 밑에는 나룩 짚을 깔고 나룩 이삭을 끼워 놓았다. 박새가 잘 내려앉은 앵두나무 밑에는 지붕의 박을 가른 하얀 속을 펴 놓고 박씨를 끼워 놓았다.

반지르르하고 색깔 고운 새털이 한 뭉치 푸덕거리는 꿈을 꾸며 장독대로, 덤부사리로, 앵두나무 밑으로 돌아다닐 때는 귀가 시린 것도 모르고 가슴까지 두근거렸다. 대개 비어 있었지만 종일 헛걸음치지는 않았다. 어떤 때는 샛노란 관을 쓴 멧새가 막 치여서 날개를 푸덕거리기도 했고, 어떤 때는 참새가 치인 지 한참 되어 빳빳하게 얼어 있기도 했다.

창애 때문에 돌아다니다 보면 정선이가 찾을 때 바로 가지 못하는 때가 있었다. 정선이는 일 분도 기다림을 참지 못하는 아이였다. 잡은 새를 자랑스레 보여 주니 확 낚아채 온 힘을 다해 울타리 너머로 던져 버렸다. 나중에는 창애까지 몽땅 아궁이로 들어가고 말았다.

태준은 차츰 낮이 싫어졌다. 밤에도 정선이와 나란히 자기는 하지만, 불을 끄고 나면 시키는 일이 없었다. 깜깜한 방 안에 누워 있으면 할머니 생각을 할 수 있고 누이들 생각도 할 수 있었다. 소청에 있는 어머니 산소와 조개껍질과 금빛 모래 깔린 바닷가, 거기서 놀던 친구들 생각도 할 수 있었다. 용담의 새벽 나팔 소리, 넓은 운동장에 모여 씩씩하게 체조하는 학생들을 생각해도 쿨쿨 잠든 정선이는 간섭하지 않았다. 온종일 눈치 보고 시달릴 것을 생각하면 밤이 영원했으면 싶었다. 그러나 아침은 어김없이 돌아왔다. 짧은 겨울해가 태준에게는 진땀나게 길었다.

하루에도 몇 번씩 정선에게 욕을 먹거나 막대기로, 손바닥으로 여기저기 얻어맞는 힘겨운 겨울 석 달이 지나가고, 개울을 메우고 있던 얼음도 녹아 군데군데 생긴 구멍으로 투명한 물길이 들여다보였다. 동네 아이들은 작살을 만들어 물고기를 잡으러 다닐 때였다.

하루는 다저녁에 걸레를 들고 개울로 나왔다. 아직 얼음이 덜 풀린 개울에 바지를 걷고 들어가 걸레를 헹구는데 한 뼘은 될 붕어한 마리가 빨랫돌 밑에서 나와 징검다릿돌로 들어가는 것이 보였다. 태준은 얼른 소매를 걷고 징검다릿돌 밑으로 손을 넣었다. 붕어는 어느새 빠져나와 새하얀 비늘을 반짝거리며 다른 돌로 들어갔다. 태준도 물을 튕기며 손을 뻗었지만 또 달아났다. 약이 오르기도 하고 재미있기도 했다. 그런데 이리저리 뛰어다니다 보니 문득 걸레가 눈에 보이지 않았다. 징검다리 아래쪽 넓은 얼음 속으로 들어간 것이다.

정선이의 매서운 손길이 떠올랐다. 길을 쳐다보았다. 아직 정선이가 찾으러 오지는 않았다. 얼른 돌을 집어 얼음장을 쳐 보았다. 열 살짜리가 던지는 작은 돌은 두터운 얼음장에 흔적도 남기지 못한 채 튕겨 미끄러졌다. 아무 막대나 꺾어 쓰면 그뿐인 아궁이의 부지깽이를 태워 먹었다고 며칠을 두고 괴롭힌 정선이었다. 계곡은 시시각각 어두워지는데, 물을 따라 떠내려간 것도 아니고 두터운 얼음장 밑 어딘가에 처박혀 있으니 마음은 밤보다 더 검게 타 버리는 기분이었다.

외할머니로부터 들은 콩쥐팥쥐 이야기가 떠올랐다. 구박받는 콩 쥐를 위해 비단옷과 꽃가마를 주러 하늘에서 검정 암소가 내려왔 듯이 자기에게도 어머니가 검정 암소를 내려보내 주었으면, 검정 암소가 외할머니 계신 곳에 자기를 데려다 주었으면, 우선 잃어버 린 걸레라도 찾아주었으면……. 태준은 물속에 선 채로 눈물이 글 썽글썽해 어두워지는 하늘을 쳐다보았다.

이때였다. 하늘에서 목소리가 들려왔다.

"태준이냐?"

외할머니의 목소리였다. 너무도 생생했다. 어머니가 보내셨을까?

"할머니? 할머니예요?"

"에그 태준아! 깜깜한데 여기서 혼자 뭘 하구 있누?"

이번에는 길 위에서 들려왔다. 꿈이 아니었나? 태준은 정신이 번쩍 나 징검다리로 올라서며 계곡 위쪽을 올려다보았다. 꿈이 아 니었다. 나무와 덤불 사이로 이어지는 오솔길에 허연 그림자가 비 틀비틀 고꾸라질 듯이 급하게 달려오고 있었다. 외할머니였다. 목 이 메어 아무 말도 할 수가 없었다.

금방 또 눈물범벅이 된 외할머니는 양 손바닥으로 태준의 얼굴 을 잡고 들여다보고, 양손을 어루만져 보고, 껴안아 보고, 어쩔 줄 을 몰라 했다.

"에구 내 새끼……. 손등도 이렇게 터지구……. 이 차가운 물속에 맨발로……. 에구 이 불쌍한 내 새끼……."

외할머니는 벌써 보름 전, 산천에 봄기운이 돌자마자 태준을 보려고 떠나왔었다. 그런데 오십 리 길을 걸어 얼어붙은 더우내를 건너 세수묵 고개에 접어드니 산길이 온통 빙판이었다. 산 중턱의 샘물이 흘러넘치며 얼어 버린 것이었다. 칠순의 몸으로 빙판을 오르려고 몇 번이나 뒹굴고 미끄러지다가 결국 포기하고 오십 리 길을 되돌아갔다.

외할머니는 삼십 리 길인 용담은 몇 번 찾아가 두 손녀를 안아 주고 왔는데 그때마다 시동생은 이 추운 겨울에 시신 찾아다니게 하려고 이러느냐며 야단했다. 이번에도 여기저기 피멍이 든 채 오밤중에 돌아가니 죽은 줄 알았다고 펄펄 화를 냈다. 그래도 형수인데, 늙은 몸이 그 집 밥그릇에 수저 하나 더 얹어 놓았다고 아랫사람 취급을 받아야 했다. 외할머니는 그런 수모를 겪으면서도 얼음이 다 녹기 전에 또 길을 떠나온 것이었다.

"눈에 넣어도 안 아픈 내 새끼……. 내가 왜 널 떼어 놓았누? 이젠 죽어도 널 놓지 않을게."

"할머니, 나 할머니 따라갈래……."

할머니와 손자는 죽어도 떨어지지 않을 것처럼 꽉 끌어안은 채 별들이 총총해지도록 개울가에 서 있었다. 태준은 걸레 따위는 까마득하게 잊어버렸다.

정선이는 안방에서 자기 식구들과 자고, 외할머니는 태준의 방에서 함께 자게 되었다. 할머니는 어둠 속에서 허리춤을 부시럭거리더니 어른 주먹만 하니 복숭아 같은 것을 꺼내 놓았다. 아버지의 천도연적이었다.

"와! 연적!"

밤안개 짙은 봄밤의 달이 낡은 창 너머로 희미하게 떠 있었다. 태준은 할머니 품에서 따뜻해진 사기 연적을 두 손으로 움켜쥐고 달빛에 비춰 보고, 뺨에 대 보며 좋아했다. 희미한 아버지의 흔적과 너무도 또렷한 어머니의 추억이 서린 유일한 물건이었다.

"태준아 글공부는 하고 있니?"

"여기는 책두 없구, 서당도 없는걸?"

"그래, 이번엔 나하고 여기서 나가자. 네 글재를 이 산속에서 썩힐 순 없다."

외할머니는 다음 날 정선이 모녀가 이웃에 간 사이에 오촌 아저씨에게 넌지시 말을 건넸다.

"사돈어른께서 섭섭히 생각하실지 모르지만, 태준이가 벌써 열 살이라 『논어』, 『맹자』를 읽을 나이인데 여기서야 어디 가르칠 데가 있어요? 내가 미역이나 조기라도 이고 다니며 장사를 해서라두 가르칠 테니 제 이름 석 자 쓸 줄 알 때까지라도 데리고 있다가 돌려보내 드리리다."

오촌 아저씨는 예상치 못했던 말에 짐짓 놀라는 기색이었다.

"칠순 노인께서 행상이라니 말이 됩니까? 그리고 저 녀석을 사방으로 데리고 다니면서 무슨 글을 가르칩니까?"

외할머니는 그의 반응에 다 대비하고 있었다.

"제가 데리고 다니겠다는 게 아니라, 용담에 방을 얻어 살면서 용담학교에 보내겠다는 거지요. 그깟 학비가 얼마나 들까요?"

"글쎄올시다……. 생각해 보십시다."

오촌 아저씨는 바로 대답하지 않았다. 외할머니는 결판이 날 때까지 물러나지 않을 기색이었다. 하루 이틀 시간이 가도 떠나지 않았다. 외할머니가 와 있으니 정선도 함부로 괴롭히지 못했다. 태준의 시간은 밤과 낮이 반으로 줄어든 것처럼 빠르게 지나갔다.

며칠이 지나도록 오촌 아저씨가 아무런 답이 없자 외할머니가 다시 말을 꺼냈다. 아저씨는 그제야 자기 생각을 털어놓았다.

"허긴 옳으신 말씀입니다. 제가 이 산중으로 들어온 건 살림이 어려워서만이 아니라 이곳 물이 좋다기에 폐병을 고쳐 보려던 거였답니다. 그런데 병이 낫기는커녕 여기 와서 몸은 더 나빠집니다 그려. 해서 도로 용담으로 나갈 생각입니다. 저도 사서삼경 다 배운 근본 있는 양반인데 어찌 공부의 소중함을 모르겠습니까? 조만간 네 식구가 함께 용담으로 갈 터이니 기다려 주십시오."

이러니 굳이 태준을 데리고 가겠다고 우길 수가 없게 되었다. 태준은 또 오촌 아저씨의 손에 잡혀 세수목 고개 턱밑까지 외할머니를 배웅하고, 그 처량한 물소리와 할머니 울음소리를 들으며 돌아서야 했다. 천도연적은 외할머니에게 도로 가져가게 했다. 지금은 갖고 있어 봐야 정선에게 빼앗길 게 뻔했기 때문이었다.

외할머니는 여름에 참외를 한 보따리 사서 머리에 이고 또 한 번 다녀갔다. 오촌 아저씨는 추수만 끝나면 용담으로 이사 갈 거라며 노인을 안심시켜 돌려보냈다. 하지만 아저씨는 약속을 지킬 수 없었다.

벼들이 이삭의 무게를 이기지 못하고 고개를 수그리기 시작하던 초가을, 모시울에 때늦은 말라리아가 돌았다. 집집마다 앓아눕지 않은 이가 거의 없었다. 오촌 아저씨와 정선이도 쓰러져 온몸에서 뜨거운 열기를 푹푹 뿜어내며 앓았다. 전염병은 이 집 저 집에서 시체를 내며 한 달 넘게 계속되다가 머루가 익을 무렵에야 수그러들었다. 정선도 일어났다. 그러나 오촌 아저씨는 끝내 일어나지 못했다. 본래 깡말랐던 몸이 해골만 남은 채 숨이 끊어지고 말았다.

오촌 아저씨가 죽자 태준은 더욱 외로워졌다. 정선이가 욕을 하거나 때리거나 하는 걸 볼 때마다 태준 편을 들어 주고 정선을 나무라던 아저씨였다.

'나를 아껴 주는 사람은 모두 차례로 죽는가 보다. 불쌍한 아저씨……. 죄송해요. 할머니도 돌아가시는 건 아닐까? 안 돼……. 그건 안 돼…….'

아버지를 잃은 정선의 짜증과 구박은 더 심해졌지만 눈발이 날려도 외할머니는 오지 않았다. 오촌 아저씨가 죽었어도 전염병 때문에 용담에 연락을 못 해 친척들이나 외할머니도 소식을 몰랐던 것이다.

산골 아이들에게 겨울은 땔나무를 하는 계절이었다. 태준도 열 살밖에 안 된 작은 몸에 매일 지게를 지고 나무하러 다녔다. 특히 얼음이 어는 초겨울에는 고자바리를 따기 좋았다. 참나무를 베고 남긴 그루터기를 도끼의 등으로 내려치면 얼어 있던 나무가 뿌리째 갈라지는데 이것을 고자바리라 불렀다. 고자바리를 말려 불을 때면 화력도 셀 뿐 아니라 화롯불이 오래가고 끄면 숯도 되었다.

하루는 혼자서 멀리 세수묵 고개 중턱까지 고자바리를 따러 가서 지게 삼태기에 겨우 지고 일어날 만큼 잔뜩 담았다. 오촌 집에 와서 처음 지게를 질 때는 다리가 후들거리고 지게에 중심이 안 잡혀 몇 번이나 넘어졌는데 이제는 제법 익숙해졌다.

가는 다리에 힘을 주어 짊어지고 길을 찾아 내려오는데 아래쪽 길가에서 '꿩!' 소리를 내며 장끼가 날아올랐다. 잇달아 푸드득 하는 날개 소리가 소란했다. 한 쌍의 꿩이 허둥지둥 날아가고 있었다. 지나는 사람이 있나? 바라보니 하얀 옷이 희끗거렸다.

'할머니!'

태준은 내뱉던 말을 급히 입안으로 삼켰다. 그리고 얼른 뒤로 몸을 피했다. 소리 지르고 싶도록 반가우면서도 나뭇짐을 진 꼴을 보면 얼마나 마음 아플까 하는 생각부터 들었다. 무거운 지게를 벗어 작대기로 받쳐 놓고 길로 내려오니 할머니는 벌써 저 앞에 모시울을 향해 훨훨 걸어가고 있었다. 돌아가는 길에는 그토록 느리고 힘들어 하더니 오는 길에는 저렇게 신이 나시는구나 생각하니 코허리가 아릿해지고 눈이 침침해졌다. 태준은 마구 뛰어 내려갔다.

"할머니!"

"응? 태준이냐?"

깜짝 놀라 돌아보는 외할머니에게 달려가 안기는데 처음으로 자기가 먼저 눈물이 나왔다. 할머니는 언제나처럼 손자를 이리 만지고 저리 돌려 보고는 물었다.

"다저녁에 웬일이냐? 여기서 뭐하고 있어?"

"새 잡으러 다녔어요."

태준은 처음으로 외할머니에게 거짓말을 했다. 오촌 아저씨의 죽음에 대해 이야기를 하니 외할머니는 황망히 모시울을 향해 걸음을 재촉했다. 집에 들어가자마자 오촌 아주머니와 손을 맞잡고 함께 울음을 터뜨렸다.

"태준이 너 지게는 어쨌니?"

좁은 집 안이 두 여인의 울음소리로 정신없는데, 정선은 잊지도 않았다. 대답을 할 수가 없었다.

"도끼는?"

"……"

"내가 저녁을 주나 봐라!"

세상에서 정선이 말이 제일 무서운 때였다. 태준은 부르르 떨었다. 자기가 굶는 것은 문제가 아니었다. 온종일 칠십 리 길을 걸어오신 할머니에게 밥을 안 드리면 어떻게 하나 하는 생각이었다. 그러면 할머니도 자기가 나무를 하고 있었다는 것을 알게 될 것이다.

"가지고 올게!"

태준은 한마디를 남기고 밖으로 튀어나왔다. 깜깜했다. 왕복 십 킬로미터가 훨씬 넘는 길이었다. 저녁 시간에 맞추려면 온 힘을 다해 뛰어야 했다. 태준은 자꾸만 벗어지는 짚신을 다시 신으며 달렸다.

세수묵 고개는 낮에도 호랑이가 나온다는 곳이었다. 마을을 벗어나자마자 불빛 하나 없는 밤길이 시작되었다. 호랑이 울음은 못 들었어도 늑대나 여우의 울음소리는 흔히 들을 수 있는 산골이었다. 그날도 간사스럽고 소름끼치는 여우 울음소리가 들려왔지만 무시하고 달렸다. 그런데 고개 입구가 가까워지자 도무지 듣지 못했던 소리가 자꾸만 귀에 들어왔다.

'웅을 웅을 웅을……..'

사람의 소리도, 짐승 소리도 아니었다. 그만 전신이 오싹해 꼼짝 못하고 서 버렸다. 한참 정신을 가다듬고 다시 들으니 큰 바위 밑으로 물이 스며드는 소리였다. 안도의 기쁨이 밀려왔다. 다시 뛰었다. 이제 길이 아니라 산이었다. 길도 없는 숲을 헤치고 지게를 찾아다녔다. 몇 걸음 앞밖에 구분하기 어려운 밤이 되니 낮의 거리감을 잃어버렸다. 한참이나 헤맨 끝에 겨우 지게를 찾아 짊어지니 등

골이 선뜩한 것이 땀으로 흥건히 젖었음을 깨달았다.

고자바리가 쌓인 묵직한 지게를 지고 돌아오는 길은 더 힘들었다. 온몸에 땀을 뒤집어쓰고, 가는 다리를 후들거리며 서둘렀다. 오로지 외할머니에게 지게 진 모습을 보여 주면 안 된다는 생각뿐이었다. 부엌 뒤에 지게를 몰래 부려 놓고 도끼는 마당에 갖다 놓는데 방문이 열렸다. 할머니였다.

"원, 어디 갔다 오니?"

정선이가 지게 찾으러 갔다는 말은 하지 않은 듯했다. 열 살 어린애에게 지게질을 시키는 게 미안한 줄은 알았을까?

"진지 잡수셨수?"

"어여 들어와 먹자. 오랜만에 할미도 왔는데 어디로 나갔더랬니?"

"……."

또 거짓말을 하느니 그냥 입을 다물어 버렸다. 할머니는 아무것도 모르고 이것저것 산나물 반찬을 집어 수저에 올려 주며 즐거워했다. 오랜만에 손자를 만난 기쁨 때문만이 아니었다. 오촌 아주머니와 이야기가 잘되어 태준을 용담으로 데려가기로 승낙받은 것이다.

"네? 용담으로 간다구요?"

벌떡 일어나 춤이라도 추고 싶었다. 외할머니도 얼굴에 웃음이 가득했다. 언제나 우는 모습만 기억나던 외할머니가 그토록 좋아하는 게 언제였는가 기억도 나지 않았다.

"가고말고! 오늘은 일찍 자라. 내일 새벽 일찍 떠나야 저녁에 닿을 수 있으니."

오촌 아주머니는 남편도 없이 양아들을 키우느니 정선이에게 맞는 데릴사위를 얻어 들이기로 작정한 것이다.

다음 날 새벽, 혹시라도 아주머니의 마음이 변할까, 두 사람은 도망치듯 모시울을 빠져나왔다. 정선이는 서운한 기색이라곤 없이, 아픈 이가 뽑혀 기분 좋다는 표정으로 사립문 앞에서 돌아섰다.

온종일 걸은 끝에 짧은 초겨울 해가 가라앉을 무렵 용담 마을 입구에 도착했다. 마침 철둑에는 증기기관차가 길게 객차를 달고 시커먼 연기를 뿜으며 내달리고 있었다.

"할머니?"

"왜?"

"저 기차는 여기 학교 사람들이 만들었수?"

"아니란다."

태준으로서는 뜻밖이었다. 자기가 본 최고의 학교인 봉명학교 학생들이 아니라면 누가 저 기차를 만들고 기찻길을 놨을까?

"그럼 누가 만들었수?"

"왜놈들이 만들었단다."

태준은 아직 일본인을 가까이에서 보거나 대화해 본 적이 없었다. 아버지와 정 서방의 원수라는 것은 알았다. 아버지가 몇 년이나 일본에 가서 살았다는 것, 일본인처럼 머리를 깎았다는 것도 알았다. 도대체 무엇이 옳고 그른 것인지 알 수가 없었다. 다만, 멀리 사라져 가는 기차의 검은 연기가 아득히 먼 미지의 세계로 자기를 끌어당기는 기분이었다.

"할머니, 저 기차는 어디로 가요?"

"서울로 간단다. 왜놈들이 경성으로 이름을 바꿨다지?"

외할머니는 잠깐 서서 조그마해진 기차 꼬리를 바라보며 태준의 머리를 쓰다듬었다.

"너도 언젠가는 저 기차를 타고 서울에 가야 한다. 가서 신문명도 배우고 어여쁜 각시 얻어 잘살아야 한다."

정 서방이 떠날 때 서울로 공부하러 오라고 한 말이 떠올랐다. 신학문을 공부할 수 있다면 서울이 아니라 땅끝까지라도 가고 싶었다. 그렇지만 여자라면 지긋지긋했다.

"여자는 싫어요!"

"에구 이런 바보 녀석!"

외할머니는 소리 내어 웃으며 태준의 엉덩이를 두드려 앞장세웠다. 수백 채의 초가와 기와집이 두 골짜기에 나눠 있는 용담 마을의 앞들에는 저녁밥 짓는 연기가 안개구름처럼 내려앉아 있었다.

봉명학교

용담 마을을 이루는 두 골짜기의 아래는 아랫말, 위 골짜기는 윗말
로 불렸다. 태준은 윗말에 사는 오촌 아저씨 집에 들어갔다. 팔 하
나가 불편한 사람이었다. 태준은 아저씨의 옷고름을 매 주거나 대
님을 매 주는 잔시중을 들며 그 집에 있게 됐다. 가끔은 낚시하는
데 쫓아가 대신 미끼를 끼워 주고 잡은 고기를 낚싯바늘에서 떼어
주는 일도 했다.

아직도 갓을 쓰고 상투를 튼 윗말 아저씨는 구식 체면을 고수하는
사람이었으나 신학문의 필요성은 알았다. 신입생들보다는 나이가
많은 태준이 봉명학교 이 학년으로 편입하도록 자기가 직접 산수와
한글을 가르쳤다. 두 과목은 아주 쉬웠다. 그런데 봉명학교 편입 조

건 중에는 창가 부르기가 있었다. 조선인들 사이에 널리 불리는 신식 노래인 창가 중 하나는 부를 줄 알아야 합격시킨다고 했다.

학생들 사이에는 '무쇠 골격 돌주먹 소년남아', '뻔쩍 뻔쩍 동명왕의 칼'로 시작되는 노래며 〈학도가〉 같은 것이 인기였다. 조선민족에 대한 긍지로 가득한, 군가식 힘찬 노래들이었다. 태준도 그중 하나를 배워야 하는데 윗말 아저씨도 창가를 부를 줄은 알았지만 체면을 중시하는 사람이라 아이들이나 하인들이 보는 집 안에서 목청껏 창가를 불러 댈 수는 없었다.

윗말 아저씨는 어느 날 태준을 부르더니 산속 깊이 데려갔다. 이유를 모르고 따라가니 아저씨는 박자도 음정도 엉망인 채 힘차게 노래를 부르기 시작했다.

"학도야 학도야 청년 학도야……. 여기까지 따라 해 봐라."

차라리 봉명학교 학생들이 부르는 걸 여러 번 본 태준이 나았다. 힘차게 따라 부르니 아저씨는 다시 목에 힘을 주어 다음 구절을 부르기 시작했다. 그때, 숲 속에서 킥킥대는 웃음소리가 터져 나왔다. 나물하러 온 아이들이었다.

"네 이놈들! 썩 꺼지지 못해?"

윗말 아저씨는 마구 소리 질러 쫓아내 버리고는 다음 구절을 선창했다. 그 뒤로도 두 번이나 더 산에 올라가 함께 연습하니 한결 나아졌다. 태준은 이봉하 아저씨와 오 선생 앞에서 본 편입 시험을 무난히 통과해 이 학년으로 들어갈 수 있었다.

알고 보니 봉명학교는 이봉하 아저씨의 노력으로 학비도 무료고 교과서와 공책, 연필까지 공짜로 나눠 주었다. 외할머니는 장사를 하지 않아도 되었다. 진맹이 작은외할아버지 집에 살면서 가끔씩만 찾아왔다. 이제는 만나고 헤어질 때마다 끌어안고 울지 않아도 되었다.

학교 공부는 재미있었다. 태준은 새벽 나팔 소리만 나면 벌떡 일어났다. 각반을 살 형편은 못 되었으나 짚신을 끈으로 단단히 조여 매고 묵직한 목총을 앞에 들고 앞산으로 내달릴 때면 용감한 의병이 된 것 같았다. 험준한 모시울 산등성이에서 고자바리 짐을 지고 달리던 다리라 체격 큰 아이들도 쫓아오지 못했다. 공부도 잘해서 이 학년 사십 명 중에 이 등으로 첫 시험을 통과했다.

여전히 아랫말 아저씨 집에 사는 누이나, 태준이나 먹고 자는 데는 문제가 없었다. 구박을 받지도 않았다. 그러나 옷 한 벌이 귀한 시절이었다. 오촌 아저씨들은 밥을 먹여 주기는 해도 철따라 쑥쑥 크는 아이들에게 새 옷까지 해 입히지는 못했다.

조선 옷은 제대로 입으려면 손이 많이 갔다. 특히 겨울옷은 실을 뜯어서 빨아 말려 풀을 먹이고 다듬질하여 다시 꿰매 입히는 과정이 하루 이틀 일이 아니었다. 그 고생을 해 봐야 흰옷이라 일주일을 못 가 더러워지고 구겨졌다. 옷이라고 단 한 벌인데다 빨아 주고 다려 줄 어머니도 없는 태준의 옷은 항상 지저분했다. 여름철에는 솜을 빼낸 홑겹이니 저녁에 빨았다가 아침에 입어도 됐지만, 겨울이 되어 솜을 넣고 누비고 나면 빨지도 못하고 갈아입을 옷도 없어 땟국물이 쪼르르한 차림으로 이듬해 봄까지 버텨야 했다. 두 누이도 마찬가지였다. 육촌들이 입다 버린 낡고 구멍 난 옷가지를 얻어 대충 꿰매 입으니 하인네 아이들만도 못했다.

외할머니는 늘 손주들이 거지꼴을 하고 있는 것을 속상해 했다. 자기도 시동생 집에서 눈칫밥 먹고 사는 처지니 손자 손녀 들에게 해마다 새 옷을 사 줄 처지가 못 되었다. 어쩌다 한 번 짚신이나 비싼 미투리 신을 사 오면 다행이었다. 삼으로 짠 미투리 신이든 짚으로 짠 짚신이든 외할머니가 다시 오기 전에는 뒤축이나 바닥이 닳아 못 쓰게 되기 마련이었다.

윗말 아주머니는 태준을 똑똑하다며 남몰래 귀여워해 주었다. 하지만 자기도 엄한 시부모 밑에서 돈 한 푼 만지지 못하는 시집살이 신세라 버선 하나 새로 사 줄 형편이 못 되었다. 가끔씩 옷을 벗겨 빨아 주지만 일주일이 못 가 더러워지니 단벌로는 당해 낼 수가 없었다.

1915년, 열두 살의 추석이었다. 집집마다 햇살이 퍼지기도 전에 새 옷 입은 아이들이 마당에서 뛰었다. 육촌, 팔촌 되는 형, 아우 들이 하나같이 새 옷에 새 버선, 새 신발로 단장했다. 허리띠며 대 님까지 문중에서 서울로 하인을 보내 단체로 사 온 것들이었다. 어떤 아이는 가죽으로 만든 서양식 구두를 신었고 겨울에 입을 외투까지 미리 사다 두었다고 자랑하는 아이도 있었다.

태준은 벌써 며칠 전부터 우울했다. 부모가 있는 집 아이들은 비싸든 싸든 새 옷과 새 신을 받는데 자기만 빨지도 못한 헌 옷을 입어야 한다는 게 서글펐다. 윗말 아저씨 댁의 직계가족이 아니니 추석이라고 함께 제사 지낼 일도 없었다.

이른 아침부터 윗말 아저씨 직계가족들이 모여 제사를 지내는 동안, 태준은 홀로 사랑방에 처박혀 있었다. 친척들이 밥을 다 먹고 난 후에야 행랑어멈이 챙겨 가져다준 작은 밥상을 받았다. 정신없이 먹고 있는데 윗말 아주머니가 방문을 열고 들여다보며 말했다.

"에그 태준이 옷이나 빨아 입힐걸!"

말이라도 얼마나 고마운지 몰랐다. 국그릇에 눈물이 툭 떨어졌다. 아침밥을 먹은 친척들이 성묘를 하러 문중 묘지로 가느라 부산을 떠는 소리가 들려왔다. 멀리 소청의 어머니 산소가 그리웠다. 자기 혼자라도 아버지 산소에 가 볼까 생각했다. 그러나 아버지 산소는 마을에서 십 리나 떨어진, 공기꿀이라 불리는 깊은 산중이라 찾아가는 길도 몰랐다. 한 번 아저씨를 따라가 보았는데 후손이 많은 다른 산소들과 달리 봉분도 애기 능처럼 조그맣고 잔디도 거의 풀에 치어 죽어 있었다. 묘비나 묘석도 없었다. 정 서방이 애써 유골을 들고 왔건만 깊은 산속에 버린 거나 마찬가지였다.

잠시 후 마당이 조용해졌다. 사랑방에서 나오니 부엌에서 일하는 아주머니들뿐, 남자들은 보이지 않았다. 아랫말 아저씨 댁에 있을 누이들이 보고 싶었다. 군데군데 추수가 끝난 논길을 걸어 내려가는데 앞산 문중 묘지에 단풍이라도 든 듯 색색의 한복들이 바글 거리는 게 보였다.

막상 아랫말 아저씨 댁에 갔으나 문 앞에서 돌아섰다. 마당에서 뛰어노는 하인의 아이들까지 낡은 저고리나마 하얗게 빨아 입고 있었다. 아주머니들이 자기를 보면 불쌍하다느니, 왜 산에 가지 않았냐느니 물을 게 싫었다. 집 주위를 맴돌다가 그냥 맞은편 야산으로 올라갔다. 누나가 매일 아침저녁으로 걸레와 요강을 들고 나오는 도랑이 내려다보이는 곳이었다.

얼마간 앉아 있으니 역시 누나가 여동생을 업고 나타났다. 누나는 저고리는 빨아 입은 듯하였으나 치마는 시퍼렇게 풀물을 들여 알 수 없었다. 버선과 짚신은 분명 너털너털하는 것이 신던 것 그대로였다.

누나는 요강과 걸레를 개울가에 놓더니 여동생도 내려놓았다. 여동생은 아래위가 입던 옷 그대로이고 맨발이었다. 누나는 손에 물을 묻혀 동생의 머리를 몇 번 쓰다듬어 넘기고 세수를 시켰다. 그러고는 걸레를 빨아 놓고도 얼른 일어나지 않고 건너편 금학산 쪽 하늘을 멍하니 바라보기만 했다.

'누나……'

부르고 싶은 이름이 입에서만 맴돌았다. 열다섯 살 누나는 어머니처럼 동생들을 아꼈다. 이런 꼴로 나가면 누나를 기어이 울릴 것만 같았다. 태준이 망설이는 사이, 누나는 그만 일어나 동생을 데리고 들어가고 말았다.

더 앉아 있을 이유가 없었다. 개암나무를 찾기 시작했다. 바로 마을을 낀 산인데도 아무도 안 따 먹었는지 어떤 나무에는 꽤 굵은 것이 달려 있었다. 이리저리 개암을 찾아 깨물어 먹으며 산기슭을 더듬어 올라가고 있을 때였다. 머리 위쪽에서 여자아이의 목소리 가 들려왔다.

"쟤 누구야?"

놀라서 둘러보니 가시덤불 옆으로 연분홍 저고리에 옥색 치마를 입은 소녀 하나가 불쑥 나타났다. 얼굴이 하얀 게 시골 아이같지 않았다. 마을에서는 본 적이 없는 아이였다. 태준이 어쩔 줄을 몰 라 그냥 서 있으니 소녀는 손가락으로 태준의 위쪽을 가리켰다. 반 말이었다.

"얘, 거기 네 앞에 있는 꽃, 나 꺾어다우."

분홍빛이 도는 들국화 한 송이가 피어 있었다. 태준은 얼른 올라 가 꽃대를 꺾어 소녀에게 건넸다. 어느 집 하인인 줄로만 알았을 까? 소녀는 웃지도 않고 교만한 표정 그대로 고맙다는 한마디만 하고 돌아서 올라가 버렸다. 소녀가 넘어간 작은 능선 뒤에서 여러 사람의 말소리가 들려왔다. 그 집 산소인 모양이었다.

태준은 혹시 다른 사람들이 볼까 봐 얼른 돌아서서 마을 쪽으로 내려왔다. 누구네 식구들인지 몰라도 사람들 앞에 자신의 지저분 한 모습을 보이고 싶지 않았다. 다만, 소녀의 하얀 얼굴과 까만 눈동자는 잊지 않고 머릿속에 넣어 두었다.

벌써 성묘가 끝나 온 집안의 남자들이 울긋불긋 물결을 이루며 내려오고 있었다. 이제는 사랑방에 모여 놀 차례니 집에도 갈 수 없게 되었다. 어디로 가야 할지 몰라 망설이다가 마을 앞 큰 개울 한내천으로 내려갔다.

그런데 한내에는 농민들이 고기를 잡고 있었다. 그냥 돌아서서 윗말에 있는 물레방앗간으로 갔다. 물방아 소리는 나지 않았다. 어제까지 밤늦도록 떡가루를 찧었으니 오늘은 쉬는 것이다.

아무도 없으려니 하고 쑥 들어서는데 바닥에 웬 사람이 앉아 있었다. 놀라 돌아 나오려다 보니 인근에서 유명한 거지 영감이었다. 구걸할 집에 미리 짚으로 엮은 똬리를 선사하고 음식을 받으면 나름대로 풍류 있는 덕담을 해 특별한 대우를 받는 영감이었다. 의젓하게 책상다리를 하고 앉아 얻어 온 송편을 먹고 있던 그는 물끄러미 태준을 올려다보더니 먼저 말을 걸었다.

"허! 넌 누구 집 아이인데 새 옷도 못 입었냐?"

이날 용담에서 더러운 옷 그대로인 사람은 세 오누이와 이 거지밖에 없을 것이었다. 태준이 대답을 못 하니 영감은 덕담을 했다.

"허! 골상을 보니 썩 귀골인 것이 천한 상민의 자식은 아닌데? 너 떡 하나 주랴?"

배가 고프기는 했지만 싫다고 말하고 방앗간을 나왔다. 방앗간 옆 골짜기에는 경사 급한 개울이 흘렀다. 물레방아를 돌리는 물이

다. 짚신을 벗고 들어가 이리저리 돌을 뒤집어 가재도 잡고 송사리도 잡으며 놀았다. 잡은 것들은 손바닥 만한 물구덩이를 만들어 넣어 두었다가 다 살려 주었다.

밤이 되자 보름달이 붉은 풍선처럼 두둥실 떠올랐다. 팔월대보름달이었다. 달은 하늘로 오르자 샛노랗다 못해 하얗게 빛났다. 하늘의 절반은 차지한 듯 커다란 달무리가 달을 더욱 빛나게 했다.

달빛이 아무리 밝아도 낮의 해처럼 새 옷과 헌 옷을 갈라놓지는 않았다. 태준은 기운을 얻었다. 봉명학교 마당에서 아이들의 창가 소리가 들려왔다. 흥이 나면 다들 손을 잡고 돌며 강강수월래를 할 것이었다. 육촌들은 벌써 내려갔다. 태준은 제일 늦게 차려진 밥상에서 아주머니들과 함께 밥을 먹고 혼자 학교로 향하며 요즘 새로 배운 창가를 흥얼댔다.

"건넌집 일남이는 가난하여서 하루에 죽 한 끼도 어렵삽네다……."

노래 속의 일남이보다는 그래도 자기가 낫다는 생각이 들었지만 위로가 되지는 않았다. 학교로 가려면 한내천을 가로지르는 커다란 돌다리를 건너야 했는데 다리 위에는 달구경하는 사람들이 가득 차 있었다.

태준은 다리를 건너가려 했으나 청년들이 짓궂게 앞을 막아섰다. 오른쪽으로 가려면 오른쪽을 막고 왼쪽으로 가려면 왼쪽을 막았다. 태준은 다리 중간에 갇히고 말았다. 그때 옆에서 귀에 익은 목소리가 들려왔다.

"아저씨! 달 속에 계수나무가 어딨어요? 토끼는?"

낮에 산에서 본 소녀였다. 손을 잡고 서 있는 이는 봉명학교 사학년인 아랫말 윤수 아저씨였다. 태준보다 이 학년 높지만 벌써 결혼해 아이까지 있는 스무 살짜리였다. 한동네 살아도 촌수를 따지기에는 먼 친척이었다.

"은주야, 잘 봐. 달 오른편에 얼룩무늬를 잘 봐, 토끼같이 생겼지? 그 옆에 계수나무!"

"에이, 거짓부렁이!"

은주라 불린 아이는 윤수 아저씨의 어깨를 때리며 까불거렸다. 태준이 자기를 지켜보고 있는 줄도 모르는 것 같았다. 한 번 힐끗 뒤를 돌아보았으나 알아본 건지 아닌지 고갯짓도 없이 얼굴을 돌린다.

달은 하늘로 올라갈수록 작게 보였다. 대신 더 밝아졌다. 소청의 마지막 밤이 생각났다. 서분이와 함께 모래 부드러운 골목의 울타리 밑으로 뛰어다니며 숨바꼭질하던 밤에도 달이 이렇게 밝았다. 서분이를 까마득히 잊고 있었다는 생각에 미안했다. 하지만 하얀 얼굴에 값비싼 색동저고리를 입은 서울 소녀 앞에 서니 서분이에 대한 생각은 연기처럼 사라져 버렸다.

윤수 아저씨와 은주는 금방 들어가 버렸다. 두 사람은 바로 뒤에 있던 태준에게 인사도 건네지 않았다. 그건 태준도 마찬가지였다. 다만 그들이 가 버리자 흥미를 잃어버리고 다리를 건너 아랫말로 향했다. 이내 잘했다는 생각이 들었다. 누이들이 윗말로 올라오는 것을 만났기 때문이었다.

"저녁 먹었니?"

"응, 누나는?"

"⋯⋯."

정송은 금방 비죽비죽 울음을 터뜨렸다. 불쑥 화가 솟구쳤다. 아랫말 아저씨에게 대해서였다. 윗말 아저씨는 태준을 그냥 먹여 주니 그렇다 쳐도, 아랫말 아저씨는 얼마가 되었든 소청의 집을 판 돈을 차지했으니 누이들을 그냥 먹여 살리는 게 아니었다. 더구나 누나가 학교에 다니는 것도 아니고 식모처럼 일해 주고 있는데 명절에 밥 한 끼니 제대로 안 주다니 화가 치밀었다.

말은 하지 않았다. 말해 봐야 누나만 더 서러울 것 같았다. 누나도 이내 눈물을 닦고 대추와 밤 몇 알을 내밀었다. 세 오누이는 밤이슬을 피해 남의 집 처마 밑에 들어가 그것들을 나눠 먹으며 밤이 으슥하도록 달구경을 했다.

명절이 끝나고 학교 가는 길에 일부러 윤수 아저씨 집 앞을 지나며 안을 들여다보았으나 은주는 보이지 않았다. 점심시간이 되자 윤수 아저씨와 아이들이 몰려 나가는 게 보였다. 서울에서 온 윤수 아저씨의 조카가 철원역으로 가서 기차를 타고 돌아가는데 철길로 배웅 나가는 길이라 했다. 그 애를 말하는 게 틀림없었다. 태준도 아이들 속에 끼어들었다.

철길에 나가 기다리고 있으니 철원읍 쪽에서 삐익 하는 기적 소리가 들려왔다. 철로에 엎드려 귀를 대고 있던 아이들이 벌떡 일어나 외쳤다.

"기차가 온다!"

이내 매봉재 모퉁이에서 천둥의 메아리 같은 소리가 들리더니 시커먼 기차가 엿가래처럼 휘어져 달려왔다. 화물칸이 대여섯 칸 지난 뒤에야 두 번째 객차에서 하얀 손수건이 깃발처럼 날렸다. 손수건은 빠르게 가까워지더니 어느새 눈앞을 스쳐 저 멀리 지나가 버렸다. 지난 후에야 생각하니 창을 열고 수건을 내민 것은 젊은 부인이요, 맞은편 의자에서 창문에 두 손을 대고 내다보던 것이 은주였다. 남자 어른은 없었다.

"봤니? 난 못 봤다."

"계집애 참 이쁘다!"

아이들이 제각기 떠드는 동안 기차는 벌써 한내 다리를 건너느라 우르릉우르릉하더니 이내 산모퉁이를 돌아 사라져 버렸다. 마지막 칸의 꽁무니가 사라지고, 첩첩이 겹친 산봉우리들만 처음처럼 고요히 남았다. 그 산들 너머에는 서울이 있었다.

'서울! 경성!'

용담에 온 이후로 매일 보는 서울행 기차였다. 한문으로 경성이라 쓴 기차가 지날 때마다 어디론가 멀리 떠나고 싶은 마음이 울렁거렸다. 이제는 목표가 더 확실해졌다.

'공부만 잘하면 서울에 갈 수 있다!'

태준은 이 학기 시험에서 일등을 했다. 삼 학기에도, 해가 바뀐 삼 학년 일 학기에도 역시 일등을 해 우승상을 받았다.

삼 학년 여름방학이 되었다. 윗말 아저씨는 낚시를 좋아했지만 왼손을 못 쓰기 때문에 반드시 태준을 데리고 갔다. 햇볕이 뜨거운 날, 한내천 상류인 선비소로 낚시질을 가게 되었다.

선비소에는 윤수 아저씨가 먼저 와서 낚시질을 하는데 옆에 은주도 있었다. 방학이라 외가로 놀러 온 것이었다. 은주는 작년 추석에 꽃을 꺾어 달라던 기억이 나는지 한참이나 빤히 태준을 바라보았지만 인사를 나누지는 않았다.

"태준이도 왔구나. 우리 은주가 뜨거워하는데 산에 올라가서 나뭇잎 몇 장만 따 올래?"

윤수 아저씨의 말에 산으로 튀어 올라간 태준은 넓은 칡잎을 한 아름이나 따 왔다. 칡잎을 엮어 모자를 만들어 주니 은주는 이를 드러내 웃으며 쓰고는 남은 잎은 바닥에 깔고 앉으며 고맙다고 했다.

햇살이 너무 뜨거운 탓인지 물고기는 도무지 잡히지 않았다. 지루해진 윗말 아저씨는 논에나 가 본다고 먼저 일어나 버리고, 태준은 선비소 물이 한내천으로 합류하는 여울에서 손으로 물고기를 잡기 시작했다. 물속의 돌을 살짝 뒤집으면 한 뼘은 될 물고기들이 살살 꼬리를 흔들며 기다리고 있었다. 살그머니 양손을 물에 넣어 거리를 좁히다가 막바지에 재빨리 조이면 영락없이 손바닥 안에서 물고기가 몸서리를 쳤다.

금방 두 마리를 잡아 죽인 다음 대가리를 입에 물고 또 다른 돌을 뒤집으려고 몸을 구부리고 있으니 은주가 물었다.

"비리지 않니?"

"아니."

말하느라 입을 여니 물고기가 흐르는 물속으로 떨어져 허연 배를 드러내고 흘러갔다. 은주가 얼른 손을 뻗어 물고기를 건지려다가 이끼가 끼어 미끄러운 돌을 밟아 옆으로 넘어졌다. 금방 안아 일으켰으나 팔꿈치가 까지고 옷을 반이나 적셨다. 은주는 벌써 보이지도 않게 된 고기만 아까워했다.

"어떡하니? 미안해."

"그까짓 거 또 잡으면 되지."

"살려서는 못 잡니?"

"왜 못 잡아? 우리 살려서 잡을까?"

"그래!"

은주는 이내 담을 그릇을 가져왔다. 태준은 잡은 물고기를 비늘 하나 안 다치게 살살 다뤄 그릇에 옮겨 놓았다. 그릇은 금방 검회색 등줄기를 가진 물고기들이 헤엄쳐 노는 어항으로 변했다. 은주도 신기해서 들여다보고 손가락으로 고기를 찔러 보며 즐거워했다. 태준이 양손에 고기를 담아 나오면 좋아라고 소리까지 질렀다.

한참 재밌게 노는데 날이 갑자기 캄캄해졌다. 녹음이 짙어져 검은

빛을 띤 금학산과 하늘빛이 거의 비슷해졌을 때 윤수 아저씨가 불렀다. 선비소에 던진 낚싯바늘이 뭔가에 걸려 나오질 않는 것이었다.

"내가 들어가 꺼낼게요."

태준이 웃통을 벗었다. 깊은 물은 하늘이 흐려 더욱 시퍼렜다.

"무섭지 않니?"

은주의 걱정하는 소리가 태준에게는 어서 용감히 뛰어들라는 소리로 들렸다. 태준은 두 귓구멍에 침을 발라 물이 들어오지 않게 하고, 개구리처럼 텀벙 물속에 뛰어들었다. 낚싯바늘이 걸려 있는 나뭇등걸째 끌고 나왔다.

"어쩌믄! 너 수영도 잘하는구나!"

은주의 눈이 별처럼 빛나는 것 같았다. 앵두알만 한 빗방울들이 사방에 툭툭 떨어지며 소리를 냈다. 먼 산은 벌써 뿌옇게 비에 덮였다. 땡볕에 달궈진 돌과 모래에 빗방울 자국이 하나둘씩 늘어나더니 이내 온 사방이 물에 적셔졌다. 얼른 낚시 도구를 거둬 뛰었지만 세 사람 모두 흠뻑 젖고 말았다.

태준은 은주가 좋아하는 산 물고기 그릇을 든 채 윤수 아저씨네 집으로 따라 들어갔다. 두 사람은 곧 보송보송하게 마른 옷으로 갈아입고 나왔으나 태준은 마루 끝에 앉아 윗도리만 벗어 빗물을 짜내고 다시 입었다.

젖은 옷을 입고 있으니 물비린내가 나는지 파리들이 자꾸 몰려왔다. 어깨며 등판에 파리가 새까맸다. 은주는 마루 끝에 와서 고기를 들여다보며 좋아하다 말고 파리 떼를 보며 이마를 찌푸렸다.

"애, 저리 좀 물러나 앉어."

집에 오자마자 낯선 아이가 된 것 같았다. 태준은 멀찌감치 떨어져 앉아 아무 말도 하지 않았다. 은주는 물고기에도 금방 싫증이 나는지 쏟아지는 빗줄기를 바라보며 뭔가 흥얼흥얼 노래를 불렀다. 태준도 할 말이 없어 처마 끝으로 열병하듯 떨어지는 낙숫물을 바라보기만 했다.

은주 외할머니가 광에서 참외 몇 개를 가져왔다. 먼저 노랗게 잘 익은 것 두 개를 깎아 접시에 썰어 놓고 윤수 아저씨와 은주 앞에 내밀었다. 그러고는 덜 익어 옆으로 빼놓았던 작고 퍼런 것을 껍질만 깎아 태준에게 통째로 건네 왔다.

"먹어라."

"싫어요."

"이 녀석! 어른이 주는 걸 받지 않구!"

은주 외할머니는 어서 받으라고 재촉했다. 안 먹고 떳떳한 것이 낫지, 무처럼 맛없는 참외를 먹고 얼굴을 붉히기는 싫었다. 하늘은 번개와 천둥까지 동원해 장대비를 퍼부었다. 마치 기와집이 공중에 떠서 폭포 속에 들어가 앉은 것 같았다. 태준은 벌떡 일어나 빗속으로 뛰어들었다.

'은주! 그까짓 계집애!'

혼잣말로 욕을 하며 윗말을 향해 달렸다. 굵은 빗방울이 얼굴을 때렸다. 누가 얼굴에 콩을 던지는 것처럼 따끔따끔했다.

태준은 은주를 보지 않으려고 여름방학이 끝날 때까지 아랫말에는 내려가지도 않았다. 잊히지는 않았다. 길게 말할 줄을 모르는 듯 짧고 간단한 문장, 웃지도 화내지도 않는 백치 같은 표정으로 빤히 상대방을 바라보는 쌍꺼풀진 까만 눈, 잘 익은 살구처럼 티하나 없이 깨끗한 피부가 잊히지를 않았다.

공부는 계속 열심히 했다. 저녁마다 같이 놀아 줄 형제자매가 있는 것도 아니고 응석 부릴 부모나 할머니가 있는 것도 아니니 오로지 문간방에 틀어박혀 공부만 했다. 사 학년을 마치고 졸업할 때 태준은 일 등으로 우등상을 받고 졸업생을 대표해 답사를 했다. 그날도 두루마기도 없이 낡은 옷을 입었다. 남들은 선생들에게 감사드린다고 돼지 한 마리를 희사하거나 떡을 몇 말씩 해 왔지만, 태준은 누나나 외할머니에게 알리지도 않았다.

태준이 학교에 다니는 동안 여러 가지가 변했다. 누나는 시집을 갔다. 신랑은 철원읍에 사는 부잣집 아들 이응호라는 사람이었다. 신랑 쪽에서 화려한 예물과 옷을 다 책임지고 혼인날에는 사인교 가마와 인력거 세 대를 보내왔다. 누나가 떠나가는 날, 태준은 거지나 다름없는 옷을 보여 주기 싫어서 학교도 안 가고 멀리 산속에서 지켜보았다.

봉명학교도 변했다. 아침마다 하던 군사훈련은 없어지고 체육 시간으로 대체되었다. 태준을 들뜨게 했던 아침 나팔 소리는 더 이

상 들을 수 없게 되었다. 이봉하 아저씨와 오 선생이 그토록 싫어
하던 일본어 강습회가 열리더니 정식 과목이 되었다. 이제 봉명학
교도 옛날의 그 학교가 아니었다.

졸업생들은 서울로 진학하거나 철원의 유일한 중급학교인 간이
농업학교에 들어갔다. 서울로 갈 수 없던 태준은 농업학교에 합격
했다. 그러나 입학금을 낼 돈이 없었다. 졸업식 때 상으로 받은 한
문사전과 벼루를 팔아서 냈다. 겨우 돈은 해결했으나 입학 보증인
을 세울 수가 없었다. 수업료를 못 내면 대신 내주는 게 보증인이
니 아무도 태준을 책임지려 하지 않았다. 결국 이봉하 아저씨가 보
증인이 되어 주었다.

어렵게 입학은 했으나 매달 내야 하는 수업료에 대한 계획은 없
었다. 철원까지 십여 리를 오가는 것도 문제였다. 밥이야 굶더라도
짚신이 너무 빨리 닳아 사람만 보이지 않으면 벗어 들고 맨발로 걸
었다.

무엇보다도 농업학교 학생과 선생 들이 정나미 떨어졌다. 봉명
학교를 나온 다섯 명은 그래도 조선 민족에 대한 자부심이 있고 꿈
들도 컸다. 그러나 철원, 평강, 김화에 일본인이 세운 보통학교를
다닌 아이들은 일본어 잘하는 것만 뽐내고 선생에게 아부하고 고
자질하는 게 습관 같았다.

어느 날은 교장이 직접 가르치는 시간인데 학생들에게 장래의
꿈이 무언가를 물었다. 일본식 보통학교를 나온 아이들은 신나게

손을 들어 외쳤다.

"헌병 보조원이요!"

"면서기가 될래요!"

"금융조합원이요!"

봉명학교에서 같은 질문을 했을 때는 하나같이 나폴레옹이니 워싱턴이니 이순신이 되겠다는 말이 나왔다. 더욱 놀라운 것은 이 천박한 꿈에 대한 교장의 태도였다.

"흠, 아주 좋아! 좋은 꿈이야!"

교장은 더없이 만족스러워 했다. 태준을 포함한 봉명학교 출신들이 자기들의 꿈을 이야기했다가는 폭소가 터지고 말 것 같았다. 다들 꿈이 무어냐는 질문에 우물쭈물 답을 못 했다.

"사립학교에서 온 못난이들! 꿈도 없어!"

남의 속도 모르는 아이들이 놀려 댔다. 태준은 이런 아이들과 학교를 다니고 싶지 않았다. 고작 농사짓는 법을 배워서 시골에 처박혀 살고 싶은 생각도 없었다.

입학 한 달 만인 1918년 4월 초의 일요일, 윗말 아저씨 댁의 제삿날이었다. 태준은 아주머니가 제사상에 쓸 북어를 한 쾌 사 오라고 준 60전을 들고 용담을 떠났다. 철원에서 미투리를 사고 나니 원산까지 갈 기차비가 되지 않았다. 삼방역까지만 표를 끊었다.

오랫동안 꿈꾸어 온 서울로 직행하지 않은 것은 외할머니가 가끔 소청에 가서 외상값을 받아야 한다는 말을 했기 때문이었다. 봉명학교에서 배워 대강의 지리는 알고 있었다. 일단 원산까지 간 다음 거기서 북으로 해안을 따라 올라가면 됐다. 몇 달이 걸리더라도 소청까지 걸어가 외상값을 받으면 서울로 공부하러 갈 수 있으리라 생각했다.

궁극적인 목표는 서울이었다. 용담에는 한 줌의 아쉬움도 남지 않았다. 윗말 오촌 내외에게만 조금 미안할까, 다른 친척들에 대한 애정은 하나도 없었다. 어린 여동생이 마음에 걸렸으나 누나가 부잣집 며느리가 되었으니 돌봐 주리라 생각했다.

오직 미안한 이는 외할머니였다. 용담까지 삼십 리 길만 걸어와도 힘에 부쳐 죽은 듯 잠들어 버리는 늙은 할머니에게 작별 인사도 않고 가는 것만이 가슴 아팠다. 외상값을 받으면 꼭 편지하리라 생각했다.

기차는 몇 해 전 외할머니의 가슴에 기대어 잠든 채 넘어왔던 태백산맥을 힘겹게 넘기 시작했다.

원산 객주

삼방은 동쪽은 급경사지고 서쪽은 완만한 태백산맥의 동쪽 끝자락 절벽 부위에 자리 잡은 마을이었다. 역에서 내리니 산들이 책을 펼쳐 세워 놓은 듯 깎아지른 벼랑들로 갈피를 이루고 있었다. 양쪽 바위 절벽 사이로 흐르는 시퍼런 물은 낮에도 무서웠다.

길은 철길과 같은 방향으로 이어져 있었다. 소청은 꿈꿀 것도 없이, 삼방에서 원산까지도 사흘은 걸어야 할 먼 길이었다. 태준은 새로 산 미투리를 신고 학생모를 쓴 채 행인도 마을도 하나 없는 산길을 따라 타박타박 걷기 시작했다. 낮인데도 적막감이 가슴을 파고들어 더 외롭게 만들었다.

이 깊은 산중에도 봄은 번지고 있었다. 분홍꽃이 탐스럽게 핀 진달래 가지를 꺾어 걸어가며 열매처럼 따 먹었다. 엄지손가락보다도 굵은 찔레나무의 새순도 꺾어 먹었다. 산비둘기 우는 소리를 듣고 있노라면 슬픔이란 인간의 삶에만 있는 것이 아니라는 생각이 들었다.

고산역을 지나면서 산들은 차츰 길에서 물러났다. 태백산맥은 동해안과 나란히 치달리는데 고산에서 원산까지는 유별나게 평지가 깊숙이 산맥을 파고들어 와 벌판을 이루고 있었다. 밭들이 나오고 동네도 나왔다. 호젓한 산길의 두려움은 가셨지만 배가 고파 왔다. 진달래꽃과 찔레 순만 뜯어 먹은 속은 쓰리다 못해 메스꺼웠다. 해는 얼마 남지 않았는데 길 앞에 동네는 보이지 않았다. 멀리 산골짜기에는 기차가 굴속으로 들어가느라 기적 소리와 우르릉 소리를 냈다. 걸음은 더욱 타박타박해졌다.

땅거미 질 무렵에야 열 가구도 안 되는 작은 동네에 들어섰다. 길옆으로 툇마루가 나온 집이 있기에 다리라도 쉬려고 걸터앉았다. 툇마루 바로 옆이 부엌이라 밥상에 수저 놓는 소리가 나고, 구수한 팥밥 냄새가 풍겨 나왔다. 마른 입속에 어느 결에 침이 고였다.

집 안에서 한길을 향해 아이 부르는 아낙네의 소리가 났다. 남의 집에는 모두 어머니가 있는 것이었다. 어디선가 태준이 또래로 총각머리를 딴 사내아이 셋이 나타났다. 그들은 부엌으로 들어가려다 말고 웬 낯선 아이가 자기집 툇마루에 걸터앉은 것을 못마땅하게 살펴보더니 그중 큰 놈이 한 아이를 쿡 찔러 어디로 보냈다.

달려간 녀석은 잠시 후 둘을 더 데리고 나타났다. 댓 명의 총각머리들은 태준을 빙 둘러섰다. 또래들이니 말이라도 걸어 볼까 하고 무심히 앉아 있던 태준은 심상치 않은 분위기에 얼른 마루에서 내려섰다. 돌부리를 밟은 것도 아닌데 부르튼 발바닥이 바늘에 찔린 듯 아팠다.

"너 뭐야?"

큰 아이 하나가 쓱 나서며 길을 막았다. 태준은 얼른 옆으로 비켜섰다. 다른 아이가 그 앞을 다시 막았다. 또 비키려니까 큰 아이가 다리를 걸었다. 태준이 넘어질 뻔하니 아이들의 웃음소리가 터졌다.

"이 중대가리 자식! 어디서 온 놈이야?"

큰 아이가 멱살을 잡았다. 다른 아이는 모자를 벗겼다. 태준은 멱살을 뿌리치고 모자를 빼앗으려 했다. 주먹과 발길질이 쏟아졌다. 태준은 다른 아이들보다 키가 컸지만 마르고 약한 몸매였다. 태준이 이리 막고 저리 막으며 밀리는데 마침 부엌의 아낙이 나와 아이들을 불러 댔다.

"너희들 뭐하니? 어서 들어오지 못해?"

몇 대 맞기는 했으나 상처는 없었다. 아낙 덕분에 모자까지 찾았다. 이왕에 베푸는 것, 밥 한 그릇만 달라고 하고 싶었으나 말이 나오질 않았다. 지금까지 누구에게도 거지처럼 구걸해 본 적이 없었듯이, 앞으로도 그러리라 생각했다. 아낙도 밥 먹으라는 소리를 않으니 군말 없이 돌아섰다.

마을을 벗어나니 사방이 깜깜했다. 힘이 빠져 걸을 수가 없었다. 밭둑에 앉아 버리고 말았다. 별들은 어디나 마찬가지로 하늘 가득 깔려 있었다. 눈물이 별들을 뽀얗게 가렸다. 지난 수년 동안, 밤이 없었다면 얼마나 더 비참했을까 떠올랐다. 정선의 포악함을 피할 수 있던 모시울의 밤, 사람들의 동정 어린 시선으로부터 벗어날 수 있던 용담의 밤, 남들 보이지 않는 곳에서 혼자 울 수 있던 그 밤들이 떠올랐다.

밤이슬이 내리면서 추위를 참을 수 없었다. 슬픔이나 두려움보다 더 무서운 배고픔과 추위가 몰려오고 있었다. 온 사방에 불빛 하나 보이지 않았다. 원산 방면으로 가 봐야 동네를 찾을 보장이 없었다. 매를 맞은 동네로 다시 들어가 인기척을 피하며 살금살금 걸어 이슬을 피할 만한 곳을 찾았다.

어느 집 울타리를 돌아서려니까 구수한 냄새가 풍겨 왔다. 소가 여물을 먹고 있었다. 여물은 큰 가마솥에 볏짚과 콩대, 쌀겨 같은 걸 넣고 푹 끓였다. 여물 속에는 덜 털어 낸 콩이 들어 있기 마련이었다. 가까이 가 보니 개 짖는 소리도 나지 않았고 소도 뿔이 작은 게 순한 암소였다. 통나무를 잘라 걸쳐 놓은 여물통에 손을 넣어 미지근하게 식어 가는 여물을 양손으로 듬뿍 들고 나왔다.

여물 속에는 어쩌다 한 알씩 콩이 들어 있었다. 메주콩보다 덜 익은 것이 오히려 고소했다. 남은 여물은 도로 갖다 소에게 주고 둘러보니 소똥을 쌓아 놓은 옆으로 깍지우리가 있었다. 수수깡 대를 둥글게 엮고 볏짚으로 지붕을 덮어 여물로 쓸 콩깍지를 넣어 두는 곳이다. 기어들어 가니 마음이라도 추위가 덜한 것 같았다.

으슬거리는 냉기에 잠이 깨니 새벽이었다. 어제 싸운 아이들이 당장이라도 소죽을 끓이러 나올 것 같았다. 태준은 겨울처럼 싸늘한 길 위로 나서고 말았다. 다리와 발바닥은 잠을 자고 나니 더 아팠다. 추위도 전날 밤보다 훨씬 더해 이가 딱딱 부딪혔다. 태준은 해야 어서 떠올라라 중얼거리며 동쪽을 향해 뛰기 시작했다.

여전히 쫄쫄 굶은 채 온종일 걸어 오후에 석왕사를 지났다. 설봉산 아래 수십 동의 기와집으로 이뤄진 커다란 절이었다. 원산이 멀지 않다는 뜻이었다. 아버지가 원산에서 감리로 있을 때, 어머니와 외할머니가 원산에 갔다가 철원으로 돌아가는 길에 석왕사에 들러 기도를 했다는 말을 들은 적이 있었다.

어머니의 기도 때문이었을까, 이날 저녁에는 마음 좋은 농부를 만나 저녁밥도 얻어먹고 다리 뻗고 누워 잘 수 있었다. 다음 날은 길도 평평해 점심 녘에 원산에 도착할 수 있었다. 이틀 사이에 발가락은 여기저기 물집투성이가 됐고 새로 산 미투리도 뒤축이 닳아 버렸다.

원산 거리에 들어서니 음식 장사들부터 눈에 띄었다. 달콤한 냄새가 물큰 솟는 삶은 고구마, 넓은 나무 도마에 소금까지 쏟아 놓고 쓱쓱 썰어 파는 돼지고기가 김을 무럭무럭 올리며 유혹했다. 비슷비슷하게 생긴 노파들이 머리에 흰 수건을 두르고 앉아 떡이니 엿이니 삶은 게를 그득 담은 함지박들을 늘어놓았다. 노파들은 하나같이 치마 앞자락을 걷어 올리고 있었는데 커다란 돈주머니가 입을 벌린 채 비스듬히 매달려 있었다.

땅바닥에는 산골길과 달리 담뱃갑, 성냥개비, 땅콩 껍질 같은 것들이 떨어져 있었다. 그러나 아무리 유심히 살펴보며 걸어도 돈은 동전 한 푼 떨어진 게 없었다. 시장 구석에 이르니 북어가 집채만큼이나 쌓여 있는데 아이 몇이 꼬챙이로 북어 눈깔을 빼 먹고 있었다. 태준은 정신이 번쩍 들었다. 소청에서도 북어 눈깔을 먹어 본 적이 있었다. 외할머니가 철원읍에서 사다 준 주머니칼을 꺼내 들고 아이들 사이에 끼어들었다.

북어 눈깔을 하나 입에 넣어 씹어 보았다. 굳지도 않고 무르지도 않은 것이 쫄깃쫄깃했다. 짭짤하고도 고소하게 우러나는 맛이 일품이었다. 게다가 국물을 빨아 먹고도 씹어 넘길 것이 남아 목을 타고 넘어가는 기분이 흐뭇했다. 배불리 살던 소청에서는 북어 눈깔이 이렇게 맛있는 줄은 몰랐다. 허겁지겁 열 개나 빼 먹을까, 버럭 고함 소리가 터졌다.

"이 간나새끼들아!"

북어 장사가 몽둥이를 들고 뛰어오고 있었다. 아이들은 새 떼처럼 재빨리 사방으로 흩어졌다. 태준도 얼른 쌓아 놓은 북어 뒤로 숨어 바들바들 떨었다. 그제야 북어를 사 오라고 돈을 준 윗말 아주머니가 떠올랐다. 착한 아주머니를 속인 게 미안했다. 또 어머니가 떠올랐다.

'엄마, 이제는 더 걸을 수가 없어요. 엄마…….'

북어 눈깔을 씹어 얼마쯤 혈색이 돌았던 입술이 다시 파랗게 질렸다. 북어 장사가 누군가와 떠드는 사이 몰래 빠져나오는 다리가 후들거렸다.

날이 저물자 집집마다, 점포마다 전등이 켜졌다. 여객선에서 전등을 본 적은 있지만 용담이나 철원읍에도 전기가 들어오지 않던 때였다. 신기했다. 전등이 제일 환한 데를 찾아가 보니 기차역이었다. 으리으리한 일이등 대합실은 들어가지도 못하고 삼등 대합실에 들어가 딱딱한 나무 의자에 걸터앉아 잠이 들었다. 잠깐이나 졸았을까, 그다지 아프지 않은 것이 어깨를 쳤다. 눈을 떠 보니 역무원이 빗자루를 들고 서 있었다.

"이 자식이 어디서 자? 나가!"

질겁해서 튀어 일어나 대합실을 나오니 비가 부슬거렸다. 전등은 그대로 밝았으나 인적이 끊겨져 적막했다. 서늘한 대합실에서 잔 몸이 부들부들 떨렸다. 찬비 속에 나갈 엄두가 나지 않아 한참이나 처마 밑에 서 있는데 가방과 보따리를 든 사람들이 비를 맞으며 이동하는 게 보였다. 배를 타고 와 객주로 향하는 이들이었다. 따라가 보면 무슨 수라도 열리지 않을까 생각되었다. 얼른 뛰어가 그들 사이에 끼었다.

행인들은 여인숙이라는 간판이 달린 집으로 들어갔다. 넓은 마당을 가운데 두고 네 면이 모두 작은 방들로 이뤄진 단층 기와집이었다. 태준도 잠자코 무리 속에 끼어 방으로 들어갔다. 입구의 문간방은 사무실이었는데 마중 나온 주인은 노란 턱수염의 중년이었다. 하나같이 그을음 묻은 옷에 비를 맞고 있으니 태준을 골라내지 못했다.

"어이, 방 따습고 좋다!"

한방에 들어온 이들은 같은 배에서 내렸어도 일행이 아니었다. 서로 어디까지 가느냐고 물으면서 저녁은 그만두고 뜨뜻하게 잠이나 자자고 했다. 태준에게 말을 거는 이는 없었다. 모르는 척하고 윗목에서 구부리고 누워 잤다. 이불이 없어도 그리 춥지 않았다.

아침이 되니 차례로 밥상이 들어왔다. 고급 여관은 한 사람에 한 상씩 들어오는데 여인숙이라 두 사람에 한 상씩 들어왔다. 태준은 어엿하게 모르는 손님과 마주 앉아 배불리 먹었다. 도둑질이라는 생각도 없었다. 너무 굶주려 막대로 내리친다 해도 계속 먹었을 것이었다.

마침내 손님들이 아침 기차로 떠난다며 각자 숙박비를 계산하기 시작했다. 노란 수염의 주인은 금방 태준을 잡아냈다.

"요 얌체 같은 놈!"

주인은 대뜸 태준의 양쪽 뺨을 철썩철썩 쳤다. 잘못했다고 빌어도 소용없었다. 멱살을 잡힌 채 사무실이 있는 행랑방으로 끌려갔다. 주인은 사환에게 외쳤다.

"너, 가서 남 순사 좀 오시래라!"

머릿속이 아득해졌다. 공부해 훌륭한 사람이 되려고 나왔는데 무전취식으로 징역이나 가면 어떻게 하나?

"제가 밥값 대신 몇 달이라도 일을 해 드릴 테니 용서해 주십시오."

사정했으나 주인은 모여든 구경꾼들에게 도둑놈 잡았다고 신이 나서 떠들어 댔다. 담을 타고 몰래 들어와 자고는 공짜 밥 먹고 도망치려는 걸 잡았다고, 있지도 않은 말까지 꾸며 댔다. 태준이 도망이라도 칠까 봐 손목은 아프게 붙잡고 있었다. 다들 고개를 끄덕이며 믿는 눈치였다. 그런 건 아니라고 항변하고 싶었지만 공짜 밥을 먹을 수 있으리라는 기대를 가진 건 사실이니 아무 소리도 못 하고 있었다.

절망감에 입안이 바짝 타들어 가고 있을 때, 사람들 속에 서서 지켜보던 흰 중절모 신사가 태준에게 말을 걸어왔다.

"너 집이 어디냐?"

"강원도 철원입니다."

"부모님은?"

"다 돌아가셨습니다."

"허! 그런데 여긴 뭐하러 왔어?"

소청에 가는 길이라 하려다가, 이 소문이 소청까지 퍼지면 안 된다는 생각에 그냥 일자리를 찾으러 왔노라고 했다.

"그래? 너 객줏집 사환 일도 괜찮으냐?"

좋다고 반색을 했다. 신사는 주인에게 자기가 아는 객주에 소개해 줄 것이니 한 번 봐주라고 했다. 그러나 주인은 손을 놓기는커녕 신사까지 나무라고 들었다.

"요따위 놈을 일 시켰다가 무슨 욕을 보려 그러시우?"

신사는 점잖게 주인을 타일렀다.

"아니요. 내 눈이 과히 무디진 않지요. 이 애를 보니 관상이나 말투나 막된 집 아이 같지가 않소. 어서 그 손 놓으시오."

이미 젊은 순사 하나가 긴 칼소리를 철그럭거리며 나타났다. 주인하고 잘 아는 사이인 듯했다. 대충 들어 보고는 수첩을 꺼내 들며 욕부터 했다.

"이 자식아! 이름이 뭐야?"

태준은 중절모의 신사만 쳐다보았다. 신사는 그의 간절한 눈빛과 마주치더니 결심한 듯 순사 앞을 가로막고 서며 지갑을 열었다.

"불쌍한 어린애가 밥 한 끼 먹은 걸 갖고 뭘 이러시오? 자, 이십 오 전 받으시오. 밥값만 받으면 그만 아니오?"

"그렇죠, 뭐."

도둑이라도 잡은 줄 알고 기세등등하던 순사도 겨우 무전취식인데다 돈까지 낸다니 수첩을 접었다. 주인도 순사의 말에는 어쩌지 못하고 잡은 손을 놓았다.

태준은 신사를 따라 농공은행 옆에 있는 '물산객주 김상훈'이라는 간판이 붙은 집으로 들어갔다. 김상훈이라는 이곳 주인은 얼굴부터 점잖아 보였다. 중절모 신사는 무전취식에 대해서는 일절 말하지 않았다.

"내 지나가다가 똑똑해 보이기에 데려왔으니 일 좀 시켜 보시지요."

주인의 대답도 시원했다.

"윤 생원이 똑똑하게 보셨으면 어련하겠습니까? 아무 걱정 마시지요."

김상훈은 태준을 들여다보며 또 서글서글하게 말했다.

"참 그놈 잘생겼는걸? 검고 깊은 눈에 정기가 넘치는구나. 이마도 넓고 입과 코도 단정한 것이 귀한 얼굴이로다."

태준은 윤 생원에게 몇 번이나 감사의 인사를 올렸다. 물산객주 생활이 시작되었다.

원산의 물산객주는 보통의 여관이 아니었다. 태준은 한참 후에야 알았지만, 상해임시정부에 소속된 안희제가 부산에 세운 백산상회의 원산 지점으로, 돈을 벌어 비밀리에 독립운동 자금을 지원하는 곳이었다.

겉으로는 항구나 철도를 통해 들어오는 상품들을 대량으로 사서 소매상들에게 나눠 파는 국제무역상으로, 객주에서 잠자리를 제공하고 밥을 파는 것은 각지에서 온 상인들의 편의를 보아주는 일에 불과했다. 그중에는 독립운동가도 있었을 테지만 태준이 알 리는 없었다.

객주에는 늘 십여 명의 손님이 묵고 있었다. 끼니마다 밥을 하여 열댓 개의 밥상을 나르고, 설거지를 하고, 더운 세숫물을 떠다 주고, 방을 치우는 일만 해도 일반 여관의 사환보다 바쁜데 낮이든 밤이든 기차가 들어오는 시간이면 '객주 김상훈'이라고 쓴 나무판을 들고 나가 단골손님의 짐을 들고 와야 했다. 배가 들어오는 고동 소리가 나면 자다가도 일어나 부두로 달려가야 했다. 떠나는 손님이 있어도 마찬가지였다.

손님들은 짐을 들어다 주면 오 전, 십 전씩 돈을 주었다. 처음에는 받기가 부끄럽더니 나중에는 안 주면 서운하게 되었다. 어떤 손님은 한 팔로는 들 수도 없는 육중한 짐을 어린 자기에게 떠넘기고도 돈은커녕 고맙다는 말도 없었다.

사람도 참 여러 가지였지만 좋은 손님이 더 많았다. 가장 인상 깊은 손님은 안희제였다. 마르고 긴 얼굴에 가는 코밑수염을 길렀는데 가늘게 올라간 눈에 커다란 안경을 써서 다소 날카로워 보이는 사람이었다. 그러나 모든 손님을 다 합친 만큼이나 점잖고 인심이 후해서 태준이 짐을 들어 주거나 심부름을 해 주면 다른 사람의 두세 배 용돈을 주며 어린 친구가 열심히 산다고 격려했다.

"호오, 어머니가 순흥 안씨라고? 나하고 같은 본이니 우리는 먼 친척뻘이구나. 나중에 부산 오거든 반드시 초량동의 백산상회를 찾아오너라. 내가 없더라도 직원들에게 부탁하면 잘 대해 줄 것이다."

태준은 그가 원산 객주의 진짜 주인이라는 것조차 모르는 채 잘 따랐다.

단골손님 중에는 서호 주인도 좋은 사람이었다. 태준은 알지도 못하는 서호진이란 항구에서 서호상회라는 큰 어물상을 한다고 서호 주인이라 불리는 이로 안희제만큼 인격이 높지는 않아도 호탕하고 인정이 많았다. 그는 한 달에 열흘은 원산에 와서 물산객주에 머물렀는데 태준이 영리하고 똑똑하다고 늘 칭찬했다. 나중에는 김 사장에게 제안까지 했다.

"김 사장, 어물만 팔 게 아니라 보물도 하나 파시오. 저기 태준이란 녀석을 서호로 데려가고 싶은데 날 주시지요."

김 사장은 허허 웃었다.

"어찌 우리 보물을 함부로 팔겠습니까? 잘 키워서 사위로 삼을까 합니다만은."

물산객주에 드나드는 이들은 사장이나 손님이나 대화도 품위가 있었다. 서호 주인은 퍽 아쉬워했다.

윤 생원도 객주에 자주 왔다. 그는 여러 객주와 상회를 돌아다니며 물건을 중개하는 거간꾼이었다. 태준이 돈이 모이자마자 밥값 이십오 전을 갚으려 했으나 받지 않았을 뿐 아니라 마치 아들이라도 되는 듯 올 때마다 불러서 잘 지내는가 물어보고 격려했다.

"윤 생원이 참 잘해 주지?"

어느 날은 김 사장이 물으며 사연을 말해 주었다.

"윤 생원이 원래 인품이 있고 신용이 무거운 사람인데 작년에 너만 한 아들을 전염병으로 잃었단다. 너만 보면 자기 아들처럼 생각되는 모양이다. 은혜를 잊지 말거라."

슬픈 일을 당해 본 사람이라야 슬픈 사람을 동정할 줄 안다는 생각이 들었다. 자기도 힘들고 슬픈 사람을 도와야겠다고 마음먹었다. 그러나 역시 사람은 가지가지였다.

얼마 안 가 태준의 도움을 기다리고 있던 듯한 슬픈 손님을 만났다. 팔러 온 상품부터가 변변치 않은 상인이었다. 목선이 낡으면 나무 틈으로 물이 들어오지 않도록 틀어막는 참대수세미라는 물건을 만들어 왔는데 보름이 지나도록 팔리지를 않았다. 다 팔아 봐야 삼십 원도 안 되니 이제는 팔린다 해도 여관비도 내지 못할 형편이었다. 그런데도 꼬박꼬박 밥을 시켜 먹고 태준에게 돈도 안 주면서 담배를 사 오라고 시켰다. 담뱃값을 달라면 서사에게 빌려서 사 오라고 했다. 서사는 객주의 돈 관리를 하는 사람이었다.

"돈은 무슨 돈? 그 손님은 이제 밥상도 들여가지 마라."

김 사장과 달리 서사는 냉정했다. 태준은 차마 그럴 수가 없었다. 다른 방은 다 밥상을 들여가면서 그 방만 뺄 수가 없어 밥을 넣어 주고 담배도 자기 돈으로 사서 대 주었다. 그렇게 대 준 담뱃값이 일 원도 넘었다. 신발이 닳아 나갈 수 없다기에 손님들 짐 들어 주고 한 푼 두 푼 모아 새로 산 가죽신까지 선선히 빌려 주었다.

하루는 이 손님이 김 사장에게 불려 갔다. 태준은 전에 자기가 밥값을 내지 못해 곤욕을 치렀던 일이 생각나 몰래 문틈으로 엿보았다. 김 사장은 노란 수염의 여관 주인과는 전혀 다른 사람이었다. 때리거나 경찰에 연락하기는커녕 오히려 돈 십 원을 꺼내 놓으며 점잖게 말하는 것이었다.

"살다 보면 어려운 때도 있는 법, 내 그동안의 식대는 없는 걸로 칠 테니 이 돈을 가지고 어서 오늘로 떠나시오."

태준은 김 사장의 인품에 감복하고 말았다. 십 원을 받았으니 꾸어 간 담뱃값 일 원을 갚으려 할 텐데 받지 말아야겠다고 결심했다. 그런데 사무실에서 나온 장사꾼은 태준과 마주쳤는데도 담뱃값 말은 않고 우물쭈물 지나가 버렸다. 그러고는 태준이 잠깐 밖에 나갔다 온 사이에 태준의 가죽신까지 신고 사라져 버렸다.

"나쁜 자식! 개만도 못한 자식!"

신지도 않고 아끼던 가죽신이 눈에 선했다. 가죽신보다 더 분한 것은 배신감이었다. 세상에는 좋은 사람도 많지만 믿지 못할 사람도 있다는 깨달음이기도 했다. 이 일로 소청에 가려던 마음도 접게 되었다.

'차비를 모아 소청으로 간들, 정말 내가 믿고 간 것처럼 거기 사람들이 외상값을 줄까? 어머니를 잃고 떠날 때도 갚지 않았던 사람들인데, 외할머니도 아닌 내게 갚을까?'

차라리 객주에서 열심히 일해 돈을 모으리라 생각했다. 김 사장은 손님의 밥 한 상에 일 전씩을 떼어 월급을 주었다. 한 달이면 육 원

정도 되었다. 선생이나 사무직원이 사십 원 이상 받는 데 비하면 적지만, 보통 하숙비가 이십 원이 넘으니 숙식 제공이란 걸 생각하면 적다고 할 수도 없었다. 손님들 짐 날라 주고 받는 용돈까지 합치면 일 년에 백 원은 모으리라 생각되었다. 그 돈이면 서울 가서 한두 달 하숙하고 입학금이며 교복 살 돈은 될 것 같았다. 그 뒤의 학비는 서울에서 일해 벌자고 생각했다.

'일 년만 꾹 참고 일하자!'

희망은 힘을 솟게 했다. 육십 전을 들고 삼방행 기차를 탈 때와는 또 다른, 구체적인 희망이었다.

마음을 바늘로 찌를 수 있다면, 굵은 대바늘이 가슴에 꽂힌 듯 늘 개운치 않은 것은 외할머니 생각이었다. 새벽부터 밤중까지, 때로는 자정이 넘어서도 뛰어다니는 바쁜 생활 중에 하루도 할머니 생각을 하지 않은 날이 없었다.

'얼마나 궁금해 하실까? 너무나 죄송스럽다. 그렇지만 제대로 배워서 꿈을 이루기 전에는 뵐 면목이 없다. 내게 얼마나 큰 기대를 하시는데 객줏집 사환이 된 꼴을 보여 드릴 수는 없다.'

우체국을 지날 때마다 편지를 쓸까 생각했지만 참았다. 설사 자기가 걸인이 되어 있어도 실망은커녕 더 아낌없이 사랑해 줄 외할머니라는 것을 잘 알았지만, 고생하는 꼴을 보여 마음 아프게 만들고 싶지 않았다.

태준의 인생에 중요한 일은 꼭 달밤에 일어나는 것 같았다. 원산에 온 지 세 달이 지나가던 여름, 달 밝은 저녁이었다. 저녁 설거지를 마치고 마당에 나서니 바다에서 뚜우 하고 배 들어오는 소리가 났다. 부두에 앉아 바다 위에 뜬 달을 바라볼 생각에 기분 좋게 초롱을 들고 나섰다. 달빛이 밝아 초롱에 불도 켜지 않았다.

부두에는 기선에서 내린 사람을 하얗게 실은 거룻배가 벌써 들어오고 있었다. 초롱에 불을 밝히고 여러 인력꾼 틈에 서서 단골손님을 찾으려고 유심히 살펴보던 태준은 갑자기 눈이 동그래졌다. 출렁이는 거룻배에서 선착장 위로 비척거리며 기어 나오다시피 하는 노파에 눈이 멎었다.

"할머니?"

후들후들 떨며 선착장에 올라온 노파는 태준을 보고도 잠시 멍하니 쳐다보기만 했다.

"저예요. 태준이!"

"너구나! 이 몹쓸 녀석!"

지칠 대로 지친 외할머니는 울 기력조차 없어 손자의 품에 쓰러지듯 안기고 말았다.

태준이 없어졌다는 소식을 들은 외할머니는 그날로 용담을 거쳐 다시 철원읍의 누나 집으로 갔다. 갈 곳이라곤 소청밖에 없으리라 생각되지만 가는 데만 십 원이나 되는 여비를 마련할 길이 없어 누나에게는 편지가 오려니 하고 두 달이나 누나 집에서 기다렸다. 보다 못한 누나가 시집 식구 몰래 가는 여비만 마련해 주었다.

모든 항구에 다 들러 굽도리라 불리는 완행 배를 타고 소청까지 열흘이나 걸려 가 보니 태준이 있을 리 없었다. 딸의 무덤에 가서 한없이 울다가 빚을 준 이들에게 겨우 돌아올 여비를 받아 다시 열흘 뱃길에 지쳐서 원산항에 내린 것이었다.

"이 몹쓸 놈아! 편지 한 장 못 할 게 뭐냐!"

할머니는 쥐어뜯을 듯 야단을 치면서도 얼굴은 웃고 있었다. 태준도 마냥 웃음만 나왔다.

태준은 목이 메게 반갑고 슬픈 손님을 모시고 주인집으로 올라갔다. 김 사장은 자기 일처럼 반가워하며 얼마든지 둘이 함께 살라고 했다. 물론 숙식비는 무료였다.

외할머니는 공짜 밥을 먹지 않으려고 아침저녁으로 부엌일을 도와주었다. 낮에는 주인집에서 가마솥 뚜껑을 얻어 길거리에 걸어 두고 녹두빈대떡을 부쳐 팔았다. 하루에 겨우 이삼십 전 벌이였으나 한 푼이라도 빨리 모아 손자를 서울로 보내겠다는 꿈으로 늘 웃는 얼굴이었다.

여름이 되면서 비가 잦았다. 비 오는 날이면 외할머니는 빈대떡 장사를 못 하는 대신 집에서 태준이 할 일을 맡았다. 태준은 대신 원산역에 미리 나가 기차가 올 때까지 대합실 의자에 앉아 책을 읽을 수 있었다. 책을 사는 데는 돈이 아깝지 않았다. 『시문독본』을 다시 사서 읽고 『추월색』, 『옥중가화』, 『해당화』 같은 대중 소설들도 사 읽었다. 그중에서도 제일 감격한 책은 『해당화』였다. 톨스토이의 『부활』을 최남선이 간단하게 추려 번역한 것이었다.

'아! 카츄샤!'

태준은 『부활』에 나오는 가련한 여주인공에 대한 동경심으로 끓어올랐다.

'나도 이처럼 아름답고 감동적인 소설을 쓸 수 있다면 얼마나 좋을까!'

카츄샤는 태준에게만 감동을 준 것이 아니었다. 카츄사의 노래가 원산에까지 유행하기 시작했다.

"카츄샤 내 사랑아, 이별하기 서러워……."

태준은 혼자서 역이나 부두로 가는 길이면 모자를 삐뚜름하게 쓰고 카츄샤의 노래를 불렀다. 출렁이는 바다를 바라보며 노래를 부르고 있노라면 광활한 러시아 들판에서 사랑을 찾아 헤매는 주인공이 된 것 같은 기분이었다. 『부활』처럼 아름다운 소설을 써서 유명해진 자기의 모습을 상상해 보았다. 사람들이 자기 책을 읽고 감동의 눈물을 흘리는 꿈이었다. 그토록 도도하던 은주도, 부모 없는 아이라고 모른 척하던 집안사람들도 다 후회하며 자신을 우러러보는 상상이었다. 이별과 눈물과 슬픔으로 얼룩진 자신의 인생을 스스로 이겨 낸 정복자가 되는 꿈이었다.

'정복자! 나는 내 인생의 정복자가 되리라!'

밤차를 기다리노라면 하늘에 별들이 하나둘씩 모습을 드러냈다. 봉명학교에서 배운 대로라면, 그중에는 스스로 빛을 내는 별도 있고 태양에 반사되어 빛나는 별도 있었다. 보기에는 태양에 반사된 별이 더 크고 빛나 보였다. 그러나 희미하고 작아 보여도 스스로 빛나는 별들이야말로 태양보다 몇 십 배는 더 큰 불덩어리였다. 스스로 빛나는 별이 되자, 스스로 타오르는 불덩이가 되자고 다짐했다.

만세 소리

외할머니와의 행복한 시간은 너무 빨리 끝났다. 둘이 함께 산 지 몇 달도 안 된 초가을, 낮이면 아직도 햇살이 빡빡머리를 뜨겁게 달구던 때였다. 원산역에서 또 한 무리 손님을 이끌고 객주에 들어서는데 서사가 누런 봉투 하나를 내밀었다.

"압록강 건너 안동에서 온 편지네?"

"네? 중국 안동현이요?"

잘못 온 게 아닌가 싶어 받아 보니 발신 주소가 분명 중국 안동현의 한 여관이었다. 발신인은 뜻밖에도 이윤수였다.

윤수 아저씨는 우선 태준의 주소를 읍내의 누나에게 들었다고 밝히고, 얼마 전에 아내를 잃어 마음이 심란해 이번 기회에 미국으로 가서 공부하기로 결심했다고 했다. 이를 위해 집안 어른들 몰래 돈을 좀 장만해 안동현에 왔으며 곧 상해를 거쳐 미국으로 갈 거라 했다. 그러고는 혼자 가기가 고독하니 같이 갈 생각이 없는지 물었고, 돈은 자기가 다 대겠다고 썼다. 아저씨라야 이십 대 초반에 공부도 그다지 못하는 사람이니 수천 리 먼 길을 혼자 가기가 두려웠을 것이었다. 유학 가기에 충분한 돈이 있다는 말에 태준은 등에 날개가 돋는 듯 근질거렸다.

'그까짓 서울 유학이 뭐냐? 미국 유학을 오 년만 하고 오면!'

태준은 물에 닦고 있던 재떨이를 내던지고, 길바닥에서 빈대떡을 부치고 있던 할머니에게 달려갔다.

"내 새끼 왔구나? 어서 이 따끈한 걸루 하나 먹어라."

"할머니는 내가 훌륭하게 되면 좋지요?"

"그걸 다시 말해야 하니?"

태준은 윤수 아저씨의 편지를 꺼내 보여 주며 구구절절 설명했다. 할머니는 조금 미덥지 않아 하면서도 잘됐구나 했다.

"할머니! 도로 진맹이로 가서서 오 년만 꾹 참구 계세요."

"다섯 해?"

할머니는 빈대떡이 타는 것도 모르고 털썩 주저앉으며 한숨을 쉬었다. 그러나 흐릿한 두 눈에 이내 광채가 일었다.

"오냐! 다섯 해가 아니라 십 년이면 어떠냐! 너만 잘된다면 나야 어느 밭머리에 묻히면 어떠냐!"

태준은 그길로 윤수 아저씨에게 전보를 치고 김 사장에게 사정을 말해 허락을 받았다. 김 사장은 헤어짐을 못내 아쉬워하면서도 미국행을 축하하고 격려했다.

미국까지 가려면 있는 옷부터 갈아입어야 했다. 새 학생복을 사 입고 새 구두를 사 신고 철원 가는 기차표와 안동현 가는 기차표를 사고 나니 그동안 모았던 오십 원이 다 없어지고 십 원 남짓 남았다.

철원까지는 외할머니와 함께 갔다. 자기는 안동현까지만 가면 그만이라 생각하고 남은 십 원을 드리니 할머니는 화를 내며 받지 않았다. 할 수 없이 할머니가 조는 사이에 몰래 돈주머니를 끄르고 넣어 주었다.

네 시간 만에 철원에 도착할 때까지 할머니는 별말이 없었다. 입만 열면 울까 봐, 손자의 기쁜 여행을 눈물로 보내지 않으려는 것이었다. 철원역에서 내려 드리고 떠날 때는 태준도 목이 메는 것을 억지로 참았다.

밤새 달린 기차는 이튿날 이른 아침 압록강 철교를 건너 중국 땅 안동현에 닿았다. 난생처음 와 보는 외국이었다. 중국식 건물은 낯설었지만 조선인이 흔해 마음을 놓았다. 역 앞에는 객주 명패를 든 사환이며 인력거꾼 들이 즐비했다. 바로 이틀 전까지 자기가 했던 일이었다. 쓴웃음을 지으며 인력거꾼들이 든 명패를 훑어보았다. 예상대로 윤수 아저씨가 묵고 있는 여관의 명패를 든 조선인이 있었다. 인력거에 올라 여관으로 가면서 물어보았다.

"여관에 이윤수란 손님 계시지요? 강원도에서 온⋯⋯."

인력거꾼은 금방 알아보았다.

"철원 손님? 어제 붙들려 갔는데?"

"붙들려요?"

심장이 쿵쿵거렸다. 인력거꾼은 대수롭지 않게 말했다.

"앳된 젊은이가 알고 보니 도망꾼이더군그래? 몰래 남의 빚을 내 도망쳤는데 어제 집안 식구들이 와서 끌고 갔어."

현기증이 일었다. 외할머니와의 행복한 시간을 버리고, 김 사장의 호의도 저버리고 모은 돈을 다 털어 왔는데 빈손으로 중국 땅에 던져지다니! 주머니를 털어 보니 단돈 일 원 오십 전이 전부였다.

일단 여관에 도착해 주인을 찾았다. 조선인이었다. 가진 돈을 전부 내놓고 며칠만 묵게 해 달라고 했다. 용담에 돌아갔을 윤수 아저씨에게 전보를 치면 차비야 부쳐 주겠지 하는 생각이었다. 그러나 주인은 태준이 낸 돈을 철궤 속에 집어넣고는 딱 잘라 말했다.

"잡혀간 사람을 어떻게 믿구? 내일 아침까지만 먹구 그다음은 몰라. 전보는 우리가 한 장 쳐 주지."

태준은 일단 용담에 전보를 치고, 외할머니에게는 잘 왔으니 걱정 말라는 엽서를 보냈다.

이튿날 저녁이 되도록 답신은 없었다. 용담의 윤수 가족들이 전보를 찢어 버렸다는 것을 태준이 알 도리가 없었다. 여관 주인은 밥을 주지도 않고 굶는 꼴도 보기 싫으니 당장 나가라고 재촉했다.

한밤중에 거리로 나서니 갈 곳이 없었다. 다행히 여름이라 진강 산 공원에서 쪼그려 자고 시장 거리에서 주워 온 과일 껍질을 물에 씻어 먹으며 버텼다. 이렇게 이틀을 노숙하며 여관에 가 보았으나 전보도 돈도 오지 않았다.

'떠나자! 서울을 향해 걷자!'

태준은 압록강 철교를 건너 서울 쪽으로 걷기 시작했다. 길가에 는 조밭, 수수밭, 콩밭이 널려 있었다. 옥수수는 벌써 다 따 버렸으 나 어쩌다가 덜 여문 조그만 것들이 달렸다. 성냥이 없으니 불에 구워 먹을 수도 없어 그냥 이빨로 긁어 먹었다. 톡톡 터져 나오는 노란 물이 그리 맛있을 수가 없었다. 옥수수밭만 보면 반가워 뛰어 들어 갔다.

의주에서 서울까지 사백오십 킬로미터, 천백 리 길이었다. 생각 해 보면 삼방에서 원산까지는 얼마나 가까운 길이었던가 헛웃음이 나올 지경이었다. 하루도 안 되어 물집이 잡히고 알이 배인 다리를 절뚝거리며 윤수 아저씨를 원망하고 자신의 경솔함을 후회했다. 무엇보다도 외할머니와 함께 살며 돈을 모을 수 있는 기회를 놓친 게 아까웠다. 이대로 못 보는 사이 외할머니가 돌아가시면 어쩌나 하는 생각에 눈물까지 찔끔거렸다. 그래도 평평한 길이 나오면 저 절로 노래가 나왔다.

"카츄샤 내 사랑아, 이별하기 어려워……."

백마역을 지나니 날이 어두워졌다. 강변이었다. 수수밭에 들어가 쪼그려 누웠다. 얼마쯤 잤을까 이슬 젖은 몸이 으슬거려 견딜 수가 없었다. 일어나 보니 멀리 철교 위로 불이 환한 기차가 우르 릉거리며 지나갔다. 남들은 다 타고 다니는 저걸 못 타서 이 고생 을 한다고 생각하니 세상 참 불공평하다는 생각이 들었다.

이슬에 젖은 몸이 떨려 견딜 수가 없었다. 걷는 게 나을 것 같아 길로 나와 한참을 가는데 반갑게도 동쪽 하늘이 훤히 트였다. 잠자 리가 없는 사람에게 아침보다 기쁜 것은 없다. 이제 살았다고 기운 을 내는데 동편 하늘에 솟는 것은 해가 아니라 잘 못 잔 사람의 눈 처럼 시뻘건 그믐달이었다. 그만 주저앉고 싶었다.

길은 끝없이 계속되었다. 낮에는 걷고 밤이면 아무 데서나 잤다. 아직은 아주 춥지 않아 이슬만 피하면 견딜 만했다. 아무리 배가 고 파도 구걸에는 익숙해지지 않았다. 남의 집에 기웃거리며 아쉬운 소리를 하느니, 차라리 소나무 껍질을 벗겨 내고 속껍질을 씹었다. 아직 덜 익은 밤이며 대추를 따 먹기도 하고 호박을 씹기도 했다.

진흙에 미끄러져 다리를 삐는 바람에 나무지팡이를 만들어 절뚝 거리면서도 열흘 만에 대동강 상류에 도착했다. 평안남도 순천읍 을 지나 이 킬로미터쯤 되는 곳이었다. 열흘간 거의 단식을 한 거 나 마찬가지였다. 온몸에 기운은 다 빠지고 앙상한 갈빗대 아래 뱃 가죽은 빨래판처럼 쪼글쪼글했다. 이제는 풀잎이라도 먹을 수 있 을 것 같고 진흙 덩어리를 보고도 혹시 먹을 건가 환각이 왔다. 이 대로 가다가는 길 위에서 죽을 것만 같았다. 더구나 눈앞에 굽이쳐 흐르는 대동강을 보니 희미하게 남은 기력마저 쑥 빠져나가는 기분이었다.

육지는 공짜로 걸을 수 있지만 강물은 돈을 들여 건너야 했다. 뱃삯은 얼마 안 된다 해도 공짜로 태워 주는 사공은 없었다. 염치없이 일단 올라타고는 내릴 때 돈 없다고 하소연하는 수밖에 없었다. 알았다고 선선히 보내 주는 뱃사공은 없었다. 청천강을 건널 때나, 그보다 더 작은 강을 건널 때나, 뱃사공들은 다른 사람들 다 보는 데서 욕을 하고 뺨을 치며 창피를 주었다. 강물만 나타나면 큰 뱀처럼 징그러운 생각이 들었다.

하류에 조선의 두 번째 도시 평양을 둔 대동강 나루는 주변에 큰 마을들이 있는 곳이라 나룻배도 무척 컸다. 너부기라 불리는, 소와 자동차도 실을 수 있는 넙적한 배였다. 일단 무조건 타고 강을 건넜다. 다른 사람들이 다 내릴 때까지 기다렸다가 마지막으로 남아 지팡이를 절뚝거리며 학생모를 벗고 인사를 했다.

"미안합니다만, 뱃삯이 없습니다."

"뭐이 어드레?"

눈이 너무 작아 바늘구멍을 보는 듯한 뱃사공은 때리지는 않았다. 그 대신 내리지를 못하게 했다.

"흥! 공짜 배를 타려면 한 번만 타면 되나?"

배를 돌리니 뛰어내릴 수도 없고 맞은편 기슭으로 돌아갈 수밖에 없었다. 심술궂은 사공은 거기서 그치지 않았다. 태준을 나룻배의 주인에게 끌고 갔다.

배 주인은 동네 사람들이 '향당'이라고 부르는 이였다. 마을의 우두머리라는 뜻이었다. 상투에 갓을 쓴 중년의 향당은 상민 같지가 않았다. 서울도 옛 조선식으로 한양이라 불렀다. 먼저 태준의 사정을 다 들어 주고 나서 물었다.

"저런! 발이 그래 가지고 한양까지 오백 리 길을 어떻게 걷느냐? 발이 나을 때까지 우리 집에서 쉬었다 가거라."

일이 엉뚱하게 풀리자 뱃사공은 곁눈질로 태준을 노려보았으나 향당은 사공 따위에는 관심을 두지 않았다.

"나도 아들 하나가 러시아로 간 지가 오 년이 넘는데 연락도 없고 돌아오지도 않고 있구나. 네 꼴을 보니 우리 아들이 너처럼 방랑하고 있지는 않은지……."

눈물까지 글썽거렸다. 역시 이별을 겪어 본 사람이 이별의 슬픔을 아는구나 생각했다. 향당의 따뜻한 배려는 그 가족들에게도 전달되었다. 열흘을 굶었다는 말에 부엌에서는 팥을 넣은 조밥을 수북이 가지고 왔다. 굶주렸던 식욕은 먹어도 먹어도 채워질 줄을 몰랐다. 상에서 물러나면 곧 졸음이 쏟아졌다. 밥에 취해 정신 모르고 자고 나면 해는 벌써 하늘의 절반을 건너뛰어 갔다. 눈만 뜨면 또 배가 고팠다. 열흘을 자고 먹기만 되풀이하니 겨우 식욕이 줄어들었다. 향당은 침쟁이를 불러 삔 발도 낫게 해 주었다.

향당은 나룻배보다는 화물 운송이 본업이었다. 짐 싣는 큰 배를 몇 척이나 가지고 내륙에서 평양까지 곡식과 공산품을 날랐다. 농사도 꽤 많이 지었다. 일이 많으니 딸린 일꾼도 많았다. 태준도 무슨 일이든 도움을 줄 수가 있었다. 콩도 꺾고 조 이삭도 자르고 도리깨질도 하고 물지게도 졌다.

가을이 깊도록 향당 집에 머물며 온갖 일을 돕다 보니 식구들과도 정이 들었다. 바늘구멍 눈의 뱃사공만이 여전히 못마땅해 할 뿐, 향당의 애정은 깊었다.

"겨울이나 지내고 가거라. 네가 없을 때는 어떻게 지냈나 싶구나."

굶어 죽을 뻔한 자기를 구해 준 향당의 은혜를 저버릴 수가 없었다. 서울은 인심이 박하다는데 돈 없이 한데서 잠을 자려면 아무래도 추운 겨울을 넘기고 봄에 가는 게 좋겠다는 생각도 들었다.

강변의 갈대가 황금빛으로 변하면서 농사일도 끝나 갔다. 희끗희끗 눈발이 날리더니 강물도 빠르게 얼어붙었다. 강물이 얼면 배가 움직이지 못하니 봄까지 긴 휴식이었다.

몸이 한가해지니 자꾸 잊었던 사람들이 생각났다. 외할머니와 누이들 생각이 나고 어머니 산소가 생각났다. 소청에 두고 온 서분이 생각도 나고, 산국화를 꺾어 달라던 은주 생각도 났다. 그중에도 은주 생각이 제일 생생했다. 윤수 아저씨 집을 뛰쳐나올 때는 미웠지만, 자꾸만 생각이 났다. 서울에 가서 학교에만 들어가면 반드시 은주가 나타날 것 같았다.

돈이 원수였다. 봄이 온다 해도 돈이 없으면 또다시 걸어가야 할 것이었다. 아무리 배가 고파도 구걸하느니 굶어 죽을 자존심으로는 서울도 못 가고 쓰러질 게 뻔했다. 가을에 잠깐 향당집 일을 도왔지만 긴 겨우내 아무 일도 않고 밥만 축내야 하니 여비를 달랄 처지도 못 되었다.

생각해 낸 것이 엿장사였다. 평안도 사람들은 밥 다음으로 엿을 많이 먹었다. 서너 집밖에 없는 거리에도 으레 엿판을 내놓고 팔았다. 그런데 나루터에는 읍이 가까워서인지 엿집이 없었다. 나루터는 자산읍과 은산읍으로 가는 큰길 옆이라 지나가는 우마차도 많았다. 장사가 될 것 같았다.

태준은 향당에게 일 원을 빌려 순천읍에서 엿을 떼다 내놓았다. 첫날부터 일 원어치는 금방 팔렸다. 삼십 전이 남았다. 다시 일 원어치를 떼다 놓으니 하루 만에 다 팔렸다. 날마다 쉬지 않고 파니 겨울철 석 달 만에 이십 원이 모였다.

혹한은 지나고 3월이 왔다. 1919년이었다. 강물도 빠르게 풀려 얼음덩이들이 둥둥 떠내려가기 시작했다. 얼음이 다 녹기만 하면 배를 타고 평양으로 내려가 서울 가는 기차를 탈 계획을 세웠다. 그런데 갑자기 서울로 유학 갔던 고등학생이며 대학생 들이 돌아오기 시작했다. 서울에서 난리가 났다고 했다. 만세운동이 벌어져 수많은 사람이 죽고 있다는 것이었다. 교통이 마비되어 서울까지

가지도 못한다고 했다.

며칠 지나지 않아 순천읍에도 난리가 났다. 서울에서 돌아온 학생들이 앞장서서 만세 시위를 터뜨린 것이다. 노인과 여자 들, 나이 어린 보통학교 학생들까지 합세했다고 했다. 태준은 엿을 떼기 위해서라도 읍내에 가야 했다. 향당은 걱정했다.

"가면 죽는다. 왜놈들이 닥치는 대로 팔다리를 자르고 목을 치고 있단다. 경기도 어디서는 야소교 예배당에 불을 질러 떼죽음을 시켰다더라. 읍내 근처도 가지 마라."

노인들은 예수교를 야소교라고 불렀다. 향당은 그가 읍내에 못 가도록 아예 엿판을 빼앗아 감춰 버렸다.

'사람을 불태워 죽이다니! 일본 놈들! 죽일 놈들!'

엿장사는 포기했지만 도대체 무슨 일인지 궁금해서 견딜 수가 없었다. 만세는 장날마다 되풀이되었다. 전쟁이라도 난 듯 우마차도 끊긴 날, 태준은 오후 늦게 순천읍내로 향했다.

얼마 가지 않았는데 학생복을 입은 고등학생이 포함된 젊은이들과 마주쳤다. 한 젊은이의 흰옷에는 검게 굳은 피 얼룩이 가슴께를 적시고 있었다. 본인이 다치지는 않은 것 같았다. 가까이 가니 고등학생의 검정 교복도 어깨의 실밥이 터지고 피 같은 것으로 얼룩져 있었다. 한 사람은 종이에 그린 태극기를 들고 있었다. 태준은 아버지로부터 태극기가 대한제국의 상징이란 것을 배운 적이 있었다. 그들은 옆을 지나며 외쳤다.

"대한독립 만세!"

목소리가 다 쉬어 있었다. 온몸에 소름이 오싹 돋는 기분이었다. 공포 때문만이 아니었다. 아버지가 생각나고 정 서방이 떠올랐다. 일본이 대한제국 군대를 해산시킬 때 총을 쏘며 싸웠다던 봉명학교의 오 선생이 떠올랐다.

읍내에 가는 동안 비슷한 사람들을 두 차례 더 만났다. 한 무리는 나이도 젊은 농부들 같았고 한 무리는 처녀들이었다. 그들 중에도 옷에 피가 묻거나, 머리가 깨져 천으로 감싼 이가 있었고 태극기를 든 이가 있었다. 농부 한 사람은 태준에게 말도 걸었다.

"넌 어딜 가니?"

"읍내에……."

"개놈들에게 잡히면 죽는다. 어서 돌아가라."

망설여졌다. 일본의 나라가 되어 버렸다지만, 일본인과 이야기를 나누거나 싸워 본 적은 없었다. 원산항에는 치렁치렁하니 검은 옷을 입은 일본인들이 흔히 드나들었지만 태준이 상대할 일은 없었다. 압록강을 건널 때 순사와 헌병의 매서운 표정에 주눅이 들었던 정도였다. 겁이 났지만 아무것도 하지 않은 자기를 해칠 일이 있을까 싶었다. 어스름히 어둠이 덮치고 있는 읍내로 들어갔다.

언제나 활기찼던 읍내는 평소와 다른 적막이 떠돌고 있었다. 어디선가 희미한 피비린내가 느껴졌다. 흰옷의 조선인은 거의 보이지 않는 가운데 말을 탄 순사와 헌병 들이 돌아다니고 있었다. 경찰지서 앞에는 순사들이며 일본인들이 청소를 하고 있었는데 가만 보니 유리창이 다 깨지고 없었다. 순사들 다리 틈새로 뭔가 허연 것이 쓰러져 있는 게 보였다. 하나도 아니고 셋이었다. 조선인의 시체임이 분명했다. 가까이 가지 못하고 골목길에서 살펴보다가 돌아섰다.

엿을 떼러 다녀 익숙한 장터에 들어가니 피비린내가 확 끼쳐 왔다. 여기저기서 상인들이 물을 뿌려 바닥의 피를 닦아 내고 있었다. 거기에도 시체 두 구가 가마니에 덮여 있었다. 엿집에 들러 무슨 일이 있었는가 묻고 싶었으나 일본 헌병과 노란색 군복을 입은 군인 들이 순찰을 나오는 게 보였다. 그냥 빠져나오고 말았다.

읍을 벗어나는데 멀지 않은 야산 꼭대기에서 붉은 화염과 함께 연기가 치솟는 게 보였다. 여러 사람이 외치는 만세 소리도 들려왔다. 한 군데뿐이 아니었다. 또 다른 산봉우리에서도 봉화가 피어오르고 만세 합창이 아득히 들려왔다.

잠시 후, 읍내 쪽에서 말달리는 소리가 요란히 들려왔다. 십여 명의 기마경찰이 달려오고 있었다. 얼른 길을 피해 숲으로 뛰어들었다. 기마대는 칼을 절그럭거리며 봉화가 오른 마을 쪽으로 먼지를 날리며 달려갔다. 숲에 숨어 있는데 다리가 후들거렸다.

만세 시위는 두 달이 넘도록 계속되었다. 순천읍에서도 몇 차례 더 시위가 벌어졌으나 많은 젊은이가 잡혀가면서 사그라졌다. 잡혀간 이들 중에는 태준이 또래도 흔히 있었다. 태준은 마을에 들어

온 지 얼마 안 되어 시위 시간을 알려 주는 이가 없던데다 향당이 집에 감금하다시피 보호하는 바람에 뒷이야기만 들었다.

다른 지역의 소식도 가슴을 저리게 했다. 처음에는 맨몸에 태극기만 들고 만세를 부르다가 학살당하던 조선인들은 시간이 가면서 돌과 낫을 집어 들었다. 피해는 더 커졌고 참가자는 차츰 줄어들었다. 조선뿐 아니라 만주와 러시아에서도 만세가 벌어졌다고 했다. 칠천 명 이상이 살해되고 삼만 명이 감옥에 갔다는 말이 들려왔다.

한두 달이 더 지나니 또 새로운 소식이 들려왔다.

"상해에서 임시정부를 만들었다면서?"

"나라 이름을 대한민국이라고 했다네."

"왜 대한제국이라고 않고? 조선이라고 하든가."

사람들은 잘 이해하지 못했지만, 봉명학교에서 역사를 배운 태준은 새로운 나라가 서양식 민주공화국이라는 것을 알았다. 조선이나 대한제국은 왕이 이끄는 봉건 왕조지만 대한민국은 왕이 없는 현대식 국가였다. 일본의 식민지가 되었어도 십 년간 항의 한 번 못하고 살아가던 조선인들이 천만 명 넘게 만세 시위를 하고, 임시나마 자신의 민주공화국을 세웠다는 사실만으로도 가슴이 후련해졌다. 아버지와 정 서방, 그리고 봉명학교 선생들의 뜻이 헛되지 않은 것 같았다.

여름이 다 되어서야 서울이 조용해졌다는 소식이 들려왔다. 태준은 향당에게 떠나겠다는 뜻을 밝혔다. 향당은 퍽 서운해 했다.

돈이 없으면 못 떠나리라 생각했던지, 용돈 한 푼 주지 않았다. 그러나 태준의 수중에는 엿을 팔아 모은 이십 원이 있었다.

떠나기로 한 날, 갑작스런 늦장마로 강물이 불어 배가 뜨지 않았다. 태준은 체전부라 불리던 우체부를 따라 밤길로 칠십 리를 걸어 숙천역에서 남쪽으로 가는 기차를 탔다.

마침내 서울로 간다고 생각하니 객실 의자에 편히 앉아서도 잠이 오지 않았다. 태준은 기차 시간표를 하나 사서 정거장 하나를 지날 때마다 연필로 정거장 이름을 지워 나갔다. 몇 해 후 유럽식 이 층 건물을 지어 이름도 경성역으로 바꾸지만 아직까지 서울을 대표하는 역은 남대문역이었다. 의주와 평양 쪽에서 오는 남행 열차도 바로바로 남대문역으로 들어가지 않고 먼저 남쪽인 용산역을 거쳐 올라갈 때였다. 차창이 어스름해서야 태준의 연필은 용산역까지 그었다.

용산역에 잠시 멈추었던 기차가 남대문역을 향해 출발하니 사람들이 어수선하게 짐을 챙기기 시작했다. 기차는 마지막 기적 소리를 내지르며 속력을 냈다. 차창 밖에는 전등불이 은하수처럼 깔려 눈을 핑핑 돌게 했다.

일본인들이 경성으로 이름을 바꿔 버린, 그러나 아직도 많은 조선인들이 그냥 서울이라 부르는 그곳은 아직 인구 이십만밖에 안 되는 소도시였다. 그러나 촌에서만 살아온 태준에게는 엄청나게 커 보였다.

'드디어 서울, 서울이다! 엄청 크구나!'

학생복 안주머니를 더듬어 보았다. 가진 거라고는 이십 원이 전부였다. 그러나 자신이 있었다. 학생모를 똑바로 고쳐 쓰고 사람들을 따라 자리에서 일어났다. 짐은 하나도 없었다.

경성의 달

나직하고 소박한 일 층 건물인 남대문역을 나오니 온통 전등 빛이요 사람들이었다. 정신을 차리기에는 너무 휘황하고 번잡했다. 어릿어릿 서 있으려니 여관에 사람을 끌어가는 호객꾼 하나가 붙었다. 나이가 태준보다 서너 살이나 더 먹었을 젊은이였다. 믿고 따라나섰다.

도로 위에 걸린 전선을 따라 작은 기차가 웅웅거리며 지나갔다. 처음 보는 전차였다. 얼른 타 보고 싶었다. 초가와 기와집이 섞인 넓은 길을 따라 조금 가니 큰 성문이 나타났다. 돌을 반원형으로 쌓은 문 위에 이층 누각이 지어졌고 양쪽으로는 돌로 쌓은 성곽이 이어졌다. 호객꾼은 남대문이라고 가르쳐 주었다. 전차는 성문 사이를 거쳐 시내로 들어가고 있었다.

골목 안으로 들어가니 나지막한 기와집이 나왔다. 여관이었다. 문을 열어 주는 대로 방에 들어가 벌렁 누웠다. 키가 큰 태준이 다리를 뻗으니 꽉 찼다. 전등은 벽을 뚫고 방 두 개에 하나씩 달았다. 벽에 숙박료가 붙어 있었다. 얼른 일어나 읽어 보았다. 하루 자고 두 끼 먹는 데 일등식 식사는 일 원 오십 전, 이등식은 일 원 이십 전, 삼등식은 팔십 전이었다. 호객꾼이 가져온 숙박계를 써 주고 삼등식으로 해 달라고 했다.

잠시 후, 주인이 문을 열고 반쯤 몸을 내밀었다.

"밥값은 어떻게 하고?"

"삼등식으로 말했는데요?"

"알고 있는데, 짐이 하나도 없구만? 맡길 짐이 없으면 선불이야."

얼른 십 원을 꺼내 주고 며칠 있다가 떠나게 되어 남으면 돌려달라고 말했다. 돈을 본 주인의 얼굴이 밝아졌다.

"아무렴!"

이튿날 아침, 장사꾼들의 손님 부르는 소리가 잠을 깨웠다. 이따금 큰길에서 들려오는 전차 소리도 귀에 설었다. 학교 종인지 교회 종인지 뎅뎅거리는 소리도 나고 뚜우 하며 기관차보다는 부드러운 고동 소리도 여기저기서 들려왔다. 차츰 높아져 가는 소음을 듣고 있노라면 마치 물고기들로 가득한 바닷속에 와 있는 것 같았다.

태준은 벌떡 일어나 세수를 하고 아침밥을 재촉해 먹고 거리로 나섰다. 번화한 쪽을 향해 걸으니 맞은편에 붉은 삼 층 건물이 보였다. 그림엽서에서 보던 경성우편국이 맞았다. 대각선으로 보이는 하얀 석조 건물이 조선은행이라는 것도 알아맞혔다.

우선 우편국에 들어가 외할머니에게 서울로 공부하러 왔다고 편지를 써 보냈다. 순천나루에서도 두어 달에 한 번씩은 꼭 편지를 보냈는데 작은외할아버지가 대신 보내온 답장에는 외할머니가 아프다는 것과 늘 손자 걱정을 많이 한다고 써 있었다. 이제 할머니도 마음을 놓으리라 생각하니 자기 마음도 한결 가벼워졌다.

경성은 인구는 많지 않아도 구중궁궐부터 각국의 대사관이며 관청 들이 많아 규모도 있고 번잡하기도 했다. 남으로 드넓은 한강을 끼고 북으로 새하얀 화강암으로 이뤄진 북한산으로 둘러싸인 지형 자체가 아름다웠다. 네 개의 큰 대문과 몇 개의 작은 문들, 또 이 문들을 잇는 화강암 석성은 조선시대 그대로 남아 있었다. 도심을 가로지르는 청계천도 아직 맑아서 상류의 물은 길어다 먹고 하류에서는 빨래를 했다.

여러 해 동안 그리워하던 서울이었다. 우선은 학교들을 구경하고 싶었다. 사람들에게 길을 물어 휘문, 중앙, 보성, 배재까지 하루만에 다 돌았다. 대개 지은 지 얼마 안 되는 이삼 층짜리로 붉은 벽돌이나 흰 화강암을 썼다. 우중충한 조선식 단층 기와집이나 초가와는 달리 웅장하고도 우아했다. 건물만 보아도 들어가고 싶은 마음이 생겼다.

게다가 학교마다 학년별로 보결생 모집 공고가 붙어 있었다. 만세운동으로 퇴학당한 학생이 많은 탓이었다. 태준은 일 학년 이 학기 수업부터 배워야 하니 일 학기 학습능력 시험에 붙으면 됐다. 조선어, 산술, 일어, 영어의 네 과목이었다.

조선어와 산술은 자신 있는데 영어와 일어가 문제였다. 봉명학교에서는 영어를 배운 적이 없었다. 태준이 다니는 동안에는 일어도 사 학년 여름방학에 잠깐 보충 학습을 했을 뿐이었다. 책방에 가서 중학교 일 학년이 배운다는『내셔널』일 학기용을 샀다.

"보결 시험을 보려는데 일 학기 동안 몇 장이나 배웠을까요?"

책방 주인에게 물으니 고개를 저었다.

"만세 부르느냐고 어디 금년에 공부를 했어야 말이지. 알파베트나 알면 들어갈걸?"

"알파베트가 뭐지요?"

주인은 책을 펼쳐 알파벳 스물네 자를 가리켜 보였다. 한글과 달리 대문자와 소문자가 있고 필기체가 따로 있어 외워야 할 글자가 백 개는 되었다. 태준은 얼른 여관으로 돌아와 공책에 하나하나 그려 가며 외우기 시작했다.

여관 주인에게 어느 학교가 제일 좋으냐고 물으니 배재학당이 제일 오래되었으니 좋지 않겠느냐고 했다. 태준도 삼 층짜리 벽돌 건물에 운동장도 제일 넓었던 것이 기억났다. 찾아가 입학원서를 냈더니 이틀 뒤에 시험이라고 했다.

'붙으면 뭐하나? 학비도 없는데……. 며칠 후면 여관에서도 쫓겨날 텐데.'

교문을 나서는데 자신의 현실이 떠올랐다. 그러나 이내 힘을 냈다. 다닐 수 있든 없든 그놈의 학교란 곳에 들어가 의자에 앉아서 남들처럼 시험이라도 한번 보고 싶었다.

'돈은 나중 일이고 우선 합격하고 보는 거다!'

이틀 동안 밤새워 공부했다. 시험 치러 가니 열두 명 뽑는 데 오십 명이 와 있었다. 조선어와 산술은 스스로 채점해 보아도 만점이었다. 일어 문제도 봉명학교에서 조금 배운 것이 있어 쉽게 써냈다. 영어가 문제였다. 선생이 칠판에 칼, 연필, 공책, 학교, 선생이라고 써놓고 영어 단어로 써내라고 했다. 깜깜했다. 아직 영어 단어는 한 개도 외우지 않았다. 책방 주인 말만 믿고 알파벳만 연습했던 것이다.

'별수 없다. 배운 것만 쓰자!'

태준은 알파벳 스물네 자를 인쇄체로 대문자와 소문자를 쓰고 다시 필기체로 대문자와 소문자를 단정히 그려서 제출했다. 당연히 떨어지겠지 생각했다. 그런데 다음 날 학교에 가 보니 합격자 명단에 이태준이라는 한자 이름이 당당히 들어 있었다.

'아! 나도 배재학당 학생이다!'

태어나서 처음 이뤄 낸 성공이었다. 이렇게 쉽게 붙을 줄은 몰랐다. 눈물이 핑 돌았다. 얼른 닦았다. 잠시 멈췄던 눈물은 그러나 다

시 고여 눈두덩을 넘어 뺨을 탔다. 두 번째 눈물은 기쁨의 눈물이
아니라 절망의 눈물이었다.

입학 수속을 밟고 교과서와 교모를 사는 데만도 삼십 원이 필요
했다. 주머니에 가진 돈이라고는 단돈 오 원뿐이었다. 십 원으로 점
심을 사 먹고 수건이니 비누, 양말을 사고 남은 돈이었다. 여관에
선불로 낸 십 원도 벌써 절반은 사라졌다. 며칠 후면 거리로 쫓겨날
처지에 삼십 원을 어떻게 마련한단 말인가? 이후에도 매달 월사금
이 사 원에 여관비도 한 달이면 이십사 원이 필요했다. 당장 보증
인이 없으니 등록 자체도 할 수 없었다.

합격자 명단을 보고 기뻐 뛰는 아이들은 대개 어머니와 함께 왔
는데 얼굴과 옷차림만 보아도 자기와는 비교가 되질 않았다. 애초
에 불가능한 꿈이었다. 태준은 어깨가 축 늘어진 채 힘없이 교문을
나섰다.

여관으로 돌아가는 길이었다. 담 모퉁이를 도는데 시원하게 그
늘진 곳에서 어른들 댓 명이 모여 뭔가를 내려다보고 있었다. 호기
심에 머리를 들이밀어 보니 돈내기 놀음판이었다. 세 개의 사기잔
중 하나에 주사위를 넣고 이리저리 자리를 바꿔 놓으면 주사위가
들어 있다고 생각되는 잔 앞에 돈을 내놓았다. 맞추면 두 배로 가
져갈 수 있었다.

"어이쿠, 맞췄네. 자, 십 원 가져가시오!"

앞에 한 사람이 가볍게 돈을 따 가고, 물주는 다시 사기잔을 이

리저리 돌려놓았다. 태준이 보기에 분명 주사위는 가운데 들어 있었다. 그런데 어떤 사람이 오른쪽에 오 원을 걸었다가 잃었다. 물주는 잔을 들춰 보였다. 예상대로 가운데 들어 있었다. 태준이 두어 번 더 손을 따라가 보니 번번이 정확히 맞아떨어졌다. 그 쉬운 걸 못 맞춰 돈을 잃는 어른들이 한심해 보였다. 물주는 또다시 잔을 이리저리 돌려놓고 말했다.

"자, 돈들을 걸어요, 돈! 맞으면 두 배!"

태준이 자기도 모르게 오른쪽 사기잔을 가리켰다. 물주가 따졌다.

"정말이오? 자신 있소?"

태준이 단호히 그렇다고 하자 물주는 그러면 돈을 걸라고 했다. 잘하면 학비를 벌 수도 있겠다는 희망이 꿈틀댔다. 조심스레 일 원을 꺼내 내놓았다. 그러자 물주가 약을 올렸다.

"일 원? 그깟 것 벌어 어데 쓰려고? 좀 전에 십 원 따 가는 거 못 봤소? 여러 번 하다가는 되레 잃는 거요. 한 번에 따 버려야지!"

옆에 있던 어른들도 덩달아 부추겼다.

"십 원만 대면 단박에 이십 원 나오니 도합 삼십 원이구, 삼십 원 대면 단박에 구십 원이 되잖어?"

입술을 깨물던 태준은 기어이 남은 사 원을 다 털어놓았다. 이렇게 세 번만 따면 입학금은 마련할 수 있다는 생각에 어서 잔을 뒤집으라고 재촉했다.

"자, 엽니다!"

물주의 말과 함께 사기잔이 올라갔다. 태준은 자기 눈을 믿을 수 없었다. 주사위가 보이지 않았다. 주사위는 가운데 잔에서 나왔다.

'사기다!'

순간적으로 깨달았지만 이미 늦었다. 먼저 돈을 따 간 자나 잃어 준 자나 모두 한패거리라는 생각이 들었지만 험상궂은 어른들에게 혼자 대항할 수도 없었다. 태준이 얼굴이 하얗게 질려 손을 후들거리고 노려보니 물주는 슬그머니 나무판을 챙겨 사내들과 함께 뺑소니를 쳐 버렸다. 태준은 그들이 사라지는 꼴을 멍하니 쳐다보고만 있었다.

'여태 미련하다는 소리를 들은 적이 없는데⋯⋯.'

잃어버린 돈도 아깝지만 사기꾼들에게 속아 넘어간 것이 분했다. 헛된 욕심으로 공짜 돈을 바랐던 자기 자신도 부끄러웠다. 누가 보았을까 봐 얼른 자리를 떴다. 어쨌든 알거지가 되고 말았다.

다음 날은 보결생이 모이는 날이었다. 잠을 제대로 못 자 깔깔한 눈으로 깔깔한 아침을 먹고 나니 그래도 학교에 마음이 끌려 그냥 있을 수가 없었다. 슬금슬금 배재학당에 가 보았다.

학년별로 보결생을 뽑았기 때문에 수십 명이 윗마당에 모여들고 있었다. 미처 학생복을 장만할 시간이 없었던 듯, 대개 두루마기에 미투리나 가죽신을 신었는데 모자만은 하나같이 새 교표가 번쩍이는 새 교모를 썼다. 태준은 무리 속에 끼지 못하고 멀찌감치 화단 뒤에서 구경했다.

종이 울리고, 선생 몇이 나오더니 학년별로 줄을 세우고 일 학년 보결생부터 이름을 부르기 시작했다. 이태준은 일곱 번째로 불렸다. 대답을 않고 있으니 선생은 고개를 들어 둘러보며 다시 불렀다.

"이태준! 이태준이 안 왔나?"

태준은 자기도 모르게 '네!' 하고 대답을 할 뻔했다. 선생은 세 번을 불러 대답이 없으니까 연필로 잠깐 무슨 기록을 하더니 그 다음 이름을 불렀다. 태준 외에는 안 온 학생이 없었다. 다들 기운차게 대답했다. 호령이 끝나자 선생들은 학생들을 줄 세워 대강당으로 들어가 버렸다.

마당에는 여름방학 동안 마음대로 자란 구석구석 풀숲에서 벌레 우는 소리만 일었다. 태준은 학생들이 사라지고도 한참이나 서 있다가 조용히 돌아섰다. 오랫동안 기가 죽어 있지는 않았다. 삼방에서 원산까지, 의주에서 순천까지 굶주린 채 걸으면서도 구걸은 하지 않던 자존심이었다. 물산객주에서, 순천나루에서 노동으로 다져진 성실함이 있었다. 그것은 어머니와 외할머니의 사랑으로 똘똘 뭉쳐진 쇳덩이 같은 의지의 결과였다. 자기 자신에 대한 믿음과 애정이었다. 태준은 자신이 어떤 역경도 이겨 낼 힘을 가졌다고 믿었고, 그 힘의 위력을 믿었다. 배재의 교문을 등지고 스무 걸음도 못 가서 결심이 섰다.

'돈부터 벌자! 낮에는 돈을 벌고 밤에는 공부를 하자! 야학으로 따라가다가 길이 열리면 그때 이 학년이든 삼 학년이든 다시 보결

시험을 치자. 배재에 사흘 만에 붙지 않았는가? 나는 할 수 있다!'

어딘가 있을 일자리를 찾아 시내를 헤매기 시작했다. 아무 상점에나 들어가 보고, 식당에도 들어가 보았다. 그러나 점심도 굶은 채 온 시내를 뒤지고 다녀도 일자리는 찾을 수 없었다.

밤이 되어 여관 호객꾼에게 사정을 말했더니 남대문 소학교에 운동장을 늘리려고 옆의 산을 허무는 공사를 한다고 했다. 다음 날 아침을 먹고 가 보니 사람들이 다닥다닥 달라붙어 삽질을 하고 있었다. 아무나 붙잡고 물어보니 매일 새벽 일곱 시까지 와야 뽑힌다고 했다.

다시 다음 날 새벽에 달려갔다. 태준 말고도 여러 사람이 그날 일을 잡으려고 나와 있었다. 그런데 십장은 힐끔 태준의 키만 큰 마른 몸매와 가늘고 긴 손가락을 보더니 말도 붙이지 않고 나가라고 등을 떠밀었다.

여관비도 끝나는 날이었다. 하루 삽질해야 딱 팔십 전 받으니 여관비를 내면 그만인데 그나마 거절당했으니 당장 갈 곳도 없어졌다. 어디 청소부 자리라도 있을까 이리저리 거리를 헤매기 시작했다. 점심이 되니 배가 고파 그나마도 다닐 수가 없었다. 다리를 쉬려고 종로 파고다공원으로 들어갔다.

팔각정을 구경하고 탑으로 가는데 갓을 쓴 중늙은이 하나가 사진을 찍고 있었다. 사진기가 희귀한 시절이라 신기해서 쳐다보는데 그쪽도 사진기는 들여다보지 않고 태준을 유심히 바라보는 것 같았다.

"서호 주인님!"

반가워 소리치니 그도 금방 알아보았다.

"너 태준이 앙이야?"

원산 물산객주에 있을 때의 단골손님 서호상회의 주인이었다.

"너 여기서 무스길 하고 있니?"

"아무것도 못 하고 있어서 걱정입니다."

원산을 떠난 후의 사정을 간단히 말하니 서호 주인은 도리어 신이 났다.

"잘됐다. 서호에 같이 내려가자. 내 집에서 살아라."

눈물이 핑 돌았다. 자기 집으로 가자는 말이 고마워서였다. 그러나 어렵게 온 서울을 떠날 수는 없었다. 죽어도 서울서 죽겠다고 다짐하니 서호 주인은 순순히 고개를 끄덕이며 등을 두드렸다.

"이놈이 역시 제법이구나! 그럼 내일 일찍 내 여관으로 와라. 낮에만 일하구 밤엔 야학 댕길 만한 자리를 물어봐 주마."

서호 주인은 돈까지 십 원을 꺼내 주었다. 주변에 이런 사람들만 있으니 원산 객주 김 사장이 성공하는구나 생각하지 않을 수 없었다. 몇 번이나 감사를 올렸다.

태준은 서호 주인의 신용으로 바로 취직이 되었다. 만주에서 좁쌀을 수입해 조선에 퍼뜨리는 공영상회라는 큰 회사의 사무원이었다. 매일 남대문역에 나가 좁쌀이 들어오고 나가는 것을 기록하고 인부들을 관리하는 일을 했다. 종일 먼지를 쓰고 서 있어 지저분하기는 해도 지금까지 해 온 일에 비하면 조금도 괴롭지 않았다. 월급은 이십오 원, 지금까지 어디서도 벌어 보지 못한 큰돈이었다. 상회의 숙직실에 살면서 혼자 밥을 지어 먹으니 생활비도 거의 나가지 않았다.

무엇보다도 좋은 것은 여섯 시만 넘으면 퇴근한다는 것이었다. 태준은 청년회관이라 부르는 YMCA의 야학교 고등과에 입학했다. 제일 먼저 서호 주인에게 감사의 편지를 올리고, 외할머니에게도 학교에 들어갔다는 기쁜 소식을 전했다.

외할머니에게 보내는 편지에는 늘 쓰던 대로, 자리만 잡으면 꼭 할머니를 불러 함께 살겠다고 썼다. 그 부분을 쓰노라면 작은외할아버지가 읽어 주는 것을 들으며 눈물 흘릴 외할머니의 모습이 떠올랐다. 경성에도 달이 떴다. 러시아에서도 원산에서도 달은 어디나 같았다. 태준은 달이 밝은 밤이면 달에게 말했다.

'기다려 주세요, 할머니⋯⋯.'

외할머니도 철원 하늘에서 같은 달을 보고 있으리라 생각했다.

장은주

청년회관은 삼 층짜리 큰 건물로, 종로2가 종로경찰서 옆에 있었다. YMCA를 일컫는 청년회관은 야학으로 유명할 뿐 아니라 경성에서 가장 큰 대강당이 있어 이상재 같은 유명한 조선인 사회운동가들을 초대해 강연회를 열었다.

강연이 열리면 매번 칠백 명이 넘게 모여 빈자리가 없었다. 맨 앞에는 일본인 정복 순사와 형사 들이 앉아서 강사가 조금만 반일적이거나 사회 비판적인 발언을 해도 소리쳐 말을 막았다. 강사들은 직설적인 표현을 못 하니까 더 재미있는 비유나 역설로 일본의 정책들을 비판했고, 청중들은 열렬한 박수로 환호했다. 형사들의 제지로 아예 강연이 중단되어 강사가 끌려가는 일도 흔히 일어났다.

태준은 강연회가 있는 날은 공부에 집중할 수 없었다. 아래층 대강당의 박수와 환호성이 삼 층으로 올라오면 몸이 달았다. 공부가 끝나기를 기다려 대강당으로 내려가면 청중이 입구까지 완전히 꽉 차서 들어갈 수가 없었다. 연사의 얼굴은커녕 목소리도 제대로 들리지 않았다. 연사의 말소리가 무어라고 우렁차게 터졌다가 뚝 끊기면 청중들은 귀가 먹먹하도록 박수를 쳤다. 태준은 무슨 말인지도 모르면서 덩달아 힘껏 박수를 쳤다.

나중에는 꾀가 생겼다. 미리 광고를 보아 연사가 유명한 사람일 때는 그날 배울 내용을 미리 집에서 예습해 버리고 야학 교실 대신 강연장으로 들어갔다. 과연 조선 최고의 선동가들답게 조리 있고 위엄이 있으면서도 재치 있는 연설들이 이어졌다. 칠팔백 명의 청중들은 열정으로 가득한 연사들의 손아귀에 든 듯 그의 말 한마디 한마디에 이리 쏠리고 저리 쏠렸다.

'웅변이란 위대한 것이다! 나도 정치가가 되고 싶다!'

강연회뿐 아니었다. 가끔은 자유 토론회도 열렸다. 토론회는 예정된 토론자들의 대담이 끝나면 누구든지 앞에 뛰어나가 자기 마음에 드는 편으로 의견을 발표할 수 있었다. 이를 '속론'이라 불렀다. 속론 시간에는 나이나 학력의 구분도 없었다. 중학생들도 뛰어나가 당당히 자기 의견을 발표했다. 어떤 중학생은 어른보다 더 훌륭한 열변을 토해 갈채를 받았다.

태준은 속론 시간에 한번 나가 보고 싶었다. 기회를 기다리는데 새 토론회 광고가 나붙었다. 어느 전문학교 학생회에서 주최하는 토론회였다. 사업을 하려는 데 금전이 문제냐, 의지가 문제냐는 주제였다.

태준은 의지의 편에 가담하기로 했다. 돈은 의지만 강하면 얼마든지 벌 수 있다는 게 평소의 생각이기도 했다.

며칠 후에 있을 토론에 대비해, 태준은 매일 새벽 남산에 올라가 웅변 연습을 했다. 숙식을 하고 있는 공영상회에서 가까워 좋았다. 태준은 북으로 삼각산 연봉들을 바라보며, 남으로는 멀리 한강을 굽어보며 목청을 돋워 연습했다.

첫 무대에 나서 볼 저녁이 왔다. 태준은 일찌감치 맨 앞줄에 앉았다. 연사는 대개 전문학교 학생들인데 배재학당 학생도 있었다. 그 학생은 금전의 편이었다.

'옳지! 내가 돈이 없어 못 다닌 배재학당 학생과 대결하게 됐구나! 금전과 배재학당에 복수를 하자!'

태준은 속론이 시작되기를 기다려 누구보다도 먼저 손을 들고 일어섰다. 단번에 연사로 지목되었다.

막상 연단에 나서자 칠백 명의 눈길이 자기의 기를 꺾으려 드는 것 같았다. 한 사람의 얼굴에 눈이 열 개는 되는 것 같았다. 눈동자의 바다에 던져진 가련한 새앙쥐가 따로 없었다.

"존경하는 청년 학도 여러분! 저는……."

긴장한 나머지 첫 음성이 너무 높아 제대로 발음이 되지를 않았다. 눈동자의 바다에서는 하하하 웃음소리가 터졌다. 태준은 잠깐 눈을 감았다. 아침마다 바라보던 삼각산 연봉과 모래사장을 따라 굽이쳐 흐르는 한강이 감은 눈 속에 선명히 그려졌다. 머리가 맑아졌다. 태준은 남산에서 연습해 온 음정을 잡아 냈다. 선명하고도 힘 있는 음성으로 돈보다 왜 의지가 중요한가를 주장하기 시작했다. 때때로 박수 소리가 일어났다. 목이 칼칼해질 만하자 준비했던 이야기가 끝나고, 어느 때보다 우렁찬 박수 소리가 계속되었다.

연단에서 내려와 자리에 앉으니 흥분이 가라앉지를 않아 다른 사람의 연설은 거의 알아듣지도 못했다. 자기가 한 말을 한 구절씩 되새기며 진짜 잘했을까, 실수는 하지 않았나 되짚어 보았다. 이 날 토론은 배재학생이 편들었던 '돈'이 지고, 태준이 편들었던 '의지' 가 이겼다. 퍽 기분이 좋았다.

토론회가 끝나고 청중들이 강당을 빠져나가기 시작했다. 아직도 흥분이 가라앉지 않은 태준은 다리가 후들거리고 손가락이 떨리는 것을 참으며 사람들 틈에 섞여 나섰다. 그런데 누가 어깨를 때렸다.

"태준아! 잘했다!"

뜻밖에도 윤수 아저씨였다. 원망스럽다기보다 우선 반가웠다. 윤수도 손을 잡고 흔들며 좋아했다.

"아저씨! 고향으로 끌려간 줄 알았는데 서울에 계셨어요?"

"난 벌써 서울에 와서 바로 여기 청년회관 영어과에 다니고 있단다. 네가 서울에 있는 줄은 몰랐다. 원산에서 언제 온 거야?"

원산에서 온 줄로 알다니 기가 막혔다.

"이야기하자면 길어요."

"그래, 나도 할 말이 많다. 우선 배고픈데 밥 먹으러 가서 이야기
하자."

윤수는 청요릿집이라 불리는 중국집으로 앞장섰다.

"미안하게 됐구나. 네 소식을 전혀 몰랐다."

안동현에서부터 지금까지 있었던 일을 간단히 말해 주니 윤수는
자기 사정도 딱했다고 변명을 했다. 집안 어른들에게 붙잡혀 용담
에 끌려간 그는 다시 반강제로 중매결혼을 한 후 서울로 혼자 유학
을 왔다고 했다. 가족들이 편지를 가로채 태준의 편지도 받지 못했
다고 했다. 그리고 미안했는지 제안을 했다.

"올해만 회사에 다니고 내년 봄에 정식 학교 이 학년에 보결 시
험을 봐라. 합격하면 우리 누님 집에 와서 나하고 같이 방을 쓰자.
우리 누님은 매형이 죽어 은주 하나를 데리고 사니 적적하거든. 은
주도 네가 온다면 좋아할 거다."

은주라는 말에 잊었던 감정이 물결쳤다.

"고마워요. 그렇게 할게요."

사실 공영상회 기숙사도 혼자 쓰니 마음은 편했다. 은주 이야기
가 아니었다면 돈도 아직 못 모았는데 또다시 보결 시험을 본다든
가, 불편하게 윤수와 한 방을 쓰겠다고 약속하지는 않았을 것이다.

윤수는 고향 용담의 소식도 전했다. 봉명학교 교장인 이봉하 아

저씨가 만세운동 주동자로 구속되어 오 년 형을 받았다는 소식이었다. 일본에 항쟁하려면 무력을 키워야 한다고 학생들에게 군사 훈련을 시켰던 오 선생도 같이 오 년 형을 받고 함흥형무소에 수감 중이었다. 태준은 안타까웠지만, 그리 놀라지는 않았다. 이봉하 아저씨나 오 선생이라면 충분히 그러고도 남을 이들이라 생각했다.

청요릿집에서 나온 두 사람은 청계천을 건너 남산 아래 다옥정 은주네 집까지 함께 갔다. 조선시대에는 다동이라 불리던 부자동네였다. 문패에는 돌아가신 은주 아버지 장 씨의 이름이 새겨져 있었다. 집 안에서 매혹적 향기가 풍겨 나와 정신을 홀리는 기분이었다.

'장은주! 은주가 저 안에 있구나!'

밤 열한 시가 넘은 시간이라 윤수 아저씨만 들여보내고 어두운 골목을 돌아오는데 마음이 아침을 맞은 것처럼 들떴다. 생전 처음 칠백 명의 청중 앞에서 연설을 해 본 것도 좋았고, 은주네 집을 안 것도 좋았다. 밤하늘을 이처럼 희망에 찬 눈으로 쳐다보며 걷기도 처음이었다.

언제나처럼 토요일도 낮에는 일하고 밤늦게까지 공부를 마친 다음 날, 충분한 늦잠으로 피로를 풀고 목욕까지 한 후 오후 늦게 기숙사를 나섰다. 남의 집에서 한 끼니라도 신세지는 게 싫어서 설렁탕을 사 먹고, 약속한 저녁 시간에 맞춰 다옥정 은주네 집을 찾았다.

행랑어멈이 열어 주는 대로 대문에 들어서니 서울 집으로는 드물게 중문이 있는 기와집이었다. 안채에 들어서니 꽤 넓은 마당에 정원이 잘 가꿔져 있었다. 용담 같은 시골에서나 마을에 한두 채 볼 수 있는, 상당히 규모가 있는 한옥이었다.

윤수와 은주 모녀는 안방에서 저녁을 먹고 있었다. 윤수의 구두와 은주의 뾰족한 구두가 가지런히 놓인 댓돌에 자기 구두를 벗어 놓고 마루로 올라갔다. 은주는 키만 커졌을 뿐, 쌍꺼풀진 까만 눈이며 맑은 피부가 하나도 변한 게 없었다. 고개만 까닥하는 도도한 인사도 변하지 않았다.

태준도 은주와는 고갯짓으로만 인사를 나누고 먼저 은주 어머니에게 절을 올렸다. 아담한 체구에 은주처럼 하얀 얼굴이 서울의 부잣집 부인이라고 써 붙이고 다니는 것 같았다. 은주 어머니도 퍽 반기며 손을 잡아 주었다.

"태준이 넌 나를 모를 테지? 너희 아버지가 나한테 먼 친척 오라버니뻘 된단다. 나 시집올 때도 너희 어머니가 단장을 시켜 주셨드랬는데 두 분 다 안타깝게 됐구나. 그래, 너는 올해 몇 살이냐?"

"열여섯입니다."

"예전 같으면 장가들었을 나이구나. 아들이 좋기는 하구나. 딸 같으면 남의 집에 시집이나 갔지 빈주먹으로 서울에 공부하러 올 마음이나 먹을 수 있겠니? 나도 너 같은 아들 하나 있음 얼마나 좋을까마는."

시골에 논만 육만 평이 넘는 부자였던 은주 아버지는 병으로 일찍 죽고, 지금은 큰아버지가 농사를 지어 돈을 부쳐 주고 있었다.

돈은 있지만 하나뿐인 딸과 둘이 살며 퍽 외로운 모양이었다. 윤수 아저씨의 말을 들었는지, 정식으로 학교에 들어가게 되면 자기 집에 와서 살라고도 말했다.

"은주가 두 살 어리니 동생이구나. 은주야, 태준이 오빠랑 우미관에나 다녀오지 그러냐?"

우미관이 종로3가에서 창덕궁 들어가는 모퉁이에 새로 지어진 조선 최초의 영화관이라는 건 알았지만 들어가 본 적은 없었다. 은주는 얼른 옷을 챙겨 입고 앞장섰다. 배다리로 나와 광교 큰길을 건너 샛길로 관철동에 들어서니 큰길 모퉁이에 명월관이 보이고 맞은편이 우미관이었다.

우미관은 가운데만 지붕을 올리고 양쪽은 평평한 서양식 건물로, 지붕 바로 아래에는 여러 개 기둥을 세워 멋을 내고 그 아래 일층은 매표소와 출입구로 썼다. 조잡하게나마 나름대로 공을 들여 유럽의 건축양식을 흉내 낸 건물이었다.

기둥들이 세워진 이 층 난간에는 전등을 구슬 꿰듯이 엮어 달았는데 그 위에서 악사들이 흥겹게 몸을 흔들어 대며 서양 악기를 연주하고 있었다. 악사들의 모습도 배불뚝이, 눈이 불거진 사람으로 가지각색이고 금관악기들은 새로 닦은 놋그릇처럼 황금빛이 났다.

악사들 발치 아래에는 큰 간판 그림들이 붙어 있었다. '명금대회'라는 글자 옆에 달리는 말 위에서 소나무로 뛰어오르는 그림, 큰 다리 밑으로 지나는 기차에 뛰어내리는 그림, 절벽 사이로 자동

자전거라 불리는 오토바이를 타고 날아가는 그림들이었다. 마당에는 사람들이 잔뜩 몰려서 그림을 올려다보고 있었다.

윤수는 이 층 표를 샀다. 은주는 자주 와 본 듯, 어수선한 사람들 사이에서 익숙하게 길을 찾아 맨 첫 줄 난간 바로 앞에 자리를 잡았다. 윤수를 가운데 두고 은주와 태준이 양쪽으로 앉아 내려다보니 청년회관 대강당보다 훨씬 큰데도 빈자리가 거의 없이 꽉 찼다.

이윽고 바깥 난간에서 연주하던 악사들이 들어와 커다란 화면 뒤에서 연주를 했다. 변사가 무대에 올라와 관객들에게 인사를 하니 군악 소리가 뚝 그쳤다.

"오늘 저녁에도 이 우미관을 사랑하사 이처럼 다수 왕림해 주신 신사 숙녀 여러분께 감사를 드리옵니다."

변사는 오늘을 '오날'이라는 식으로 목에 힘을 주어 특이한 소리를 냈다. 다음 주일에는 무엇을 상영하겠으니 그때도 많이 와 달라는 말까지 늘어놓고서야 다시 군악 소리에 발을 맞춰 들어갔다.

불이 꺼지고, 영화가 시작되었다. 변사는 화면 옆에서 목청을 높여 대사를 대신했다. 등장인물이 모두 서양인이었다. 신나게 말을 타고 달리며 총을 쏘고, 달리는 기차 지붕 위에서 주먹질을 하며 싸우는데 태준에게는 그 얼굴이 그 얼굴 같아서 누가 악인이고 누가 선인인지도 구별이 안 됐다. 그러나 윤수와 은주는 배우들의 이름까지 말하며 감탄사를 연발했다. 태준은 변사의 과장된 음성을 거의 알아들을 수 없는데 은주는 재미있어 어쩔 줄 몰라 했다. 두 시간이나 지나 영화가 끝나고 불이 켜졌다. 기다렸다는 듯이 엿판처럼 생긴 나무판을 목 끈으로 맨 소년들이 먹을 것을 팔러 다녔다.

"우유 찹쇼! 라무네요!"

윤수는 라무네라는 음료수 세 병과 화투짝만 한 과자를 사서 나눠 주며 재미있었냐고 물어 왔다. 태준은 솔직히 말했다.

"말 타고 뛰고 쫓아가고 하는 건 알겠는데 왜 그러는 건지는 도통 모르겠던걸요?"

은주는 '바보!'라고 말하는 눈으로 말뚱히 바라보며 말했다.

"어쩜! 그렇게 재미있는걸!"

태준은 얼굴이 화끈해 아무 말도 못 했다. 은주는 그러나 이내 잊어버린 듯 쾌활하게 영화 이야기를 하다가 집으로 데려다 주는 길에 물어 왔다.

"너두 내년에 중학에 갈 준비를 한다며?"

두 살 차이로, 그 어머니가 오빠라고 부르라 했음에도 야무진 반말이었다.

"넌 산술 문제 죄다 풀 줄 아니?"

은주는 다른 과목도 별로였지만 특히 산술을 못했다. 윤수에게 가르쳐 달라고 할 수 있지만, 윤수 역시 산술에는 재능이 없었다. 태준은 산술이라면 자신 있었다.

"산술책에 있는 건 죄다 풀지 뭐."

"어쩌믄…… 넌 좋겠다! 너 우리 집에 와서 살면서 내게 산술 좀

177

가르쳐주지 않으련? 나도 내년에 여고 입학시험을 쳐야 하는데 산술이 엉망이야."

태준은 망설이지 않고 대답했다.

"너희 어머니가 허락하시면."

은주는 신나라 하며 돌아가더니 쉽게 어머니의 승낙을 받아 냈다. 학교에 들어간 후에나 윤수와 살려던 계획은 며칠 만에 실현되었다. 태준은 짐이랄 것도 없이 작은 보따리 하나를 들고 윤수가 사는 은주네 사랑방에 들어갔다.

하루하루 행복한 나날이었다. 태준은 야학을 그만두고 공영상회 일이 끝나는 대로 돌아와 은주에게 산술뿐 아니라 조선어와 한문, 일어까지 가르쳤다. 자기 자신도 윤수에게 영어를 배우고 나머지는 자습으로 중학교 입시 공부를 시작했다. 숙식이 해결되었으니 월사금 사 원이야 무슨 일을 해서든 마련할 자신이 있었다. 밤마다 은주네 사랑방은 세 사람의 공부 열기로 땀이 났고, 은주 어머니는 이들의 입이 쉴 새가 없도록 행랑어멈에게 과일이며 약과니 수정과 같은 간식을 갖다 주게 했다.

공부 열풍은 은주네 사랑방의 일만이 아니었다. 삼일만세운동은 신학문을 배워 조선을 일으키자는 열망을 불러일으켰다. 총각은 땋은 머리칼을 자르고, 어른은 상투를 잘랐다. 농촌의 젊은이들은 물론, 면서기나 군서기, 순사보조원을 하던 이들까지 안정된 직장을 때려치우고 상급 학교 진학을 위해 도시로 몰려들었다. 매년 정

원이 겨우 찰까 말까 하던 중학에 열 배까지 응모자가 몰려들었다. 1920년은 조선어에 입학난이라는 단어가 처음 생긴 해이자 재수생이란 신분도 처음 등장한 해였다.

"올해 시험에 붙지 못하면 어떻게 하나?"

은주는 어려운 산술 문제를 혼자 풀지 못할 때마다 눈살을 찌푸렸다.

"왜 못 붙어? 붙을 수 있어!"

"떨어지면 내년에라도 다시 시험을 봐야겠지?"

"그럼! 이제는 여자도 중학교는 마쳐야 해."

은주는 태준의 격려에 졸음이 덮은 눈을 비벼 가며 다시 연필을 집어 들곤 했다. 태준의 확신대로, 은주와 태준은 나란히 합격했다. 1921년 3월이었다. 태준은 열여덟 살, 은주는 열여섯 살이었다. 은주는 숙명여고보에, 태준은 휘문고보에 들어갔다.

태준은 공영상회에서 일하며 모아 둔 돈 말고도 은주 어머니와 윤수의 도움으로 무사히 입학 수속을 마칠 수 있었다. 교과서도 사고 교복과 교모도 새것으로 마련했다. 검은 양복에 빛나는 금빛 단추는 갸름한 얼굴에 눈 맑고 살결이 흰 태준을 더욱 기품 있게 보이게 했다.

복장을 갖추던 날, 태준은 사진부터 찍었다. 누구보다도 외할머니를 즐겁게 해 드리고 싶었다. 눈 어두운 외할머니가 볼 수 있도록 크게 확대하고 싶었으나 너무 비싸서 팔십 전짜리 명함판으로 빼어 보내고, 철원읍의 정송 누나에게도 따로 보냈다.

첫 소집일, 날씨도 쌀쌀한 운동장에서 호명을 기다리는 마음은 반년 전 배재에서 멀찍이 숨어서 남들의 입학을 보던 때와는 달랐다. 금방 오줌이라도 지릴 것처럼 들떠 있었다.

"이태준!"

선생의 호명에 힘차게 대답했다.

"네! 여기 있습니다!"

긴 대답에 아이들의 웃음소리가 터졌다. 선생도 싱긋 웃어 보였다. 상관없었다. 만세를 부르라면 만세를 부를 수도 있었다. 벌거벗고 춤을 추라 해도 출 수 있을 것 같았다.

하지만 먹장구름에 덮여 있던 태준의 하늘이 하루아침에 맑아질 수는 없었다.

장미의 정원

입학은 했으나 다음 달 월사금, 학용품, 입고 신을 것이 계속 필요했다. 태준은 먼저 영신환 장사를 시작했다. 싯누런 팥알 같은 영신환은 계피 껍질, 박하유, 대황, 백작 같은 이십여 가지 약재를 달여 만든 소화제로 조선인들의 상비약이었다.

학교가 끝나는 길로 저녁때까지 공원과 정거장, 음식점을 돌아다니며 팔았다. 잘 팔리는 날은 하루에 삼십 전까지 벌었고 온종일 돌아다닐 수 있는 주말에는 잘하면 일 원 넘게 벌기도 했다.

그러나 고학생은 한둘이 아니었다. 공부를 하겠다고 몰려드는 청년들 상당수가 가난한 농민의 아이들인 만큼, 고학생도 넘치는 시대가 되었다. 마장동 도살장에는 '고학생 갈돕회'라는 것까지 생겼다. 서로 돕는다는 뜻의 갈돕회는 낮에는 영신환을 팔러 다니고 밤에는 도살장 바닥의 피를 청소하고 모여 앉아 공부를 했는데 거기 학생만도 백 명이 넘었다.

경성이 크다고 해 봤자 조선인들의 관념일 뿐, 세계의 도시들에 비교할 수 없는 소도시였다. 산업과 상업이 발달한 영국 맨체스터의 인구가 이백만이라는 말이 전설처럼 들려올 때였다. 인구 이십만이 겨우 넘는 사대문 안을 하루 종일 걷다 보면 몇 명이나 아는 사람을 만나기 마련이었다.

영신환을 팔러 다니는 고학생이 넘치니, 행인들은 이쪽에서 말을 붙이기도 전에 학생복만 보고도 '이제 방금 샀어' 하며 약봉지를 꺼내 보였다. 음식점에서는 귀찮다고 들어서지도 못하게 했다. 약도 팔기가 힘들어졌다.

휘문고보는 조선 제일의 갑부인 민영휘가 세운 학교였다. 고종의 왕비인 민비의 친척이란 신분을 이용해 조선 말기부터 고위직만 맡아 온 민영휘는 일본으로부터 자작 작위까지 받아 왕처럼 떵떵거리며 살고 있었다. 교주가 부자이니 휘문은 시설도 좋고 교사들 처우도 다른 학교들보다 좋았다. 그러나 학생들에 대한 장학금이나 기숙사 제도 따위는 없이 학생들이 낸 월사금만으로 학교를 운영하려 들었다.

교사들은 월사금을 받아 내는 게 업무였다. 매달 6일 아침 조례 시간이 되면 으레 월사금 미납자들이 교실 밖으로 쫓겨났다. 태준은 빠진 적이 없었다. 쫓겨난 학생들은 밀린 돈을 낼 때까지 교실에 들어가지 못했다. 책보 대신 약봉지를 끼고 사흘이고 나흘이고 돌아다녀야 했다. 사 원을 마련하려면 백사십 봉지를 팔아야 하고, 그러기 위해서는 최소 이천 명을 만나야 했다. 모자를 벗고 인사를 하다 보면 어디선가 분명히 본 얼굴이었다.

"왜 자꾸 나한테만 사 달래?"

"아까 팔고 또 팔려고? 재수 없어!"

침을 뱉고 가 버리는 사람도 있었다. 어떤 때는 사 원을 벌려고 일주일을 결석하기도 했다. 경성에서 영신환을 사 줄 만한 사무원이나 상인들은 대개 얼굴을 외울 지경이었다.

은주 어머니나 윤수 아저씨는 돈 걱정 같은 건 하지 않는 사람들이었다. 먹고 싶은 대로 사 먹고 쓰고 싶은 대로 썼다. 윤수는 행랑어멈이 해 주는 맛있는 밥도 입에 안 맞다고 툭하면 청요릿집에 드나들었다. 한 달에 이백 원도 부족한 그들에게 사 원은 푼돈이었다. 그러나 태준은 일절 돈 이야기를 꺼내지 않았다. 은주를 가르친다는 명목으로 얹혀사는 것만도 고마운데 돈 이야기를 꺼내기에는 자존심이 용납하지 않았다. 일주일씩 영신환을 팔러 다니느라 결석해도 저녁이면 학교에서 돌아온 것처럼 태연히 굴었다.

자기가 먼저 함께 살자고 제안했던 윤수도 은근히 태준과 한방 쓰기를 부담스러워 하는 기색이었다. 자기는 네 단짜리 고급 책장에 넓은 탁자, 일본식으로 등받이가 달린 앉은뱅이 의자를 놓는데 태준은 신문지로 바른 석유 궤짝을 눕혀 놓고 맨바닥에 앉아 공부하는 것부터가 찔리는 듯했다. 태준의 이부자리는 행랑어멈이 쓰던 것이라 낡은데다 퀴퀴한 냄새가 났다. 속옷도 단벌이라 빨아 입을 새가 없으니 땀내가 가시지 않았다. 윤수는 대 놓고 싫은 소리를 하지는 않았지만 집에 와도 태준에게 거의 말을 걸지 않았다. 여기에 대고 돈 이야기를 하고 싶지는 않았다. 이 집에서는 무슨 이유로든 돈이라는 단어 자체를 꺼내지 않았다.

'돈이 없을 뿐, 나는 거지가 아니다! 누구에게도 비굴하게 구걸하지 않고 내 힘으로 산다!'

일 학기가 끝나고 첫 여름방학이 되었다. 태준은 매달 며칠씩 결석을 했음에도 이백 명 중에 이십 등을 했다. 공부를 잘했거나 못했거나 다른 아이들은 고향으로 가는 기차 할인권을 산다, 아내에게 줄 선물을 산다고 신이 났다. 윤수도 방학이 되자마자 용담으로 떠났다. 짐이 많아 태준이 청량리역까지 들어다 주는 길에 은주도 함께 갔다.

"태준이도 용담에 같이 가지? 철원까지 학생 할인하면 일 원도 안 나오는데?"

윤수의 제안에 태준은 고개를 저었다. 용담에 가면 삼십 리밖에 안 되는 진맹이로 외할머니를 찾아뵐 수 있었다. 누이들도 보고 싶었다. 하지만 다른 고학생들이 떠난 방학이야말로 영신환을 팔 수 있는 좋은 기회라 생각했다.

"철원 가거든 누나에게 잘 있다고 안부나 전해 주어요."

원산행 기차가 떠나고, 시끄럽게 붐비던 사람들이 빠져나간 대합실은 썰렁해졌다. 은주가 북한산 쪽 맑게 트인 하늘을 바라보며 말했다.

"외삼촌은 좋겠다……. 우리도 어디 좀 갔으면!"

은주에게서는 석류꽃 같은 단 내음이 났다. 시내로 들어가는 전차를 타려는데 은주는 막상 전차가 들어오자 걸음을 멈추었다. 서울의 전차는 파리 떼가 끓기로 유명했다.

"오빠! 여기 전차는 맨 파리야! 타기 싫어. 우리도 원산서 기차 오면 남대문역까지 타고 가자! 여행 삼아."

원산에서 올라와 시내로 들어가는 기차는 두 시간 뒤에나 있었다. 둘은 기차가 올 때까지, 청량리역에서 멀지 않은 홍릉까지 산책하기로 했다. 군데군데 초가집이 몇 채씩 작은 마을을 이루고 있을 뿐, 논과 산으로 이뤄진 한가한 시골길이었다.

첫 장마가 지나간 지 며칠 되지 않았다. 길에는 여러 날 빗물에 씻긴 모래가 깔려 강변같이 깨끗했다. 자박자박하는 모래는 만지고 싶도록 고왔고 아직도 속잎 속에 이슬이 반짝이는 풀의 향기가 싱그러웠다. 태준은 길 한가운데서 모래를 따라, 은주는 길 가장자리의 풀을 밟으며, 지나가는 사람 하나 없는 호젓한 길을 걸었다.

길은 바라보기 알맞게 뻗어 나가다 휘움히 산기슭을 돌아 사라졌다. 산기슭을 돌아서면 길은 다시 한참이나 눈을 감고 걸어도 되게 곧게 뻗었다. 멀리 북한산 동쪽 줄기인 도봉이 검푸르게 솟았고 새하얀 뭉게구름이 겨울철 설산처럼 그 위를 덮었다.

은주는 갑자기 점잖아진 것처럼 이따금 걸음을 멈추고 먼 산과 구름에 그윽한 눈빛을 보냈다. 앞서 가기 어색해서 태준도 같이 서서 바라보았지만 말 없는 그 시간이 더 어색했다.

"나비!"

은주가 소리를 질렀다. 호랑나비 한 마리가 은주의 손에 닿을 듯 너울거리고 있었다. 그러나 앉을 곳이 보이지 않으니 그만 높이 떠올랐다.

"잡자!"

태준의 말에 둘은 나비를 쫓아 뛰기 시작했다. 나비만 쳐다보며, 길로 풀숲으로 도랑으로 산기슭으로 뛰었다. 은주가 숨이 차 주저앉을 지경이 되어서야 나비는 무슨 꽃을 보았는지 스르르 미끄러지듯 가라앉았다. 둘은 한 팔씩 쳐들고 가만히 숨을 죽인 채 다가갔다. 나비는 새빨간 들백합 꽃잎에 간당간당 앉아 있었다. 그러나 둘이 다가가기도 전에 훨쩍 일어나 까맣게 높이 떠서 보이지도 않게 되었다.

은주는 맥이 빠져 꽃이나 꺾자고 하더니 나비가 앉았던 들백합을 두 송이나 꺾었다.

"죄 없는 꽃만 다쳤네?"

태준의 놀림에 은주는 입을 비쭉이며 말했다.

"예쁘니까 꺾는 거지! 저보고 누가 요렇게 예쁘랬나?"

백합을 앞에 들고 이리 뛰고 저리 뛰노는 은주는 백합보다 더 아름다웠다. 둘은 이리저리 다니며 들백합을 꺾기 시작했다. 건너뛰기에는 넓고 흙탕이 진 냇물을 만났다. 태준이 저벅저벅 건너가니 은주가 불렀다.

"나두 데려가!"

"업어 줄까?"

은주는 주변을 둘러보고 아무도 없는 것을 확인하고야 고개를 끄덕였다. 태준은 다시 내를 건너 등을 내밀었다. 그러자 은주는 마음을 바꿨다.

"목에 매달리기만 할게. 나 잡지 마."

"떨어져도 난 몰라."

은주는 등 뒤로 목을 잡고 매달렸다. 손으로 다리나 엉덩이를 받쳐 주면 좋으련만 끝까지 버텼다.

내를 건너 언덕에 오르니 잔디도 깔리고 들백합도 곳곳에 널려 있었다. 잠시 바람을 쐬며 앉아 있으려니 할 말이 없었다. 이야기에 가난한 그들은 누가 빼앗아 가는 것도 아닌데 다투어 백합만 꺾었다. 태준은 꺾은 백합을 모두 은주에게 주었다.

돌아오는 길에 다시 개울을 만났다. 은주는 이번에는 억지로 매달리지 않고 편안히 등에 안겼다. 태준은 은주의 엉덩이에 직접 손바닥이 닿지 않도록 손깍지를 끼고 받쳐 주었다. 등에 와 닿는 은주의 뭉클한 가슴과 목을 간지럽히는 긴 머리칼이 느껴졌다. 목덜미에서 풍겨 나오는 분 내음과 머리칼의 동백기름, 엄마 젖 냄새같은 살 내음이 코를 파고들었다. 은주의 것이라면 발가락이라도 손가락이라도, 흙 묻고 땀에 젖은 살이라도, 살갗 벗어진 상처라도 입을 맞출 수 있을 것 같았다. 태준은 자신이 은주를 얼마나 좋아하고 있는가를 확실히 깨달았다.

남대문행 기차에 나란히 앉아 가는 동안, 둘은 한 창문을 통해 바깥을 내다보았다. 은주가 창가에 앉았다. 왕십리를 지난 기차는 한강을 끼고 달렸다. 홍수는 아니라도 물이 꽤 불어 모래사장이 흙탕물에 많이 잠겼고, 어떤 곳에는 미루나무가 물속에 서 있기도 했다. 열린 창을 통해 석탄 연기와 함께 더운 바람이 들이닥쳤다. 태준은 석탄 가스 속에서도 은주의 몸에서 풍겨 나오는 향기를 맡을 수 있었다. 태준의 얼굴은 밖을 내다보는 듯했지만 눈은 은주의 엷은 모시옷 속에 드러난 둥그스름한 어깨며 살구처럼 탐스러운 뺨과 턱 밑의 아련한 군살을 오가고 있었다.

한강에는 여름 뱃놀이가 한창이었다.

"저 봐! 보트들이 떴네!"

태준은 보트를 보는 것보다도 은주의 머리칼이 자기의 이마까지 간질이는 것이 몇 배 더 기분 좋았다.

용산역에서 기차가 너무 오래 서 있자 답답해진 은주가 먼저 일어섰다.

"우리 여기서 내려 전차 타고 가."

은주가 우리라는 말을 쓰는 게 즐거웠다. 태준은 얼른 따라 내렸다. 은주는 막상 전차가 오자 또 바람을 불어 넣었다.

"우리 한강 나가 볼까?"

태준은 한강에 가 본 적이 없었다. 한시라도 더 같이 있고 싶어 하는 속마음을 알아주는 은주가 고마웠다. 은주도 자기와 있는 시간을 좋아하는구나 하는 생각에 가슴이 뜨거워졌다. 은주가 하자는 대로 한강행 전차에 올라탔다.

일본인들이 만든 한강교는 중간의 섬까지는 보통 다리였으나 물이 깊은 노량진 쪽으로는 반원형 아치가 씌워 있었다. 아치 밑에는 사람들이 군데군데 서서 한가하게 물 구경을 하는 중이었다.

어린 남녀 학생이 연애를 하러 다니는 모습은 거의 볼 수 없던 시절이었다. 다들 두 사람을 유심히 바라보며 흉보는 기분이었다. 태준은 사람들이 없는 곳까지 와서야 걸음을 멈추었다. 난간에 무슨 광고처럼 일본어가 쓰여 있는 곳이었다.

'잠깐 참아 주시오. 무슨 사정이든지 한강파출소로 오시면 곤란이 펴시도록 친절히 상의해 드리겠습니다. ―용산경찰서'

태준은 무슨 뜻인지 알 수 없었다.

"뭘 참고 뭘 상의한다는 거지?"

은주가 웃었다.

"오빠는 그것두 모르네? 여기서 자꾸 사람이 빠져 죽으니까 참아 달라고 쓴 거야."

"죽지 말라고? 별걸 다 써 붙였네."

"저걸 보고 정말 죽으러 왔다가 도로 가는 사람이 있을까?"

"글쎄······. 왜 자살을 하는 걸까?"

태준은 마음이 어두워졌다. 아직도 힘들지만, 지금보다 더 힘들 때도 죽고 싶은 적은 없었다. 하지만 앞으로 더 힘들어지면, 어른이 되면 어떨지 모르겠다는 생각이 들었다. 은주가 대답했다.

"비관이 되면 자살하는 거지 뭐."

"어떤 때 비관이 되는데?"

태준이 묻는데 어느 결에 남학생 한 떼가 다가와 있었다. 둘은 무슨 죄나 진 것처럼 얼굴이 달아올라 강물 쪽으로 돌아섰다. 은주는 벌써 시들어 가는 들백합들을 강물에 휙 던지며 말했다.

"에라! 너나 투신해라!"

학생들이 지나며 일제히 소리를 높였다.

"대동강변 부벽루를 산보하는 이수일과 심순애로다!"

심순애가 가난한 애인인 이수일을 버리고 돈 많은 남자와 결혼하는 창극의 빗대어 두 사람을 놀리는 게 분명했다. 은주는 학생들에게는 무심한 채 말했다.

"이수일처럼 비관하면 죽고 싶겠지."

"먼저 김도산 일행이 연극하는 걸 봤는데, 이수일이는 잘만 살던 걸? 사나이가 겨우 애인 뺏겼다고 죽으면 되겠어? 더군다나 부자를 따라간 속물적인 여자인데. 돈으로 그 사람의 가치를 판단하는 여자와는 연애를 할 필요가 없어."

태준의 말에 은주는 대꾸하지 않았다. 때맞춰 남산에서 오포가 들려왔다. 정오를 알리는 대포 소리였다.

"벌써! 엄마가 기다리겠네!"

은주는 얼른 돌아서서 전차 정류장으로 걷기 시작했다. 은주는 갑자기 남이 된 듯, 삼십 분이나 걸리는 전차 안에서도, 전차를 내려 집으로 가는 좁은 골목 안에서도 한마디도 입을 열지 않았다. 그러고는 대문 안에 들어서자 곁눈도 주지 않고 중문 안으로 들어가 버렸다.

'왜 성이 난 거지? 내가 뭘 잘못했나?'

바깥채 사랑방에 들어간 태준은 공연히 초조했다. 교모를 쓴 채 한참이나 서 있었다.

'가난뱅이 애인을 버리고 돈 많은 남자에게 시집간 심순애 이야기에 화가 난 걸까?'

세수를 한다는 핑계로 중문을 넘어 안뜰로 물을 뜨러 가면서 안집을 살펴보았다. 대나무발이 쳐져 안이 들여다보이지는 않는데 은주 어머니의 목소리가 들려왔다.

"다리 아픈 줄도 모르고 뭣하러 한강까지 가? 태준이 녀석이 정신이 나갔지!"

행랑어멈이 사랑방으로 점심상을 가져왔으나 입안이 쓰고 메말라서 넘어가지를 않았다. 밤이 되어도 잠이 잘 오지를 않았다.

'이런 게 사랑이라는 건가?'

어둠 속에서도 얼굴이 확 달아올랐다.

'돈 한 푼 없는 고아가 부잣집 외동딸을 사랑할 수 있을까?'

생각이 거기에 미치니 한강에서 왜 은주가 시무룩해져 아무 말도 하지 않았는지 알 수 있을 것 같았다. 아니면 원래 은주가 제멋대로인 것을 공연히 예민하게 받아들이는 거라는 생각도 들었다.

'돈? 그래 돈 없다. 그렇지만 나의 두뇌와 능력이 저희들보다 못할게 무언가? 그까짓 돈은 벌면 될 것 아닌가? 은주야! 나의 모든 것은 지금에 있지 않고 장래에 있다! 은주야 나의 장래를 기다려다오!'

혼자 흥분해 이리저리 뒤척이다가 새벽에야 겨우 잠들었다. 그리고 이튿날부터 부지런히 영신환을 팔러 나갔다.

이 학기가 시작되었다. 방학 동안 번 돈으로 월사금도 내고 동복도 한 벌 미리 맞추었다. 그러나 한 달은 하루처럼 지나고, 어김없이 다음 달 아침 조회 시간이 돌아왔다. 가을이라 낮이 점점 짧아지니 수업이 끝나고 약을 팔러 다닐 시간도 거의 없었다. 동급생들이 다 보는 앞에서 교단으로 불려 나가 야단을 맞고 교실 문 밖으로 쫓겨날 생각을 하니 수치심과 두려움으로 가슴의 혈관이 꽉 막히고 얼굴은 창백해졌다. 게다가 담임 선생은 교단에 올라서자마자 태준을 불렀다.

"이태준!"

너무 놀라 숨이 멎는 바람에 대답도 못 했다.

"교장 선생님께서 부르신다. 가봐라!"

선선한 목소리였다. 무슨 일인가, 혹시 외할머니라도 돌아가셨나 가슴이 쿵쾅거렸다. 서울에 오고부터는 늘 외할머니 건강이 걱정이었다. 임경재 교장은 태준의 학적부를 들여다보고 있었다. 휘문고보의 전신인 휘문의숙 시절부터 교장을 맡아 온 예순이 넘은 노인으로, 키가 크고 목청이 우렁찼다.

"너 번번이 월사금이 늦었지?"

퍽 다정한 목소리였다.

"네. 죄송합니다. 고학합니다."

교장은 태준의 학적부를 내려놓으며 말했다.

"너 집에 아무도 안 계시구나?"

"네……."

교장은 태준이 어디서 사는지, 지금까지 어떻게 학비를 마련했는지 자세히 물었다. 태준은 자기를 쫓아내려는 건가 의심하면서도 교장의 부드러운 표정을 믿고 다 말했다. 교장은 고개를 끄덕거렸다.

"네 사정이 참 딱하구나. 내가 월사금을 면제해 줄 테니 대신, 학교 유리창을 닦으면 어떠냐? 교실은 학생들이 닦으니 너는 교장실과 교원실, 귀빈실만 닦으면 된다."

되물을 것도 없었다.

"네! 열심히 하겠습니다!"

시원스런 대답에 교장은 흐뭇한 얼굴이 되었다.

"좋아! 오늘 방과 후부터 시작해라."

순간, 태준의 마음속에는 새로운 근심이 피어나고 있었다. 다른 학생들에게 창피해서 어쩌나 하는 걱정이었다. 영신환이야 모르는 어른들을 상대로 팔지만, 동급생들 앞에서 유리를 닦는다고 생각하니 또 다른 시름이 생겼다. 어쩔 수 없었다. 지금을 생각하지 말고 장래를 생각하자고 다짐했다.

수업이 끝나고, 아이들이 운동장에 몰려 나가 테니스를 치니, 축구를 하니 신나게 뛰어놀 때였다. 태준은 곧바로 교장실에 갔다. 소사가 유리창 닦는 법을 가르쳐 주고 도구를 챙겨 주었다. 유리가 꽤 더러웠다. 아래위로 여닫는 창이었다. 태준은 웃저고리를 벗어 놓고 창을 밀어 올리고 창틀에 올라섰다.

"저거 태준이 아냐? 쟤 뭐하냐?"

"유리 닦나 봐."

운동장에서 테니스를 치던 아이들이 떠드는 소리가 들려왔다. 태준은 고개도 돌리지 않고 걸레에 비눗물을 적셔 유리를 닦기 시작했다. 아이들은 물러나지 않았다.

"이번엔 자! 태준이 차례다!"

고무공이 날아와 태준의 등을 때렸다. 웃음소리가 터졌다. 태준은 창틀에서 운동장으로 뛰어내렸다.

"어느 자식이 던졌니?"

"몰라!"

너도나도 모른다고 했다.

"정말 몰라? 누구냐니깐!"

태준이 계속 따지니 한 아이가 가슴을 내밀어 막아섰다.

"못 봤으면 그만이지! 어쩌겠다고?"

태준은 한 손으로 아이의 멱살을 잡고, 비누 거품 묻은 손으로 뺨을 철썩 올려붙였다. 공 던지기 하던 아이들이 우르르 몰려들어 때리려 들었다. 그러나 태준이 허공에 주먹을 휘두르니 섣불리 때리지는 못했다. 그때 교장이 내다보며 태준의 편을 들었다.

"이태준, 잘했다. 그런 녀석들은 맞아도 싸다!"

태준은 의기양양해 아이들에게 소리쳤다.

"남의 약점을 놀리는 그따위 비열한 자식은 어디서든 그냥 안 둘 줄 알아!"

아이들을 등지고 창틀에 올라오는데 눈물이 핑 돌았다. 그런데 다른 창에서 교장이 직접 걸레를 들고 유리창을 닦고 있었다. 눈물이 더 왈칵 쏟아지려고 했지만 아이들이 보는 앞에서 우는 것은 못난이 같았다. 말을 하면 눈물이 날까 봐 입을 꾹 다물고 유리를 닦는데 교장이 말했다.

"노동은 신성한 거야. 아무리 힘들어도 기죽지 말고 스스로 일해서 네 인생을 개척해야 한다."

태준은 겉으로 눈물을 보이지 않는 대신 마음으로 울며 다짐했다.

'교장 선생님의 은혜를 생각해서라도 내 한 몸의 부귀영화만을 위해 사는 자는 되지 않으리라. 없는 사람들, 핍박받는 동포를 생각하는 사람이 되리라!'

첫날은 유리가 더러워 시간이 많이 걸렸지만 한 번 깨끗이 닦아 놓으니 다음 주부터는 일주일에 두 차례, 한 시간씩만 닦아도 충분했다. 영신환은 주말에만 팔기로 하고 평일에 남는 시간은 도서관에서 보낼 수 있었다.

도서관은 태준이 발견한 경이로운 세계였다. 도서관은 늦게 가면 자리가 없을 정도로 붐볐다. 상급생들뿐 아니라 일 학년 중에도 나이가 든 학생들은 다들 와서 책을 읽었다. 그들이 읽는 것은 학과 공부와 상관없는 세계문학이나 철학, 사회학 서적들이었다.

태준을 사로잡은 것은 세계문학이었다. 원산에서 외할머니와 살 때 톨스토이의 『부활』을 보고 그렇게 감동했는데, 도서관에는 그만큼 좋은 책들이 널려 있었다.

가장 감동을 받은 것은 빅토르 위고의 『레미제라블』이었다. '희무정'이라는 제목으로 번역된 그것을 여러 날에 걸쳐 날이 저물도록 읽었다. 『레미제라블』에 등장하는 인물과 사건은 태준의 심정을 옮겨 놓은 듯했다. 장발장이 아홉 식구의 굶주림을 견디다 못해 빵집 유리창을 깨는 장면이며, 불쌍한 사생아 코제트가 남의 집에서 천대를 받고 자라는 장면을 보면 자신의 어린 시절이 생각나 훌쩍거렸다. 선의 화신인 미리엘 주교가 등장할 때는 태준 자신이 장발장인 것처럼 감사와 참회에 떨었다. 장발장의 전과를 폭로하려고 잔인하게 추적하는 쟈베르 형사는 이나 벼룩처럼 엄지손톱으로 으깨고 싶도록 얄미웠다. 그러나 다 읽고 책을 덮을 때는 쟈베르 역시 공과 사를 구별하는 엄격한 법의 옹호자로 인류 사회에 반드시 필요한 인물이라고 인정하게 되었다.

'이 한 권의 소설이 이렇게 많은 생각을 하게 하다니, 과연 문필의 힘은 위대하구나!'

태준은 원산에서 읽었던 『부활』도 완역본으로 다시 읽었다. 투르게네프의 『그 전날 밤』, 괴테의 『젊은 베르테르의 슬픔』도 감동이었다. 열여덟 살 태준의 순수한 감정의 동산은 이 명작들 속에 나타나는 인물들의 원대한 이상, 무궁한 사랑, 운명의 비극 들로 가득 찼다. 세계 명작을 한 권 읽고 나면 며칠은 밥을 먹으면서도 그 생각만 떠올라 방금 뭘 먹었는가도 잊을 정도였다.

어려서부터 외할머니가 말해 온 대로, 글을 써서 존경받는 사람이 되고 싶었다. 일본에는 전문적인 소설가가 등장했으나 조선에는 아직까지 글만 써서 먹고사는 사람이 거의 없을 때였다. 자신 있었다.

'우선은 전문학교까지 나와 신문사나 잡지사에 취직해 돈을 벌면서 소설을 쓰자! 나의 의지력이면 못 할 게 없다!'

외할머니를 모셔 와 은주와 함께 살며 밤새워 글을 쓰는 꿈도 꾸었다. 당장 일기부터 쓰기 시작했다.

'나는 교장 선생님을 존경한다. 교장 선생님은 내게 학비를 면제해 주시고 늘 격려를 주시는 훌륭한 분이다. 그러나 오늘도 조회 시간에 교장 선생님께서는 똥 누는 이야기로 삼십 분이나 보냈다. 똥 하나 깨끗이 눌 줄 모르는 것이 고등학생이냐는 말씀이셨다. 팔백 명의 학생이 한 운동장에서 교장 선생님의 훈시를 듣는, 하루 한 번밖에 없는 그 귀한 시간을 똥 누는 이야기로 보내다니! 우리는 좀 더 의미 있는 훈시를 듣고 싶다.'

'학교에 차츰 보기 싫은 자식들이 늘어 간다. 사 학년에 세루 바지 입고 오는 자식, 교주의 손자라나? 민철 그 녀석! 툭하면 교복도 안 입고 오고, 입더라도 각반도 안 차는 자식! 우리에겐 그토록 사나운 체조 선생들이 왜 그 녀석에게만은 꼼짝도 못하는 건가?'

'우리 학교는 운동 열기가 너무 심하다. 운동선수면 남의 학교 학생이라도 몰래 꼬셔 돈을 주고 사 온다. 선수는 시험에 빠져도 점수를 주고 담배를 피워도 처벌하지 않는다. 공부해야 할 학생들을 맨날 응원에 동원시킨다. 운동 정신의 타락이다!'

현실에 대한 비판적인 생각들을 늘어놓다가도 마지막에는 반드시 은주 이야기를 썼다. 누가 볼까 봐 은주의 이름을 그대로 쓰지는 못했다. 세계 명작의 여주인공들인 카츄샤, 에레나, 로테에서 한 자씩 따서 '카레테'라는 별명을 지었다. 은주 자신도 모르는 별명이었다.

'카레테! 너도 네 이름을 모르는 카레테야! 이 세상에서 나 한 사람밖에 모르는 카레테야! 너는 영원히 나 한 사람만의 카레테가 되어다오!'

시험 때가 되면 은주와 한방에서 밤늦도록 함께 공부했다. 한 권의 책에 함께 얼굴을 들이대고 있으면 서로의 숨 냄새를 마실 수 있었다. 은주의 숨 냄새는 다디단 과일 향의 술처럼 아무리 마셔도 싫지가 않았다. 한참 마시다 보면 진짜 술처럼 취한 듯 어지러웠다. 정신이 딴 데 있으니, 뻔히 아는 단어도 잊어버리고 헤맸다. 혼자면 일 분도 걸리지 않을 산술 문제를 오 분이 걸려도 풀지 못했다. 은주 역시 연정에 취해 쉬운 문제도 몇 번이고 되풀이해 물어왔다.

"졸려?"

태준이 물으면 은주는 아이처럼 연필을 입에 물며 고개를 저었다.

"아아니."

"근데 왜 자꾸 똑같은 걸 물어?"

"몰라!"

은주는 소리를 빽 지르며 날쌔게 책을 거둬 들고 중문 안으로 달아나 버렸다. 하지만 태준은 은주가 진짜 화가 난 것이 아니란 걸 잘 알았다. 다음 날이면 또다시 생글생글 웃으며 나타나리라는 것을.

태준은 가끔 일기에 '오! 하나님 감사합니다!'라는 구절을 썼다.

예수나 기독교를 믿는 건 아니지만 서양 소설에 자주 하나님이 등장하면서 자기도 모르게 입에 밴 것이다.

'하나님 감사합니다. 부모님을 일찍 데려가시고 외할머니와 누이들과도 헤어져 살게 한 것은 모두 오늘 카레테를 주시려는 은근하신 은총이었음을 이제 깨닫습니다. 카레테는 저의 모든 것이올시다. 카레테에게도 제가 모든 것이 되도록 인도하소서!'

때때로 은주도 자기를 이렇게 사랑하는가 의문이 들었다. 은주 입에서 이에 대한 어떤 표현도 나오지를 않으니 의심은 더 커졌다. 태준은 삼킨 불덩이가 속에서도 꺼지지 않는 것처럼 은주의 사랑을 확인하고 싶어 견딜 수가 없었다.

의심은 이내 풀렸다. 어느 날, 태준 앞으로 한 통의 편지가 왔다. 1922년 여름방학이 오면 서울에 유학 온 만여 명에 이르는 지방 출신들이 각자의 고향에 돌아가 순회강연회와 체육대회를 열기로 했는데, 실무를 맡은 여학생이 철원을 맡은 태준에게 강연 제목을 알려 달라고 공문을 보내온 것이다. 내용은 사무적인데 겉봉은 장미꽃 모양이 도틈하게 찍힌 서양봉투였다.

태준이 없는 동안 이 편지를 받은 은주는 이틀이나 갖고 있다가 태준이 사랑방에 혼자 있을 때 불쑥 가지고 들어왔다. 은주의 얼굴은 새빨갛게 화가 나 있었고 들어와서도 뒷짐을 진 채 한참이나 망설이다가 아직 뜯지 않은 편지 봉투를 휙 던졌다. 그러고는 외삼촌 윤수의 탁자에 엎어져 우는 것이었다.

혹시 연애편지면 어쩌나 하고 뜯어 본 태준은 빙그레 웃음이 나왔다. 태준은 편지를 펼쳐 은주의 얼굴 앞에 갖다 놓았다. 은주는 젖은 눈을 살며시 들어 편지를 읽고는 봉투와 편지지를 발기발기 찢어 버렸다. 그러고는 기쁨을 참느라 한쪽 뺨에만 보일락 말락하게 웃음을 드러낸 채 안채로 달려가 버렸다.

태준은 너무 기뻐 벽을 차고 튀어 나가고 싶었다. 팔이 날개가 된 듯, 문만 열면 저 하늘 높이 날아갈 것 같았다.

'아! 이게 사랑의 표시가 아니면 뭐냐? 은주도 확실히 나를 사랑한다! 나를 사랑한다구!'

열아홉 살의 여름방학이 시작된 날, 둘은 소공동에 있는 조선호텔의 로즈가든을 찾았다. 오십 전만 내면 들어갈 수 있는 장미의 정원이었다. 호텔 후원에 갖가지 색깔의 장미를 피워 놓고 조선의 고전음악을 연주하는 한편, 일반인들은 거의 먹어 볼 기회조차 없는 아이스크림도 주고 금강산을 찍어 온 활동사진도 보여 주었다.

은주는 금강산 영화를 보던 태준이 슬그머니 손을 잡아도 빼지 않았다. 빼기는커녕 자기 손가락에 힘을 꼭 주어 태준의 손을 감쌌다. 둘의 어깨는 떨어질 줄을 몰랐다. 장미의 정원에서 나와서는 다옥정 집으로 바로 가기가 아쉬워 대한문으로 가서 덕수궁 담장을 따라 광화문 네거리를 돌고는 다시 종로를 거쳐 집에 갔다. 집으로 들어갈 때는 어두컴컴한 대문간에서 다시 한 번 서로의 손을 힘껏 잡아 보았다.

이날 밤, 태준은 병이 난 것처럼 몸에 열이 나면서 한잠도 자지 못했다. 눈은 깔끄럽고 입이 써서 자꾸 물만 마셨다. 하지만 결코 괴롭지 않은, 사랑의 기쁨이라는 이름의 지독한 열병이었다.

며칠 후에는 함께 철원행 열차를 탔다. 윤수는 방학을 하자마자 미리 가 있었다. 은주는 정류장으로 마중 나온 윤수를 따라 외가로 가고, 태준은 철원읍의 정송 누나 집으로 갔다. 외할머니와 여동생 선녀까지 와 있었다.

누구보다도 미인인 누나는 제법 며느리로 틀이 잡혀 보였다. 첫딸도 낳았다. 이름이 애주였다. 누나만큼 예쁜 선녀도 한 달이면 보름은 누나네 집에 와서 잘 먹어 살결도 희어지고 머리도 새까만 것이 윤기가 돌았다. 그 쓰라린 고아 시절의 흔적은 찾아볼 수 없었다.

오직 외할머니만이 폭삭 늙었다. 눈 밑과 목에는 예전의 모습을 알아볼 수 없을 만큼 주름이 늘어졌다. 머리칼은 새하얗게 센데다 너무 많이 빠져 속살이 다 들여다보였다. 귀도 잘 안 들리고, 허리도 제대로 펴지를 못했다. 그래도 손자가 꿈에 그리던 고보생이 된 것만을 자랑스러워 했다.

"에구 내 새끼……. 장하구나 내 새끼!"

계속 편지를 주고받았기 때문에 얼굴만 오랜만이지 마음은 어제 본 듯 가까웠다. 이제는 눈물 같은 것은 흘리지 않았다.

"할머니! 십 년만 더 기다려 주세요. 전문학교까지 마치고 신문

사나 잡지사에 취직하면 할머니 제가 모실게요."

"아니다. 나는 잘 있으니 아무 걱정 말고 네 갈 길을 가거라."

끝까지 자기 자신은 챙기지 않는 외할머니를 보니 부끄러웠다. 부모님보다도 더 가까운 외할머니를 버려둔 채, 자기만 오늘의 행복에 취해 있었구나 하는 자책감이 밀려왔다. 자기만 빛나는 장래에 대한 희망에 들떠 있구나 하는 생각에 돌팔매를 맞은 듯 아팠다.

조선, 조선인

태준은 마당에 모인 백여 명의 농민들의 눈을 하나씩 들여다보며 열정적으로 외쳤다.

"조선인은 스스로 자신의 운명을 개척해야 합니다! 저는 기차를 타고 철원에 오면서 창밖의 풍경에 참담함을 느끼지 않을 수 없었습니다. 철길 옆에, 헐벗은 야산 밑에 올망졸망한 오막살이들을 보았습니다. 장대로 찌르면 벌레와 구더기가 굴러떨어지는 썩어 가는 초가집에 골목길 하나 똑바로 펴진 게 없고, 도랑 하나 없어 아무 데나 하숫물을 버리고 사는 동네들을 보았습니다."

서울 유학생들의 고향 순회 강연회였다. 태준은 누나 집에서 자고 다른 유학생들과 함께 철원의 농촌 마을을 돌아다니는 길이었다. 청년회관과 마찬가지로 연설회에는 반드시 맨 앞줄에 정복을 입고 칼을 찬 일본인 순사가 의자를 놓고 앉아 언제든 연사를 제지할 준비를 하고 있었다. 면장과 면서기도 나란히 앉았는데 만세운동 뒤라서인지 헌병은 보이지 않았다.

"언제까지 우리는 이렇게 살아야 합니까? 밭에서 돌을 추려 내고, 원시적인 누에치기를 개량하고, 헐벗은 산에 나무를 심고, 썩은 초가를 벗겨 내고 기와를 구워 좋은 집들을 지으면 안 됩니까? 마을에 공동 우물을 만들어 수도를 놓고 다리를 놓아 편하게 살면 안 됩니까? 더 많은 학교를 세우고 과학을 배워서 우리 조선인도 세계 어느 민족보다 잘사는 민족이 되면 안 됩니까?"

얼굴이 새까맣게 햇볕에 탄 농민과 아낙네 들은 그러나 너무도 무표정하게, 아니 강제 동원된 것이 귀찮다는 표정으로 바라보고 있었다. 태준에게도 그들의 무기력, 무감각이 전달되어 왔다.

'아! 내 말에 아무도 관심이 없구나! 이들을 어찌한단 말인가!'

실망으로 잠시 연설을 멈추었을 때였다. 갑자기 순사가 벌떡 일어나 박수를 치며 서툰 조선말로 외쳤다.

"옳은 말이무니다! 옳은 말이무니다! 박수! 박수!"

순사는 진정으로 감동한 것 같았다. 사람들은 그제야 여기저기서 늘어진 박수를 보내왔다. 맥 빠지는 일이었다. 조선인의 힘을 키워 일본인을 물리치자고 주장하는데 아무도 감동하는 이가 없이, 오히려 일본인의 박수를 받다니 창피하기도 했다.

늘 순사가 함께 있으니 마을 사람들과 이야기를 나눌 수는 없었다. 강연이 끝나면 순사며 면직원을 따라 곧바로 다른 마을로 이동해 그 동네에서 제일 잘사는 집에서 밥을 먹고 다시 강연회를 열었다. 같이 다닌 학생들은 재미있어 했지만 태준은 영 맥이 빠졌다.

순회강연이 끝나고 용담에 들어갔다. 윗말 아주머니는 집 나간 자기 아들이 돌아온 것처럼 반가워하며 울었다. 봉명학교를 함께 다녔던 친구들도 모여들어 반가워했다. 어려서 부러움의 대상이던 그들이 이제 반대로 자신의 교복을 부러워하는 것을 보니 서러움과 울분의 기억이 연기처럼 흩어졌다.

다음 날, 아침 햇살이 아직도 붉은 시간이었다. 윗말 아저씨 댁에서 일찍 잠이 깬 태준은 아침밥도 먹기 전에 봉명학교에 가 보았다. 고향에 집이 있다면 봉명학교가 그곳이었다.

태준은 교문을 들어서자마자 깜짝 놀랐다. 넓은 운동장이 온통 풀밭이 되어 있었다. 예전에는 방학이라도 이렇게까지 풀밭이 된 적은 없었다. 교실로 들어가 보니 지붕이 새어 천장과 바닥에 군데군데 빗물 흔적이 있었다. 벽의 흙도 여기저기 떨어지고 기둥과 서까래도 갈라지고 썩은 곳이 한두 군데가 아니었다. 폐허처럼 황량했다.

학교를 자기 집처럼 가꾸던 봉하 아저씨와 오 선생이 감옥에 간 지 벌써 삼 년째라는 건 알고 있었지만, 학교가 이렇게 황폐해졌을 줄은 몰랐다. 조선 최고의 갑부라는 민영휘가 운영하는 휘문고보도 월사금 못 내는 학생들을 문밖으로 내쫓는데, 학비는 물론 공책과 연필까지 무료로 나눠 주는 봉명학교가 아직까지 존재하는 것만도 기적인지 몰랐다.

"너 태준이냐? 태준이 맞지?"

귀에 익은 음성에 돌아보니 아랫말 작은아저씨였다. 여동생이 살고 있는 아랫말 아저씨네 동생으로, 어린 태준이 용담에 돌아온 첫날, 각반을 차고 목총을 메고 새벽에 튀어나가던 그 사람이었다. 봉명학교만 마치고 형으로부터 분가해 농사를 짓는다는 소식은 알고 있었다. 논에 가려는 듯 낡은 옷에 삽을 들고 있었다.

"그렇지 않아도 아침 먹고 인사드리러 가려 했는데……."

아이 여럿을 낳고 힘든 농사일을 하면서도 작은아저씨에게는 예전의 패기가 그대로 남았다. 목소리가 우렁우렁했다.

"당연히 와야지! 너 왔다는 소식을 듣고 형님도 기다리고 계시다. 자식, 교복 참 멋지구나!"

작은아저씨는 부러운 눈으로 태준의 아래위를 훑어보며 어깨를 때렸다.

"그런데 봉명학교가 왜 이런 꼴이 되었수? 만세운동 뒤에는 총독부에서 조선인에게 학교를 세울 수 있게 해 주어 곳곳에 사립학교들이 만들어졌다던데."

작은아저씨는 삽으로 바닥을 찍었다.

"흥! 간사한 놈들! 말로만 그러는 거지, 진짜로 민족정신을 내세우는 학교는 일절 재정 지원을 않고 시설 부족이니 교사의 자격 미달이니 따져 스스로 문 닫게 만들고 있어. 봉하 형님과 오 선생을 구속시킨 것도 만세운동에 대한 보복 이상의 것이라구. 봐라, 좀 있으면 시설이 낡았다고 폐쇄하라는 명령이 내려올 거다."

"이씨 문중에서 돈을 내어 고치면 안 되우?"

태준의 질문에 작은아저씨는 허허 하며 공허하게 웃어 보였다. 그는 손가락질도 귀찮은 듯 삽으로 마을을 가리켜 보였다.

"봐라! 집이 헐려 사라진 게 몇 채인지."

삽날이 가리키는 곳에는 풀밭이 되어 버린 집터들이 보였다. 몇 군데나 되었다. 태준이 갓난아이 때 살았던 자리에 새로 들어섰던 우람한 기와집도 흔적 없이 사라져 풀밭이 되었다. 옛날 고을의 사또를 했던 이가 살았다는 큰 기와집도 채소밭이 되어 우물만 밭 가운데 남아 있었다.

"아니, 왜 좋은 집들만 다 없어졌수? 불이라도 났나?"

"부서진 게 아냐. 읍내의 일본인들이며 신흥 부자가 된 장사치들에게 재목으로 판 거지."

잘 지은 한옥은 못질 하나 하지 않고 나무를 짜 맞추기 때문에 그대로 해체해 다른 곳에 똑같이 세울 수가 있었다. 기와집을 고스란히 옮겨 짓는 일은 놀라울 게 없었다. 그러나 태준은 이해가 되질 않았다. 어린 눈에 그토록 부자로 보이던 이들이 왜 집까지 헐어서 팔아야만 했을까?

"신문명이 들어오고 세상이 개화됐는데 왜 더 못살게 된 거지요?"

태준의 질문에 작은아저씨는 삽으로 마을 앞 넓은 들을 가리키며 말했다.

"봐라. 논에서 나오는 쌀은 예전이나 지금이나 다름없는데 필요한 건 얼마나 많아졌냐? 예전에는 호사스럽게 산다고 해 봐야 집에서 나는 명주를 짜 입는 거고, 병이 난대야 한약 서너 첩이면 그만이었지. 먼 데 가려면 내가 키우는 말을 타고 갔고 자식 교육이라야 일 년에 쌀 한 섬이면 서당에 보낼 수 있었지."

작은아저씨는 말끝마다 봐라 소리를 하는 게 습관이었다.

"근데 봐라! 지금은 미국서 오는 모직으로 양복을 해 입어야 어디 가서 사람 취급을 받지, 병이 나면 인력거를 타고 오는 양의사에게 비싸게 진료를 받지, 옛날엔 팥 한 되만 껍질을 벗겨 곱게 갈아 비누를 만들면 일 년을 잘 썼는데 지금은 팥 한 말 값이 드는 서양 비누를 사서 한 달도 못 쓰니…… 기차가 생기는 바람에 서울 출입이 잦아지고 자식들이 사람답게 살게 하려면 서울로 동경으로 유학 보내야 하고…… 나오는 쌀은 옛날과 같은데 씀씀이가 이렇게 많아지니 농사지어 어떻게 산단 말이냐? 땅이 십만 평이나 되면 모를까, 시골 부자란 다 옛말이지. 가난한 이들은 빚을 주는 은행도 없지만 땅이 있으면 돈을 빌리기도 쉬우니 갈수록 빚만 늘어나 결국 저렇게 집까지 압류당하고 만단다."

옛날처럼 소박하게 살면 되지 않느냐는 질문이 나오려다가 입안에서 쏙 들어갔다. 봉명학교야말로 개화된 문명을 받아들이라고 교육하는 곳이었다. 태준 자신도 문명 생활을 하라고 강연하고 다녔던 생각이 났다. 부끄러움이 밀려왔다. 그렇다고 다른 방법이 떠오르는 것도 아니었다.

'세상은 변하고, 변화에 적응하지 못하는 사람은 도태되는 수밖에 없다. 슬픈 일이지만 어쩔 수가 없다.'

문득, 아버지 생각이 났다. 아버지도 자기처럼 새로운 문명을 받아들이라고 설득하다가 맞아 죽었던 게 아닌가? 열아홉 살, 이제 세상을 알 만큼 안다고 생각했지만 아직도 세상은 너무 복잡해 보였다. 용담에 머무는 게 싫어져 버렸다.

작은아저씨는 한숨을 쉬며 봉명학교를 돌아보았다.

"사정이 이런데 어느 누가 봉명학교에 돈을 대려 하겠냐? 감옥에 계신 봉하 형님이 자기 땅을 팔면 모를까……. 모르지, 조선어 선생님이 함흥으로 아저씨 면회를 갔으니 조만간 답을 가져오겠지. 근데 벌써 돌아오실 때가 넘었는데 왜 안 오시는가 모르겠다."

조선어 선생이라면 태준도 그 밑에서 일 년을 배운 윤 선생으로, 오 선생 못지않은 다혈질이었다. 작은아저씨와 헤어져 윗말 아저씨 댁으로 돌아오는데 가슴이 답답했다. 새로운 것과 무너지는 것, 새로운 것의 즐거움과 무너지는 것의 슬픈 아름다움에 대해 생각했다.

'내가 할 수 있는 것은 이 모든 이야기들을 글로 쓰는 것이다. 이야기로 써서 후세 사람들에게 남기는 것이다.'

글을 쓸 수 있다고 생각하니 기운이 돋았다. 자신이 겪었던 그

깊은 슬픔도, 고향 사람들이 겪고 있는 고난도 모두 소설로 써서 보여 주리라. 위고가 프랑스 이야기를 쓰고 톨스토이가 러시아 이야기를 썼다면 나는 조선의 이야기를 쓰리라. 일본에게 짓밟혀 사라져 버린 조선과 조선인에 대해 쓰리라……. 생각하니 마음이 한결 가벼워졌다.

여러 아저씨 댁에 차례로 인사를 하러 다니느라 하루가 지났다. 은주를 만나 경성에 돌아가자고 약속하려던 참인데 마침 윤수 아저씨가 마을의 젊은이들을 자기 집으로 초대해 저녁을 대접한다고 연락이 왔다. 고향에 오면 늘 가는 한내천 선비소에서 물고기를 많이 잡아 왔다는 것이었다. 일곱 명이 넘게 모였다. 태준과 비슷한 나이인데 다들 결혼한데다 아이를 둘이나 낳은 친구도 있었다. 은주도 함께했다.

낚시 대신 그물로 잡은 붕어와 메기에 고추장과 된장을 풀고 파, 마늘, 풋고추를 잔뜩 썰어 넣은 다음 한창 끓을 때 밀가루 반죽을 손으로 떼어 넣은 매운탕은 오랫동안 먹어 보지 못한 중부 지방의 별미였다. 갓 결혼한 남편을 경성으로 보내 놓고 힘겨운 시집살이를 하고 있던 윤수 아저씨의 부인이 담가 놓은 소주까지 곁들여 즐거운 시간을 보냈다.

소주에 취한 벗들은 더위를 피해 물레방아 쪽으로 산책을 나왔다. 어둠이 깊어지면서 반딧불이들이 별처럼 헤아릴 수 없이 날아다니고 있었다. 계단식 논에 가득한 벼 이삭들 위에도, 구슬처럼 소리 내어 흐르는 개울가에도 녹색 불빛들이 깨알같이 작아졌다가 쌀알처럼 커졌다가 하며 유유히 떠다녔다.

"아이, 아름다워라! 꿈의 나라에 온 것 같아!"

은주는 춤추듯 손을 저어 반딧불이를 잡는 시늉을 하며 즐거워했다. 그때 한 친구가 발길을 멈추었다.

"저게 무슨 소리지?"

다들 멈춰 섰다. 먼 데서 들려오는 통곡 소리였다. 철원읍으로 넘어가는 매봉재 쪽이었다. 처절한 고함 같은 통곡 소리는 점점 가까워졌다.

"윤 선생님 같은데? 윤 선생님이 우는 걸 봤는데 저렇게 울더라."

"맞다! 윤 선생님이야. 함흥으로 교장 선생님 뵈러 갔다더니 이제 오시는가 봐. 가 보자!"

모두들 매봉재 쪽으로 달려갔다. 태준도 뛰어가려는데 은주가 팔목을 잡았다.

"무서워. 가지 마!"

은주가 품에 안겨 들어왔다. 언제나처럼 어머니 젖 내음 같은 살 냄새와 땀 냄새, 그리고 머리칼의 동백기름 냄새가 어지러웠다. 행복에 울렁이는 이 순간이 영원했으면 싶었다. 태준의 입은 서툴게 그 도툼한 입술을 찾아 더듬었다. 보드라운 입술에 닿는 순간, 갑자기 은주가 닫혔던 입을 열었다. 눈에 보이지는 않았지만 하얀 치아가 벌어지면서 형용할 수 없이 육감적인 검은 동굴이 열리는 것을 느낄 수 있었다. 동시에 그녀의 몸속에 들어 있던 뜨거운 열기가 태준의 몸속으로 빨려 들어왔다.

몇 분 지나지 않아 마중 나갔던 친구들이 윤 선생과 함께 나타났다. 은주는 얼른 몸을 떼었다. 서로의 몸이 떨어지는 순간, 태준은 몸의 일부가 떨어져 나가는 것 같은 상실감을 느꼈다. 그러나 곧 다시 만날, 달콤한 상실감이었다.

"도대체 무슨 일입니까, 선생님?"

여럿이 물어도 윤 선생은 목이 메어 말을 못 하다 겨우 입을 떼었다.

"함흥형무소에 가보니 교장 선생님은 계시는데 오 선생은 열흘 전에 병보석으로 석방되어 집에 가셨다더구나. 잘됐구나 싶었지. 그래 교장 선생께 학교 건물을 고쳐야겠다고 말씀드리니 김화읍에 있는 본인 땅을 은행에 저당 잡히면 삼천 원은 줄 것이니 그 돈으로 아예 새로 지으라고 하시더라. 참으로 죄송스럽지만, 얼마나 기쁘던지……. 기운을 얻어 돌아오는 길에 오 선생 댁에 병문안을 가지 않았냐. 그런데 골목 입구에 하얀 등이 밝혀져 있는 거라……."

윤 선생은 또다시 목이 메어 말을 못했다.

"오 선생님이 돌아가셨다고요?"

다들 놀라 물으니 고개를 끄덕이며 열에 들떠 말을 이었다.

"원래 강직한 분 아니냐. 만세운동으로 잡혔을 때 왜놈들이 얼마나 때리고 고문을 했는지 몸이 성한 데가 없어 감옥에서도 내내 고생을 하셨단다. 그래도 워낙 체격이 좋은 군인 출신이라 삼 년을 버텼는데 지난달에 감옥에서 항일지사들이 단식투쟁을 벌일 때 앞장서다가 또다시 모진 매를 맞고 다 죽게 되었단다. 해골같이 마르고 피를 토하니 놈들이 병보석이라고 내보내 버렸고……. 열흘을 못넘기고 돌아가신 거란다.”

“죽일 왜놈들! 원수의 일본놈들!”

“쳐 죽일 놈들! 이 원수를 꼭 갚으리라!”

여기저기서 분노의 울분이 터져 나왔다. 태준도 참을 수 없는 분노에 소리 내어 울음을 터뜨렸다. 사람들 앞에서는 울지 않으리라고, 그렇게 결심했었는데 이번에는 참을 수가 없었다. 은주가 곁에 있는 것도 잊어버렸다. 엉엉 소리 내어 울었다.

“내 손으로 화장까지 치러 드리고 돌아오는데, 매봉재를 넘어오다 학교 건물을 보니 또다시 울음이 터져 나오더구나. 세상에 이렇게 원통하고 분한 일이 어디 있단 말이냐!”

한동안 눈물의 침묵이 흘렀다. 태준이 먼저 제안했다.

“선생님! 우리 손으로 추도식이라도 치러 드립시다! 이대로 오선생님을 흔적도 없이 보내 드릴 수는 없습니다!”

다른 친구들도 동의했다. 일행은 봉명학교 운동장으로 들어가 만세 삼창을 했다.

“오 선생님 만세!”

추도회는 이틀 후에 학교에서 열기로 했다. 구체적인 방법을 의

논하고 있는데 은주가 태준에게 가까이 다가와 속삭였다.

"우리는 내일 경성으로 가요."

태준은 얼른 은주를 데리고 일행에서 벗어났다.

"내일? 모레 저녁에 오 선생님 추도회에 참석해야지!"

은주는 금방 뾰로통해졌다.

"그럼 글피나 되야? 누가 글피꺼정! 난 몰라!"

태준은 어둠 속으로 사라지는 은주의 뒷모습을 멍하니 바라보았다. 실망이 밀려왔다. 화가 나기도 했다. 하지만 지금 은주를 놓치면 그 보드라운 입술과 그 몸속에서 나오는 뜨거운 열기를 놓칠 것만 같았다.

'따라가야 하나? 동포들이 이처럼 고난을 겪고 있는데 나만 행복하면 되나? 다 모른 척하고 나만 행복할 권리가 있는 건가?'

태준은 고개를 저었다. 그럴 수는 없었다. 자신이 옳다면 은주를 옳은 쪽으로 이끌어야지, 거꾸로 잘못된 은주를 따라가서는 안 된다는 생각이 들었다. 친구들과 끝까지 의논을 마치고 한밤중에 아저씨 집에 돌아와 은주에게 짧은 편지를 썼다.

이튿날 아침 윤수 아저씨 집에 가니 마침 은주도 심란한지 문밖에 나와 앉아 있었다. 분명 태준을 기다리고 있었다. 말 대신 편지를 건네니 은주는 그 자리에서 읽기 시작했다. 찬찬히 읽어 내리는 얼굴이 갑자기 한두 살 더 먹은 것처럼 침착해졌다. 은주는 눈물을 반짝이며 방긋 웃어 보였다.

"오빠, 추도회의 꽃은 내가 준비할게요."

다음 날 저녁 추도회에는 봉명학교를 나와 마을에 살고 있는 청년 백여 명이 참가했다. 마을의 어른들도 수십 명은 나왔다. 사람들은 태준이 대표로 지어 낭독하는 추도사를 들으며 눈물을 흘렸다. 은주도 울었다. 사람들이 흩어지는데 은주가 다가와서 말했다.

"오빠는 정말 글을 잘 쓴다. 편지 한 장으로 내 마음을 바꾸고, 오늘도 많은 사람을 울게 했잖아."

"내가 잘 쓰는 게 아니라 문필의 힘이 위대한 거지."

추도회가 끝나고도 태준은 며칠 더 용담에 머물렀다. 봉명학교의 재건축 문제며 관리 문제를 상의하는 졸업생 모임에 참석하기 위함이었다. 그동안 학교에 무관심했던 사람들도 오 선생의 죽음으로 다시 관심을 갖고 모여들었다. 마당에 무성한 풀도 다 함께 모여 뽑아 버렸다. 새 건물은 은행에서 돈이 나오는 대로 짓겠다고 했다.

경성으로 돌아온 태준은 영신환 장사를 그만두고 책 장사를 시작했다. 한성도서 같은 출판사에서 한문 사전과 대중소설들을 싸게 떼어다가 종로 길바닥에서 팔았는데 아무래도 경성은 노점상이 너무 많아 장사가 잘되지 않았다. 개학을 하고부터는 주말마다 기차를 타고 멀리 인천, 개성, 수원까지 진출했다. 종로 같은 문화적인 거리가 없는 이들 지방 도시에서는 무거운 책들을 등에 지고 주택가 골목길을 돌아다니며 소리쳤다.

"재밌는 소설 사세요! 『옥편』 있어요! 『추월색』, 『옥중가화』,

『해당화』다 있습니다!"

모르는 사람들에게 굽실거리며 뭔가 팔아 달라고 사정하는 일에는 넉살이며 뻔뻔함과 비굴함이 필요했다. 태준은 하나도 갖추지 못한 것들이었다. 그렇지만 그는 해냈다. 그에게는 조선과 조선인을 빛내는 소설가가 되려는 이상이 있었고, 그리고 은주가 있었다.

평일이면 수업이 끝나고 도서관에서 책을 읽고, 주말이면 지방 도시로 돌아다니며 책을 파는 생활은 그해 가을과 겨울, 그리고 삼학년이 되어서도 계속되었다. 게다가 윤수 아저씨와 한방을 쓰니 한집에 살면서도 은주와 단둘이 만날 시간은 거의 없었다. 둘만의 시간은 아주 드물고도 짧게 이뤄졌다. 늘 부족하고 안타까운 시간이었다. 또 그만큼 뜨거웠다.

둘의 연애는 철저한 비밀이었다. 은주 어머니는 아직 상대가 정해지지 않은 은주의 결혼을 위해 값비싼 예복과 예단을 준비하고 있었다. 간혹 상대로 거론되는 사람은 지방의 대지주 아들 아니면 친일파로 성공한 부잣집 자식들이었다. 은주는 학교 다닌다는 평계로 완강히 거절하고 있었지만 차마 태준 때문이라고는 말하지 못했다.

태준은 만나기 어려운 은주보다도 더 많은 대화를 학교 선후배들과 나누고 있었다. 학예부에 들어간 것이다. 학예부 선후배 중에 자기처럼 소설을 쓰려는 박종화, 박노갑과 친해졌고 시를 잘 쓰는 정지용과 친했다. 점심시간이나 방과 후면 이들과 문학에 대해 열

럴히 논쟁도 하고 각자 써 온 글을 돌려 보기도 했다.

단짝도 생겼다. 밀양에서 올라온 박일보였다. 밀양읍에서 십여 킬로미터 떨어진 제약산 아래 아름다운 동네에서 올라온 그는 은주네보다도 부자인 천석꾼의 아들이었다. 태준의 문학적 재능에 반한 그는 태준과 각별히 친해졌다. 둘은 매일이다시피 붙어 다녔고 서대문의 박일보 하숙집에서도 여러 번 잤다.

박일보는 태준이 주말마다 책 장사로 떠도는 것을 안타까워했다. 그리고 삼 학년 이 학기가 되었을 때 조심스레 제안했다.

"태준아, 너 이제 장사 그만해라. 이제부터는 내가 생활비를 대 줄 테니 그 시간에 시도 쓰고 소설도 써라. 알겠제?"

용담의 많은 친척들, 돈을 물처럼 쓰는 윤수 아저씨며 은주 어머니, 그 누구도 하지 않았던 고마운 제안이었다.

"동정이 아니라 의리라면……."

태준의 말에 박일보는 잘생긴 얼굴로 활짝 웃으며 어깨를 두드려 주었다. 장사를 안 할 수 있다니 늘 머리를 짓누르던 돌덩이가 떨어져 나간 것 같았다. 박일보 덕분에 삼 학년 이 학기부터는 더 많은 시간을 책 읽고 글 쓰는 데 보내게 되었다.

"일보야! 내 글이 교지에 실리게 됐다!"

「물고기 이야기」라는 제목의 동화가 휘문고보 교지에 실리기로 결정되었을 때도 제일 먼저 알린 이가 박일보였다. 박일보는 그 큰 키로 펄쩍펄쩍 뛰며 좋아했다.

"만세! 태준이가 이제 소설가가 되었다!"

"다 네 덕분이야, 고맙다."

"아니다! 너는 반드시 훌륭한 작가가 될 거다!"

태준은 외할머니와 여동생에게도 자신의 글이 처음으로 인쇄되었다고 알렸다.

스물한 살이 된 1924년, 태준은 사 학년으로 진급했다. 글재주를 인정받아 학예부장도 맡았다. 은주와의 연애도 편해질 것 같았다. 윤수가 본인의 오랜 소원대로 미국 유학을 떠나 사랑방을 혼자 쓰게 되었기 때문이다. 은주도 벌써 열아홉 살이었다. 전문학교에만 합격하면 은주 어머니에게 둘의 관계를 털어놓고 결혼 승낙을 받아 낼 생각이었다. 일단 약혼을 해 놓고 졸업 후 취직이 되면 돈을 벌어 결혼식을 올리리라 마음먹었다. 졸업하려면 오 학년까지 아직 이 년이 남았다. 그때까지만 참자고 생각했다.

모든 일이 잘 풀리는 것 같았다. 그러나 삶이 그렇게 순탄하기만 하다면 운명이라는 단어는 생기지 않았을 것이다.

선택

새 학기가 시작되고 며칠이 지나도록 통 은주를 볼 수 없었다. 바빠서 그러려니 했다. 그런데 어느 날 학교에서 돌아오니 자신의 책상인 신문지를 바른 석유 궤짝 위에 연필로 흘려 쓴 쪽지가 한 장 놓여 있었다.

'큰아버지께서 자기가 보호인이랍시고 강제로 학교에 퇴학 원서를 냈어요. 이유는 혼인.'

은주의 필적이 틀림없었다. 다른 내용은 없었다.

'혼인? 이유는 혼인?'

혼인이라는 두 글자가 뱀의 눈깔처럼 말뚱말뚱 태준을 올려다보고 있었다. 글씨가 독이라도 뿜어내는 듯, 읽고 또 읽어 볼수록 눈이 침침해졌다. 중문 너머 안집을 기웃거려 보았다. 조용하기만 했다. 은주의 신발조차 보이지 않았다.

"은주 아씨? 요즘은 큰집에 가서 자는 모양입디다."

밥상을 들고 온 행랑어멈이 아무렇지도 않게 말했다. 속이 타올라 밥이 넘어가지를 않았다. 누구에게 하소연할 수도 없었다. 불이 붙는 것을 보고도 '불이야!' 소리를 못 지르는 것과 같았다.

은주는 그날 밤 돌아오지 않았다. 견딜 수 없는 갈증을 품은 채 학교에 갔으나 도저히 오후 끝까지 참을 수가 없었다. 오후 첫 시간만 듣고 조퇴했다. 새로운 쪽지라도 있을까 성급히 사랑에 올라갔으나 아무것도 없었다. 세숫물을 뜨는 체하고 대야를 들고 안집으로 들어가 봤으나 바느질에 바쁜 침모만 미닫이 유리로 힐끗 내다볼 뿐, 은주도 그 어머니도 보이지 않았다. 은주 모녀는 그날도 돌아오지 않았다.

다음 날은 학교에 가지도 못했다. 들창을 열고 서서 은주가 돌아올 골목길만 바라보며 하염없이 서 있었다. 별별 사람이 다 지나가는데 은주는 점심에도 저녁에도 나타나지 않았다. 밤 열 시가 넘어서야 골목길로 들어서는 은주를 발견했다. 은주도 처음부터 사랑방의 들창을 쳐다보며 걸어왔다. 눈빛끼리 마주치며 불꽃을 일으키는 것 같았다.

소리 죽여 대문을 열고 들어온 은주는 곧장 사랑방으로 들어와 등 뒤로 미닫이를 닫고 선 채 말했다.

"우리 어디로든 도망가요!"

흘러내린 머리칼 아래 눈에 광기 같은 빛이 났다. 그러나 순간, 태준은 망설였다. 입안이 헐어 버리도록 고통스럽게 기다렸지만, 은주가 이렇게 제안하리라고는 생각하지 못했다. 선 채로 손을 잡고 물었다.

"왜?"

"어머니가 우리 사이를 눈치챘어요. 결혼식까지 큰집에 가둬 두려는 걸 몰래 도망쳐 나온 거예요."

"결혼식?"

"얼굴도 모르는 백작의 아들하고 정혼이 됐어요. 자 여기……."

은주는 한 줌의 지폐를 내놓았다. 손이 부들부들 떨리고 있었다.

"내가 모아 놓은 팔십 원이에요. 어서 떠나요. 누가 뒤쫓아 올지 몰라요."

골목길에서 들려오는 구둣발 소리가 은주를 하얗게 질리게 했다. 은주는 발소리가 멀어진 후에야 다시 애원하는 눈으로 올려다보았다. 이내 눈물이 뺨을 타고 내렸다.

태준은 아무 대답도 못하고 눈을 감았다. 팔십 원? 저 바깥 세상에 나가 팔십 원으로 며칠이나 버틸 수 있을까 하는 생각부터 들었다.

'팔십 원이란 돈의 힘이 며칠이나 우리의 정열을 지탱시켜 줄 수 있을까? 한 달도 안 되어 돌아와 구걸하는 추태를 보일 게 뻔하다.

학교는 퇴학당할 테니 중학도 나오지 못한 내가 무슨 수로 돈을 벌어 부유한 생활에 젖은 은주를 만족시킬 수 있을까? 더구나 내게는 큰 이상이 있다. 이렇게 갑자기 사랑의 도피를 하여 모든 계획을 망칠 수는 없다.'

차라리 세상을 너무 빨리 알아 버린 자신이 싫었다. 태준은 마음을 가라앉히려 애쓰며 말했다.

"은주! 나와 같이 살기로 결심했다면 뭐가 걱정이야? 어른들의 부당한 강요를 거역하면 될 것 아닌가?"

"우리 큰아버지 고집이 어떤데? 당신은 모르니까 그런 말을 해요."

"죽이기야 하려구?"

"글쎄 난 몰라!"

"모르긴 뭘 몰라? 당사자가 안 가는 걸 어떻게 강제로 혼인식을 해? 은주도 신학문을 배운 신여성인데 그만한 것 반항할 힘이 없어?"

"아무튼 난 몰라!"

은주는 특유의 뾰로통한 표정이 되어 벽을 바라보기만 했다. 그때 대문이 흔들렸다.

"어멈!"

은주 어머니였다. 은주는 얼굴이 파래져 벌떡 일어났다. 다른 말을 할 새도 없었다. 행랑어멈이 방에서 나오기도 전에 방문을 열고 튀어 나가 중문 안으로 사라졌다. 태준은 따라 일어섰으나 따라 들어갈 수는 없었다.

한참 후, 가벼운 발소리가 방문 앞으로 다가왔다. 은주의 구둣발 소리가 아니었다.

"태준이 자지 않지?"

은주 어머니의 조심스러운 음성이었다. 방에 들어온 그녀는 아랫목 이불 밑에 손부터 넣어 보며 다정히 물었다.

"방이 차진 않니?"

무릎을 꿇고 앉아 괜찮다고 대답하니 잠시 눈치를 보다가 입을 열었다.

"유 전무 댁이라구, 태준이도 이름 석 자는 들어 봤을 거야. 총독부로부터 백작의 작위도 받으셨구 은행 전무로 경성 안에서 그만한 재물을 가진 집이 드물지. 은주가 이번에 그 집 아들과 정혼을 했단다. 혼인식은 이번 달 스무이튿 날이야. 열흘 남짓 남았지. 큰아버지가 얼마나 서두르시는지, 바쁘게 되었다."

유 백작? 태준이 모를 리가 없었다. 일본은 조선을 강제 점령하면서 구 왕조의 고관과 친일파들에게 서양에서 들여온 작위를 수여했는데 몇 명은 완강히 거부하고 자살까지 했지만 대다수가 수용을 하고 거액의 돈까지 받았다. 그중에서도 백작은 이완용을 포함해 단 세 명뿐으로, 독립이 된다면 제일 먼저 처형해야 할 매국노들이었다.

하필이면 그런 파렴치한의 집에 시집을 보낸다니, 더욱 견딜 수 없었다. 그러나 단 한 마디도 하지 못한 채 듣고만 있었다. 은주 어머니는 이런저런 집안 이야기로 말을 빙빙 돌리더니 조심스레 본론을 내놓았다.

"윤수도 미국 가고 여자들뿐인 집안에 네가 있으니 든든하구나. 전문학교 마칠 때까지 아무 걱정 말고 여기 살도록 해라. 그런데 잔치를 하려면 이 집에 사람들이 많이 드나들 텐데 네가 괴로울 것 같구나. 너더러 나가라는 건 절대 아니다. 너도 알잖니, 밤을 깎는다, 다식을 만든다, 영감님들 모여들어 담배를 필 거구……. 어디 공부가 되겠니?"

차라리 길바닥의 서민들처럼, 감히 알거지 고아가 삼백 석지기 무남독녀를 노리느냐고, 당장 이 집에서 썩 꺼지라고 욕하고 소리쳤으면 좋을 것 같았다. 겉으로는 다정한 척, 자신의 체면과 품위를 우아하게 지켜 가며 차갑게 자기 목적을 관철시키는 부자들의 위선이 역겨웠다.

"그러니 내가 하숙비를 줄 테니 내일부터 한 달만 어느 동무한테라도 같이 있다 오거라. 아암! 잔칫날이야 와야지. 오래비두 없는 것, 네가 와서 신랑의 처남 노릇을 해 줘야 않겠니? 피곤한데 어서 자거라."

은주 어머니는 태준의 책상에 십오 원을 놓고 안채로 들어가 버렸다. 태준은 자기 머리를 쥐어뜯었다. 삼 년 동안 공짜 밥 먹여 줬더니 배은망덕한 놈이라고 비난할까 봐 겁이 났던 것일까? 단 한 마디도 못 하고 네네 하며 듣기만 한 자신의 비겁함이 수치스러웠다. 누군가에게 자신의 무능과 비참함에 대해 토해 내고 싶어 견딜 수 없었다. 이럴 때 만날 수 있는 유일한 친구는 박일보였다. 대문 소리가 날까 봐 들창을 타고 그 집을 빠져나와 박일보의 하숙방으로 향했다.

다옥정에서 서대문까지 먼 밤길을 걷는데 자꾸만 후회가 밀려왔다. 은주가 달아나자고 할 때 선뜻 동의할 것을, 주위 사람들의 시선이 두렵고 생활난이 두려워 거절한 게 후회되었다. 그 애틋한 사랑의 마음을 자신의 야망 때문에 저버려 슬프게 만든 것이 너무나 미안했다. 봄밤의 하늘에는 여느 때처럼 달이 빛나고 있었지만 쳐다보아도 아무 감각도 느껴지지 않았다. 굶주림의 고통이 아무리 크다 해도 사랑의 고통만은 못한 것 같았다.

박일보는 다혈질이었다. 한밤에 들이닥친 태준의 사정을 듣더니만 대뜸 은주를 데리고 밀양 자기 집에 내려가라고 했다.

"부모님은 대구 나와 사시고 집에는 아내와 하인만 있으니 몇 달이 아니라 몇 해를 그냥 살아도 된다. 경치도 좋으니 글이나 쓰며 아이나 한둘 만들어 오면 그 집에서 어쩌겠노? 그 집에서 아들이 없어 양자를 들인다 해도 딸에게도 재산의 절반은 주게 되어 있으니 이후 생활은 아무 문제가 없을 거고. 당장 데리고 나와라."

태준은 그러나 또 망설였다.

"고맙긴 한데……. 은주나 나나 장래를 위해서라면 지금 공부를 계속해야 하는걸, 애들 키우며 농사나 짓자고 하기에는……."

성질 급한 박일보는 이내 새로운 계획을 세워 주었다.

"좋아! 그러면 둘이 동경으로 달아나라. 일 년만 숨어 고생하면 그 백작 놈하고의 혼인은 깨질 거고, 그땐 너도 그 집 사람인데 학비 안 보내겠나? 일 년 동안은 내가 어떻게든 너희 둘 굶어 죽지 않을 만큼의 생활비는 만들어 보낼 테니 걱정 말고."

태준의 고민은 단번에 해결되었다. 박일보가 아무리 부잣집 아들이라 해도 아직까지는 아버지에게 용돈을 타 쓰는 학생 처지이니 큰돈을 만들지는 못했다. 벌써 지금까지 받은 돈만 해도 얼마인지 몰랐다. 그래도 일본까지 생활비를 보내겠다는 말에 용기가 생겼다. 기운을 모아 벌떡 일어섰다.

"좋아! 동경으로 가겠다!"

벌써 새벽이 다가오고 있어 밤을 지새운 머리와 눈두덩이 무거웠지만, 다옥정까지 돌아오는 먼 발길이 하나도 무겁지가 않았다.

'어디로든 가요, 우리! 확실히 은주의 입이 내 귀에 대고 말했다! 아, 얼마나 남김없이 내 가슴에 안겨 버리는 말이냐? 얼마나 아름다운 인생의 노래냐? 이런 불타는 구절을 어느 시집에서 읽어 본 적이 있느냐?'

다시 들창을 넘어 들어간 태준은 곧바로 공책에 '좋은 생각이 났으니 빨리 만나 주길!'이라고 써서 살그머니 안집에 들어가 은주의 구두 속에 넣어 두었다. 언제든 바로 출발할 수 있도록 몇 권의 책과 세면도구도 챙겨 놓았다. 그리고 은주가 오기를 기다리다가 깜빡 잠이 들어 버렸다.

"웬일이실까, 오늘은? 학교 안 가고?"

행랑어멈의 목소리에 퍼뜩 잠이 깨니 벌써 날이 환했다. 눈이 안집부터 향했다. 댓돌에는 은주의 구두도, 그 어머니의 고무신도 보이지 않았다.

"다들 큰집에 가셨다우."

허망했다. 어머니가 데리고 나갔으려니 위로하며 아무 책이나 집어 들었다. 기하학 책이었다. 표지 안쪽에 '기다리고 있다'고 일본어로 써서 행랑어멈에게 건네며 은주 책이니 꼭 전달해 달라고 부탁했다.

하지만 학교에 안 가고 종일 방 안에서 기다려도 은주는 사랑 근처에 얼씬하지 않았다. 분명 낮에 들어왔다가 나가며 기하학 책을 들고 나가는 것까지 보았는데도 아무런 전갈이 없었다.

어두워지면서 비가 내리기 시작했다. 태준은 들창을 열고 서 있을 기운도 없어 쓰러져 누워 버렸다. 은주와 함께 맞던 봄비는 청년회관에서 열린 일본 유학생 음악회에서 들었던 하프처럼 감미로운 소리를 냈는데, 홀로 듣는 봄비는 우울한 줄만 튕기는 조선의 거문고 소리 같았다.

자정이 지나서야 일어난 태준은 은주에게 편지를 썼다. 자기 이름으로 쓰면 전달이 안 되니 여자 친구를 가장했다. 친구들과 네 결혼을 기념하는 사진을 찍으려 하니 내일 오후 네 시에 늦더라도 파고다공원으로 나오라는 내용이었다. 만일 못 오면 모레 오후 한 시부터 다시 기다리겠다고 했다. 확실한 전달을 위해 똑같은 내용을 두 통 만들어 하나는 은주네 주소로, 하나는 은주 큰아버지 집 주소로 봉함했다. 그리고 새벽에 광화문우체국까지 걸어가 우체통에 넣었다.

먼 지방으로 가는 편지는 하염없이 시간이 걸리지만, 경성 시내로 들어가는 편지는 어김없이 하루 안에 배달되었다. 우체통에 넣은 지 반나절도 안 되어 대문간에서 장은주를 찾는 우체부의 고함이 들려왔다.

도망 보따리를 싸 들고 약속 시간보다 일찍 파고다공원에 나갔다. 그러나 은주는 오지 않았다. 세 시간을 기다렸지만 끝내 나타나지 않았다.

집에 돌아오니 도배꾼들이 와 있었다. 사랑방은 손님들을 위해, 건넌방은 처가에 인사 올 신랑을 위해 도배한다고 했다. 태준은 짐 보따리를 든 채, 그대로 박일보의 하숙방으로 갔다.

하숙방에서도 다시 은주의 집과 큰아버지 집으로 편지를 써 보냈다. 이번에도 여자친구인 것처럼 하여 하숙집 주소까지 명기했다.

역시 답장은 없었다. 먼저 은주를 의심한 것은 박일보였다.

"태준이 너 잘 들어라. 당사자 마음이 변하지 않고서야 이렇게 모른 척할 수는 없는 거다. 설혹 네 편지를 받지 못했다 해도 제 속이 타서라도 어떤 방법이고 네게 연락을 해 왔을 거다. 그 매국노 백작 놈의 번쩍이는 미제 승용차며 호화 저택을 보고 마음이 변한 게 분명하다! 중국 비단에 금목걸이에 흑진주, 다이아 반지는 또 얼마나 여자 마음을 유혹했겠나? 그만 잊어버리자."

몸과 정신이 극도로 쇠약해진 태준은 그러나 이성적인 판단을 할 수가 없었다. 끝까지 믿고 싶었다.

"내가 은주를 못 믿는다면 이 세상에서 무얼 믿을 수 있지? 훌륭한 인물이 되면 뭘 해? 그처럼 믿을 수 없는 게 인간이요 사회라면 그들을 위해 무엇을 바쳐 보겠다는 이상은 가져 뭣해? 은주를 부정한다면 내 인생의 모든 것을 부정하는 거야."

박일보는 자기까지 이 가련한 친구를 괴롭히고 싶지 않아 더 이상 추궁하지 않고 우미관에 가서 영화나 보고 오자고 했다. 그러나 태준이 은주 답장이 올 거라며 쓰러져 눕자 자기도 옆에 누워 버렸다. 다음 날에는 자기까지 학교에 가지 않고 태준의 곁에서 떨어지지 않았다. 태준은 아무리 친한 친구라도 자신의 끝도 없이 초라한 모습을 다 드러내는 것이 미안하다 못해 민망스러웠다.

"일보야 너는 학교에 가지 왜?"

"혹시 네가 무슨 짓이라도 할까 봐 그런다. 그 계집애 참말로 못됐다. 몇 년이나 사귄 사람이 다 죽어 가는데도 모른 척하니……."

박일보는 한시도 떨어지지 않고 과일이니 호떡이니 먹을 것을 챙겨 주고 위로를 해 주었다. 은주와 한강 다리에 갔던 날 보았던 자살 방지 팻말이 떠올랐다. 그때는 어떤 때 자살을 하는가 궁금했다. 지금이 바로 그런 때라는 생각이 들었다. 그때는 부잣집에 시집가 버린 애인을 위해서 죽는 것은 바보짓이라고 단언했다. 막상 자기가 그 처지가 되고 보니 죽고 싶은 마음뿐이었다. 박일보 같은 친구가 없었다면 정말로 무슨 짓을 저질렀을지도 몰랐다.

혼인날을 하루 앞둔 오전이었다. 박일보는 학교에 가고, 태준은 열흘째 결석을 한 채 기진해서 방 안에 쓰러져 있는데 우체부가 왔다. 은주의 답장이었다. 손이 떨려 봉투가 가죽처럼 질기게 느껴졌다. 겉봉을 제대로 뜯지 못해 속지까지 찢어졌다. 잉크로 또박또박 눌러 쓴 사연은 길지 않았다.

'나는 할 수 없이 막다른 길을 취합니다. 너무 낙망하지 말고 끝까지 분투하여 모든 이상을 이루어 주십시오. 그러면 오늘 이 암흑 속으로 끌려가는 은주의 영혼도 한 번은 즐거운 날이 있겠습니다.'

태준은 두 번, 세 번 더듬어 읽었다. 막다른 길? 암흑 속으로? 유서라는 생각이 스쳐 갔다. 이 편지는 어제 부친 것이니 그럼 벌써 죽었을지도 모른다! 생각이 거기에 미치자 정신없이 하숙집을 튀어나와 다옥정으로 달렸다.

허둥지둥 은주네 집에 도착하니 대문 앞에 인력거 한 대가 서 있었다. 의사가 왔구나! 열린 대문으로 뛰어든 태준은 흠칫 그 자리에 섰다.

내일의 잔치 준비를 위해 천막을 친 마당에는 동네 여자들이 모여 요란하게 수다를 떨며 음식을 만들고 있었다. 조금도 슬픈 얼굴들이 아니었다. 참기름, 들기름 냄새며 고기 삶는 냄새가 구수했다.

은주는 대청 한가운데 평상 위에, 너무나 밝은 표정으로, 방글거리며 앉아 있었다. 신발가게 주인이 가져온 여러 모양의 화려한 비단신들을 앞에 두고 하나씩 신어 보는 중이었다. 인력거는 의사가 아니라 신발가게 주인이 타고 온 것이었다.

"아, 태준이 왔구나?"

먼저 태준을 발견한 것은 은주 어머니였다. 아무 일도 없었다는 듯 반갑다는 얼굴이었다. 그러나 뒤늦게 태준을 발견한 은주는 파랗게 질려 웃음을 거두었다. 은주 어머니도 금방 눈치를 챘다.

"은주야 너는 방에 들어가서 솜버선 위에도 신어 봐라."

은주는 어머니의 말에 냉큼 일어나 짙은 다홍색 비단신을 신고 긴 비단 치마를 끌며 안방으로 들어갔다. 땋아 늘이기는 오늘이 마지막인 그 치렁치렁하니 새까만 머리칼이 뱀 꼬리처럼 미닫이 사이로 사라졌다. 큰 독사를 본 것처럼 가슴이 섬뜩했다.

'저렇게 즐거워하는 걸 유서로 알았다니. 내가 어리석었나 보다.'

은주 어머니는 사랑에 들어가 점심을 먹고 가라고 했다. 태준은 대답만 하고는 조용히 그 집을 빠져나왔다.

아무래도 걱정이 되어 조퇴를 하고 온 박일보는 죽은 사람처럼 창백히 누워 있는 태준을 보자 자기가 더 분해서 격렬해졌다.

"안 되겠다. 이러다 사람 죽겠다. 당장 내가 은주 어머니를 찾아가 담판을 지을 거다!"

"뭐라고 담판을 지어?"

"그거야 할 말은 얼마든지 있지! 그건 내게 맡겨라."

"글쎄……."

태준이 주저하니 박일보는 더 흥분했다.

"아니면 신랑 녀석을 찾아가 위협할 거다. 어떤 녀석인지 몰라도, 은주가 너한테 한 이 편지만 봐도 사정을 알 거 아니야? 등신이 아닌 다음에야 신부에게 불만이 안 생길까? 그러면 파혼할 수도 있는 거지. 안 그렇나?"

태준은 고개를 흔들었다.

"그런 수단을 써서 물고기를 잡듯 한다면 은주는 오히려 내게 환멸을 느낄 거야. 나는 기다려 볼 거야. 오늘 밤에라도 은주가 마음을 돌려 이 집을 찾아올지 몰라. 나는 은주의 옳은 선택을 믿어."

결코 일어나지 않을 일을 그는 꿈꾸고 있었다. 박일보는 자기 일처럼 흥분했지만 당사자가 반대하니 어떤 조치도 하지 못하고 같이 드러눕는 수밖에 없었다.

마침내 결혼식 아침이 오고, 점심이 지나고, 기어이 밤이 찾아왔다. 은주가 다른 남자와 보내는 첫 밤이었다. 태준은 마취 없이 피부를 째고 뼈를 자르는 수술을 받은 사람처럼 눈앞이 새까매지고 머릿속에 불꽃이 튀었다.

'은주는 지금 가꾸지 않아도 인형처럼 아름다운 얼굴에 분을 바르고 연지를 찍고, 쌍꺼풀진 눈을 가벼이 내리뜨고, 도톰하고 포근한 목은 새 비단옷에 봉한 듯 여미고 있겠지? 족두리 봉우리에 돋은 구슬은 그가 인형이 아니라는 것을 알리듯 가늘게 떨리고 있겠지? 그리고 그걸 어떤 음탕한 놈이 벗겨 내겠지?'

모닥불을 전신에 뒤집어쓴 것처럼 모욕과 질투가 솟구쳤다. 온몸의 피가 머릿속으로 올라와 곧 터져 버릴 것만 같았다.

'그 고요한 얼굴을 흔들어 감겼던 눈에 애교를 짓게 하고 다물었던 입을 열어 뜨거운 공기를 불어 넣고, 살포시 부끄러운 미소를 짓게 할 자는 누구냐? 진정한 사랑은 그 족두리 밑에도 비단옷 속에도 들어 있지 않았다 치자! 아, 그렇다 해도 오늘 밤 은주는 얼마나 고울 것인가? 한 여자의 일생 중 가장 예쁜 단 하룻밤의 어여쁨을 나는 이렇게 고스란히 빼앗기고 마는가?'

이제 끝났다. 열흘 넘게 계속된 극도의 긴장과 피로가 한꺼번에 쏟아져 눕기만 하면 잠이 올 것 같았다. 그러나 정작 누우면 가슴에서 불길이 치밀어 올랐다. 온몸의 살이 가랑잎처럼 얇게 칼질되어 썰려 나가는 것 같고 뼈는 바늘이 되도록 갈리는 것 같았다.

불을 끄고 누워도 끙끙대기만 하는 태준을 보다 못한 박일보는 조용히 나가더니 독한 배갈과 청요리를 사 왔다. 술을 마실 줄도 모르는 태준은 독주를 반병이나 들이켜고는, 취하기보다는 전신이 마취가 되어 기절해 버렸다.

다음 날 잠에서 깨어 보니 유랑극단의 신파극처럼 유치한 감정을 몰고 왔던 은주의 결혼은 돌이킬 수 없는 현실이 되어 있었다. 박일보의 극진한 간호를 받은 태준은 하루만 더 쉬고 학교에 나가기로 했다. 태풍이 지나간 듯 황폐해진 마음은 천천히, 스스로 다스려 나가기로 했다.

'기운 내라, 이태준! 그동안 내가 겪은 일들에 비하면 이것은 얼마나 사치스러운 일인가? 냉정해지자!'

담임 선생의 주선으로 가정교사 자리도 얻었다. 왕조 때 병부의 고관을 지내 아직도 김 대장이라 불리는 김 대감 집의 두 손자를 가르치는 일이었다. 청계천 수표교 변에 있는 고풍스런 솟을대문 집으로, 두 형제와 한방을 쓰며 가르치기로 했다. 숙식만 제공할 뿐, 따로 수고료를 받는 조건은 아니었다. 옷값, 책값 같은 용돈은 여전히 박일보가 대 주기로 했다.

어느 날 밤, 공부를 끝내고 셋이 나란히 누워 불을 껐는데 한길 쪽으로 난 들창이 갑자기 드르륵 소리를 냈다. 누군가 창살을 막대로 긁는 소리였다. 태준은 깜짝 놀라 고개를 들었으나 형제들은 아는 사람인 듯 누구냐고 소리치지도 않고 싱겁게 웃었다.

"누군데 남의 집 창살을 긁고 다녀?"

"사촌이에요. 백작 형님이라 부르죠."

"백작? 백작으로는 좀 점잖지 못하군!"

태준은 무심코 다시 잠들어 버렸다. 그런데 이틀 후 다시 창살이 드르륵 긁혔다. 또 깜짝 놀라 일어나니 형이 앉은 채로 소리 질렀다.

"백작?"

대답 대신 야옹 하는 고양이 소리가 났다. 사람이 내는 소리였다. 형이 들창을 열고 밖을 내다보며 핀잔을 주었다.

"백작 형님도 색시 맛을 봤거든 사람이 좀 짜져요."

야무져지라는 뜻이었다.

"색시 맛이 왜 짠가? 달콤한데, 히!"

백작이란 자는 실없는 소리로 답하며 발돋움을 하여 침침한 방 안을 들여다보더니 태준을 발견하고 영어로 물었다.

"후 이스 댓?"

누워서 잠든 척하고 있던 태준은 영어 소리에 불끈 화가 솟았다. 배웠다는 자들이 일본어를 쓰는 것도 눈꼴사나운데 이젠 영어까지 쓰다니, 아는 놈이면 한마디 쏘아붙였을 것이었다.

누운 사람이 누구인지도 모르는 채, 백작은 대감집 형제들과 말장난을 치다가 가 버렸다. 태준은 불현듯 마음에 집히는 게 있었다. 백작이라야 셋이니 아들 역시 몇 명 되지도 않을 텐데 색시라는 말을 쓰는 자라면? 형제들에게 물어보니 둘이 차례로 술술 대답해 주었다.

"고모님 아들이에요. 고모부가 은행 전무에다 백작이라 돈은 넘치는데 공부를 못해 배재에 두 번이나 낙방 먹고는 조선에선 공부 못하겠다고 일본에 유학을 보낸다나 어쩐다나⋯⋯. 제가 공부 못

하구선 조선의 교육 제도가 잘못됐다고 투덜대니. 제가 동경에 가면 잘할까 봐?"

"맨날 기생집 아니면 우미관서 살더니만 요즘은 이쁜 여학생한테 장가들더니 당최 볼 수가 없네요. 처가가 다옥정이라던가?"

더 들을 것도 없었다. 은주의 남편이 분명했다. 은주가 겨우 저런 자하고 결혼하려고 자기를 버렸나 생각하니 허망했다. 태준은 사흘 공부해 붙은 배재에 두 번이나 낙방을 하고, 새파란 나이에 기생이나 끼고 놀고 창살이나 긁고 다니는 저런 얼빠진 자를 선택하다니! 제 애비가 조선을 팔아먹은 것도 칼로 쳐 죽일 일인데 아들놈이라고 영어 나부랭이나 나불거리며 다니는 놈을!

자기 처지도 한심했다. 하필이면 그런 놈의 외가에 가정교사로 들어오다니, 그만두어야 하나 고민했다. 하지만 경성은 좁았다. 설사 이 집을 나간다 해도 어디선가는 은주나 저 백작 놈을 만날 수밖에 없으리라 생각했다. 담임 선생이 애써 마련해 준 가정교사 자리인데 이렇게 빨리 그만두면 다시는 소개받지 못하리라는 생각도 들었다.

이틀 후, 수업을 마치고 솟을대문에 거의 다 왔을 때였다. 등 뒤에서 인력거의 종소리가 요란했다. 얼른 비켜서서 쳐다보니 머리를 곱게 빗어 쪽진 은주가 탄 인력거였다. 은주도 깜짝 놀라더니 입술을 움츠리며 눈초리를 딴 데로 살짝 돌려 버렸다.

뒤따라 종을 울리며 달려오는 인력거에는 태준이 또래의 청년이 앉아 있었다. 옥색 비단옷에 상아빛 고급 중절모를 썼는데 큰 눈이 아닌데도 흰자위가 번쩍거리는 것이 왠지 서늘해 보였다. 밤에 얼핏 보았던 백작이 틀림없었다.

백작 부부가 솟을대문으로 들어가는 것을 뒤따라 들어가는데 아무리 진정하려 애를 써도 손발이 자꾸 후들거렸다. 책보를 끌러 책상을 정리하고 앉아도 머릿속이 뒤엉켜 아무 생각도 할 수 없었다.

외할아버지를 보고 나온 백작은 문간방에 건너와 제 사촌들과 떠벌리기 시작했다. 하필이면 은주 이야기였다.

"장가가니까 좋긴 좋더라. 너희들도 장가가려면 무남독녀한테 가라."

"왜?"

"처갓집두 내 집이 될 테니 좋구……. 게다가 다옥정은 다방굴이지!"

"기생집?"

기생에도 여러 급이 있었다. 다방굴은 기생 중에서도 전문적으로 몸을 파는 창녀촌이었다. 사촌들이 부러워하니 백작은 더욱 신이 나서 주머니에서 조그만 향수병을 꺼내 이리저리 칙칙 뿌려 댔다.

"이거 다방굴에서 훔쳐 온 거야. 이 비싼 걸 훔쳤으니 공짜로 아이 러브 유 한 거지, 호호. 우리 색시가 보면 큰일 난다! 비밀이야, 시크릿!"

"아니, 그럼 다옥정에는 형님 처갓집이 한둘이 아니겠네?"

"쉿! 장가가기 벌써 전부터 거기에 처갓집이 여럿 있었지, 흐흐."

태준은 들어 주기가 거북해서 인상을 쓰며 노려보기만 했다. 백작은 그러나 사촌들이 자신의 허튼소리에 잔뜩 반해 있음을 알고는 더욱 신나게 떠들어 댔다. 아내의 애교가 어떻고 살결이 어떻다는 말까지 나왔다.

"첫날밤은 어땠수?"

형제의 물음에 백작은 무슨 창녀와의 하룻밤을 설명하듯 노골적으로 은주의 몸매부터 그리기 시작했다. 태준으로서는 이처럼 듣기 괴로운 이야기는 세상에 나와 처음이었다. 마음 같아서는 주먹으로 콧대를 부러뜨리고 싶었지만, 스스로 떠나간 여자였다.

'저러거나 말거나 내가 무슨 권리로 남의 부인의 명예를 보호한단 말인가?'

화장실에 간다고 나와 버렸다. 등 뒤로 셋이 히히덕거리며 음담을 하는 소리가 들려왔다. 더 이상 화도 나지 않았다. 은주에 관한 한, 태준의 마음은 차갑게 식어 가고 있었다.

대문을 나와 청계천에 내려가니 밤하늘에는 언제나처럼 달과 별들이 깔려 있었다. 힘들 때마다 슬플 때마다 자기를 내려다보던 눈들이었다.

'저 달과 저 별들은 도대체 언제까지 나의 이 비참한 삶을 내려다볼 것인가? 언제나 저 하늘을 올려다보며 세상이 내게 베푼 은혜에 감사를 드리는 날이 올 것인가?'

백작은 그 뒤로도 제삿날이니 생일이니 해서 수시로 김 대감 집에 드나들었다. 은주가 동행하는 경우도 잦았다. 그런 날이면 자리를 피해 청계천을 산책하기도 했으나 제삿날에는 은주는 안채에 있고 백작이 문간방에 건너가 새벽 두세 시까지 떠벌리다가 제삿밥을 먹고야 돌아가니 백작의 허튼 소리를 고스란히 참아야 했다.

태준은 날이 갈수록 부자들이 싫어졌다. 산업화가 시작되면서 박일보나 용담의 오촌들은 이제는 부자라고 할 수도 없는, 몰락해 가는 전통 부농에 불과했다. 경성이야말로 진짜 도둑놈, 날강도 들의 천국이었다. 나라를 팔아먹은 대가로 일본으로부터 작위와 돈을 받아먹은 자들, 일본에서 고무신이니 서양 옷감이니 하는 것들을 들여와 가난한 조선인들을 등쳐 갑부가 된 자들, 은행이라고 차려 놓고 고리대금으로 서민들의 집을 뺏고 땅을 빼앗아 배불리는 자들, 총독부의 토지조사사업을 이용해 수십만 평에서 백만 평씩 논밭을 차지한 대지주들의 천당이었다. 태준은 이들을 저주했다. 또 이들에게 빌붙어 살려고 그 좋은 조선어 놔두고 일본어나 씨부리고 영어나 나불대는 지식인들의 얼굴에 침을 뱉고 싶었다.

'역사는 언젠가 저들의 선택에 죽음의 심판을 내리리라. 정의가 이기는 날이 반드시 오리라.'

일본과 일본인에 대한 태준의 증오심은 오래된 것이었다. 경성 생활은 여기에 조선인으로서 일본에 빌붙어 부자가 된 매국노들에 대한 적개심을 더했다. 결코 은주나 백작 때문에 생긴 감정만은 아니었다. 아버지와 정 서방의 죽음으로부터, 봉명학교 시절부터, 휘문에 다니면서 생긴 정신이었다.

본능으로 굳어 버린 이 증오심은 태준 자신의 인생행로도 바꾸어 버렸다.

동맹 휴학

휘문의 교주 민영휘에 대한 이야기를 처음 들은 것은 순천의 대동강 배터였다. 왕조시대 말기에 평안도 감사로 와서 여러 치적을 남겼다는 이야기였다. 그러나 경성에 와 보니 민영휘는 민비의 친족으로, 엄청난 부정부패로 재산을 축적해 개혁파들에 의해 유배가 된 적도 있는 탐관오리라는 말이 더 많았다.

시를 쓰는 정지용 같은 선배는 민영휘가 일본에게 자작 작위와 함께 거액을 받고, 총독부와 결탁해 능란한 사업 수완으로 조선 제일의 갑부가 된 매국노라고 맹비난했다.

태준은 일흔 살이 다 된 민영휘의 갸름하니 새하얀데다 이마가 넓은 얼굴부터가 간신 같아서 마음에 들지 않았다. 민영휘의 이름은 가끔 신문에 나왔는데 주로 효자나 열녀에게 금시계나 금반지를 하사했다는 내용이었다.

박일보는 그런 기사가 날 때마다 비웃었다.

"웃기지도 않는다. 제가 무슨 봉건영주나 되나? 남의 마누라에게 금반지를 끼워 주게! 우리 같음 그까짓 것 받지 않는다!"

태준도 늘 동조했다.

"맞어. 자기가 무슨 권한으로 민중에게 상을 내리나? 월사금 안 낸다고 학생을 교문 밖으로 내쫓는 자가 무슨 열녀 타령이야?"

선생들은 달랐다. 학과에 충실한 사람보다는 교주에 대한 아부로 직장을 보장받으려는 비굴한 이가 더 많았다. 충성파 선생들은 교실에 들어오면 학교 자랑과 교주 예찬, 운동선수 자랑으로 수업 시간을 다 까먹었다.

교장은 더 심했다. 선생들이야 월급이 다른 학교의 두 배는 되니 그런다 쳐도, 교장은 진실로 민영휘를 종교 교주처럼 추앙했다. 태준은 임경재 교장이 유리창 청소를 시켜 월사금을 면제시켜 준 데에 늘 감사를 잊지 않았지만, 교주에 대한 아부와 충성은 참기 어려웠다.

무슨 운동 시합을 해서 이기면 교장은 응원 갔던 학생을 전부 교주 집 마당으로 데려갔다. 학생들은 민영휘 집안의 여러 여자들이 치장을 마치고 나오도록 한 시간이고 두 시간이고 밖에서 줄 맞춰 기다려야 했다. 이윽고 가족사진이나 찍는 것처럼 의자가 놓이면 민영휘를 중심으로 전 가족이 앉은 다음에야 교장이 나서서 시합 경과를 보고하고 다 같이 '교주 만세'를 세 번 불렀다. 민영휘는 그 간신배 같은 얼굴에 만족한 미소를 띠고 운동부에 금일봉을 내리라고 지시했다. 그제야 학생들은 구령에 맞춰 군대식 경례를 하고 나올 수 있었다.

소풍을 갔다가도 교주의 집안인 민가 일족의 산소 앞이면 그냥 지나지 않고 다 같이 절을 해야 했다. 왕조 말기에 민비의 권세를 등에 업고 요직을 차지한 민가에는 애국자도 있던 반면, 매국노가 훨씬 많았다. 그런 민가네 묘지에 절을 하는 것은 역사를 아는 학생들을 분노케 했다.

민영휘의 생일날을 맞으면 벌써 몇 주일 전부터 학생들을 동원해 창가를 연습시켰다. 고보라지만 학생의 대다수가 결혼한 이십대 청년들로, 서른이 넘은 이도 있었다. 자기 부모도 아니고, 피 한방울 섞이지 않은 매국노의 생일잔치에 가서 찬양가를 부르는 학생들의 마음은 울분으로 끓었고, 돌아오는 길에는 여기저기서 더러운 노래를 부른 자기 입을 씻어 내려는 침을 내뱉기 마련이었다.

태준의 운명을 결정한 그날은 학기말고사를 얼마 앞둔 초여름이었다. 무더위 속에 한창 오후 첫 수업이 진행되고 있는데 요란하게 집합 종이 울렸다. 선생들도 영문을 몰라 교무실로 달려갔다. 좀 있으니 전교생에게 운동장으로 나오라는 지시가 떨어졌다. 민영휘가 장충단공원에서 바람을 쐬다가 공원의 넓은 운동장을 보니 팔백 명 전교생을 그곳에 한번 세워 놔 보고 싶어졌다는 전화가 온 것이었다.

"미친 늙은이 아냐?"

"장충단이 여기서 얼마나 먼데!"

학생들은 불평을 토했지만 대열을 이끌게 된 두 체육 선생은 신이 났다. 이번에 교주를 흡족하게 하면 자기네의 숙원이던 운동장 확장이 실현될 거라는 계산이었다. 소사 한 사람만 남기고 전교생과 교사가 모두 동원되었다. 계동에서 장충동까지 몇 킬로미터나 되는 길에 돌연한 행군 대열이 만들어졌다. 몽둥이를 든 체육 선생들은 이리저리 뛰며 고함을 쳐 댔다.

"줄 똑바로 맞추지 못해? 발맞춰!"

장충단에 도착하니 민영휘가 여러 여자들을 거느린 채 기다리고 있었다. 학생들은 집단으로 경례를 하고 교가를 부른 다음 합동체조에 들어갔다. 그런데 민영휘가 또 지시를 내렸다. 학생들의 교복 상의를 벗기라는 것이었다.

체육 선생의 명령에 따라 전교생이 일시에 검정 상의를 벗어 한 걸음 앞에 내려놓았다. 학생 복장에는 내의도 지정되어 있었다. 장충단 운동장은 대오를 맞춰 선 똑같은 흰 내의로 가득 찼다. 오직 한 사람이 그 명령에 따르지 않고 꼼짝 않고 서 있었다.

"저놈은 뭐야?"

체육 선생이자 학감인 장응진이 발견하고 달려왔다.

"이태준 이 새끼!"

체육 선생은 뺨부터 철썩 소리가 나도록 때렸다.

"넌 귓구멍이 막혔어? 눈깔도 없어?"

태준은 할 수 없이 단추를 끌러 보여 주었다. 내의가 없는 맨살의 가슴이 드러났다.

"뭐야 이건?"

"가슴이올시다."

태준의 말투에는 오기가 서려 있었다. 애초에 이 먼 곳까지 학생들을 끌고 온 교주에 대한 반항심과 뺨을 맞은 데 대한 분노였다.

"이놈아! 학교서 지정해 준 내의는 왜 안 입었어?"

"사지 못했습니다."

"교주 댁 부인들도 계신데 이게 무슨 추태냐?"

"그래서 못 벗었습니다."

"내의라도 학교에서 지정한 이상 교복이다. 넌 교칙을 위반한 놈이야! 빨리 단추 채우고 저리 가지 못해? 산속에 숨어 있다가 끝나거든 나한테 와!"

태준은 대열에서 빠져나와 민영휘와 그의 여자들, 그리고 충실한 부하들이 도열한 반대편 산으로 올라갔다. 한 시간 만에 체조와 교주의 연설이 끝났다. 태준은 체육 선생 앞으로 나갔다.

"이태준이! 네놈은 오늘 단체 행동에 일대 오점을 남겼다! 더구나 영광스러운 교주 선생 앞에서 너 하나로 인해 전교생이 훈련 부족이라는 오명을 썼다. 잘했어, 이놈아?"

"잘못됐습니다."

잘못했다는 사과 대신 나온 잘못됐다는 표현은 체육 선생을 더욱 격분시켰다. 체육 선생이 태준의 멱살을 잡아 흔들며 소리쳤다.

"잘못됐다니? 이 건방진 놈!"

태준은 지지 않았다.

"제 말이 문법에 틀렸습니까? 의식적으로 잘못을 범하면 잘못했다고 해야 하지만, 일부러 한 일이 아니면 잘못되었다고 하지 뭐라고 합니까?"

체육 선생의 얼굴에서 핏기가 사라졌다. 멱살 잡은 손에 힘을 주어 들어 올리려는 게, 금방이라도 유도로 업어치기를 할 것 같았다. 그러나 태준의 반 아이들이 진작부터 불평에 찬 얼굴로 모여들고 있었다. 박일보가 끌고 온 것이었다. 교주와 그의 여자들의 눈도 자꾸 이쪽으로 쏠렸다. 체육 선생은 어쩔 수 없이 욕만 몇 마디 더 퍼붓고는 멱살을 놓아주며 내일 등교하는 대로 교무실로 오라 하고는 가 버렸다.

"더러운 선생들! 우리 학교에 돌아가지 말자!"

다혈질인 박일보가 친구들을 선동했다. 몇몇 친구들이 따라왔다. 일행은 남산 등성이를 타고 봉우리에 올랐다. 모래사장 위로 굽이치는 한강과 강남의 허허벌판이며 관악산이 바라보였다.

"난 경성이 싫어졌다."

태준이 불쑥 내뱉자 박일보가 달렸다.

"그래도 학교는 마치고 보자. 우리도 다 학교에 불평이 있다카이. 그치만도 올해는 벌써 반이 지났으니 내년 일 년만 눈 딱 감고 지내 버리면 그만 아이가? 상급 학교로 가자니 졸업장은 받아야 않겠나? 취직도 해야 하고."

먹고살 걱정 없는 박일보의 말은 본인이 아니라 태준을 위한 것이었다. 태준은 반발하고 싶었다. 박일보의 말이 아니라 세상에 반항하고 싶었다.

"취직? 우리 팔백 명, 아니 서울에 와 있는 만 명의 학생이 죄다 취직이 목표란 말이냐? 그렇다면 난 오히려 반동하고 싶다. 소리치구 반동하고 싶다! 저 혼자 먹고살기 바쁜 속물이 되지 않겠다고!"

박일보도 동감을 표하고 평소의 자기 생각을 털어놓았다.

"허긴 그렇다. 어느 시대나 세속의 욕망을 떠나 반동이 된 사람이 결국은 그 사회를 이끌게 되는 거 아이가. 이놈의 학교 이대로 두면 안 된다."

다른 아이들도 흥분했다.

"맞다! 다른 고보들도 툭하면 동맹 휴학을 하는데 교주와 선생들의 횡포가 제일 심한 휘문만 조용하니 창피한 일 아니냐?"

일행은 해가 저물도록 학교를 성토하며 조만간 모임을 갖기로 합의까지 했다.

청계천을 따라 김 대감 집에 돌아왔을 때는 벌써 불이 밝혀진 시간인데 하인들의 눈치가 이상했다. 물어보기도 전에 김 대감의 호통이 들려왔다.

"태준이 이놈 왔냐? 이리 올라오거라!"

대청마루에는 두 형제가 바지를 걷고 서서 종아리를 맞는 중이었다. 김 대감은 버럭 고함을 쳤다.

"네가 가정교사라면 똑바로 들어 봐라! 큰놈은 그렇게 가지 말라는 운동 시합 응원을 갔다 이제 오구, 작은놈은 하인의 자식 놈들과 마당에서 공을 던지고 받으니 이것들이 지체 높은 양반집 자식들이 맞냐? 네가 어떻게 가르쳤기에 이 모양이냐?"

왕조의 일등 관료 민영휘의 오만방자한 행태에 울분을 담고 돌아온 태준에게 민영휘 밑에서 대감으로 있으면서 조선을 망쳐 먹은 늙은이의 호통이 먹혀들 수가 없었다.

"응원은 학교에서 시킨 일이니 야단치실 일이 아닙니다."

예상치 못한 대답에 대감의 눈과 입술이 파르르 떨렸다.

"그러면! 하인 자식과 공 던지기도 학교에서 시켜서 하는 게냐?"

"학교에는 양반 상놈의 구별이 없습니다. 어느 학교 어느 반이든 양반집 애도 있고 상놈의 집 애도 섞여 있습니다."

김 대감은 회초리로 태준까지 내리칠 기세였다.

"이놈 듣기 싫다! 고얀 놈 같으니라구, 어디서 말대답이야? 세상이 아무리 변해도 양반은 양반이고 상놈은 상놈인 게지! 너두 말하는 걸 보니 상놈이다. 우린 운동을 않고도 팔십을 산다. 우린

운동을 않고도 십만 대군을 거느렸어!"

아버지를 죽인 저 완고한 보수 사상. 태준은 저런 인물들이 민중의 명예와 목숨을 맡아 가지고 결국 나라를 빼앗겼다고 생각하니 분해서 견딜 수가 없었다. 빈정빈정 쏘아붙였다.

"그래 오늘날 훌륭히들 되셨습니다."

"뭣? 뭣이라고?"

"그렇게 잘들 하셔서 오늘날 조선이 이렇게 훌륭하게 되었다구요!"

김 대감은 들었던 회초리로 마룻바닥을 내리치며 벌떡 일어섰다.

"뭣이? 이 고얀 놈! 냉큼 이 집에서 나가거라!"

노인의 머릿속은 돌덩이처럼 굳었지만, 눈만은 한때 무인이던 기운이 불꽃처럼 뻗어 나왔다. 태준은 아랫사랑으로 내려와 두 형제가 종아리를 맞는 비명을 들으며 짐을 쌌다.

이번에도 갈 곳은 박일보의 하숙집뿐이었다. 박일보는 자기가 하숙비를 내줄 테니 언제고 함께 있자고 했다. 방에 누우니 은주가 결혼하던 때의 기억이 떠올라 우울했다. 다음 날 체육 선생에게 매를 맞을 생각을 하니 더 우울했다. 말을 잃고 누워 있으니 박일보가 위로했다.

"태준아, 내일 체육 선생이 널 또 때리면 내가 가만 안 있을 거다. 학생들 다 모아 한번 뒤집어 버릴거다."

"나 때문에 너까지 피해 보면 어쩌라고. 몇 대 맞고 말게."

"아이다. 더 이상은 나도 못 참는다."

"어쨌든 고맙다. 너는 세상에서 제일 좋은 친구야."

다음 날 학교에 가자 바로 교무실로 들어갔다. 의외로 체육 선생은 매는 들지 않고 접힌 종이 한 장과 압정 두 개를 주었다.

"이거 게시판에 갖다 붙여. 갖다 붙이기 전에는 열어 보지 마!"

게시판 앞에서 종이를 펼쳐 보았다. 사 학년 이태준을 교칙 몇 조 위반으로 일주일간 정학에 처한다는 내용이었다. 태준은 왈칵 종이를 구겨 쥐었다. 그러나 이내 다시 생각하고 구김살을 펼쳐 압정을 꽂아 붙였다. 참고 일 년 반만 버티자고 생각했다.

보고 있던 몇몇 아이들이 보고 웃음을 터뜨렸다. 그중에는 평소에 아니꼽게 굴던 교주의 손자 민철도 끼어 있었다. 민철은 빈정댔다.

"이 멍청한 자식아! 자기의 정학 광고를 제 손으로 붙이냐?"

민철은 교복 윗도리의 단추도 채우지 않고 각반도 차지 않았다. 다른 학생이면 바로 불려가 따귀를 맞고 정학을 당할 교칙 위반이었다. 하지만 종일 학생들 두들길 건수만 노리는 두 체육 선생의 눈에는 그것이 전혀 보이지 않는 모양이었다. 태준은 학생들 두들겨 패는 일로 월급을 받는 체육 선생들도 손을 못 대는 녀석을 한번 손보고 싶어졌다.

"이 자식아, 뭘 웃어? 한번 맞아 볼래?"

안하무인으로 설치고 다니는 녀석도 만만할 리가 없었다.

"어쭈? 그래 때려 봐!"

민철은 책보를 다른 아이에게 주고는 앞으로 쓱 나섰다. 순간, 태준은 온갖 고생살이에 여물 대로 여문 주먹에 설움과 원망을 실어 있는 힘껏 녀석의 볼따구니에 날렸다. 민철은 비명도 못 지르고 몇 걸음이나 밀려나더니 벌렁 넘어졌다. 태준이 시원한 기분으로 주먹을 털고 돌아설 때에야 일어나더니 입술에 피를 흘리며 쫓아왔다. 달려오는 녀석을 다시 한 번 날려 버리려니 민철이 먼저 붙잡고 늘어졌다. 둘은 한 덩어리가 되어 땅바닥에 뒹굴기 시작했다. 누가 이긴다고 할 수도 없는 씨름이었다. 선생들이 달려왔다.

제일 놀란 것은 교장이었다. 의사를 불러라, 귀빈실로 업어 들여라, 이태준을 붙잡아라, 일대 소동이 났다. 선생들은 아침 조회도 못한 채 이리저리 뛰어다녔고, 태준은 두 체육 선생에게 끌려가 코피가 터지고 엉덩이에 피가 튀도록 매를 맞았다.

일주일 정학은 그날로 삼 주일이 되었다. 일 년 반만 참으려던 결심은 사라지고, 휘문에 대한 정나미가 뚝 떨어지고 말았다. 민영휘의 '휘' 자를 따서 지은 교명도 다시는 듣고 싶지 않았다.

어차피 더 이상 다닐 수도 없게 되었다. 정학 기간에 학기말고사가 들어 있어 시험을 치지 못하니 사 학년을 다시 다녀야만 했다. 졸업까지 다시 이 년 반이나 남은 것이다. 교장실 유리창 청소도 날아갔으니 다시 월사금도 내야 했다. 김 대감 집 사건도 곧 알려질 테니 다른 가정교사 자리를 얻을 수도 없을 것이었다. 아버지에게 용돈을 타서 쓰는 박일보가 도와주는 것도 한계가 있었다.

"동경으로 가야겠어."

그날 밤, 사정을 설명하고 결심을 밝히니 박일보도 말리지 못했다.

"알았다. 그럼 내가 동경 가는 차비는 만들어 줄게. 가서 네가 배우고 싶은 모든 걸 배워 온나."

동경행 차비는 용돈으로 해결될 일이 아니었다. 박일보는 급하게 돈 쓸 데가 생겼다고 거짓말로 밀양 집으로 편지를 보냈다. 눈물 나게 고마운 일이었다.

송금을 기다리고 있던 며칠 후, 누가 하숙집 문 앞에서 태준을 찾았다. 나가 보니 뜻밖에 민철이었다. 이 못난 자식이 복수를 하러 찾아왔나 싶어 주먹이 꿈틀했다. 그러나 민철은 빙긋이 웃으며 오른손을 내미는 것이었다.

"태준아, 내가 잘못했다."

태준은 의외의 상황에 놀랐으나 웃는 얼굴에 화를 낼 수는 없어 방 안으로 들어오게 했다. 민철은 말했다.

"나도 너희들이 생각하는 것처럼 벌레 같은 놈은 아니다. 너희들이 생각하는 것처럼 호화롭기만 한 교주의 손자도 아니야."

더욱 모를 말이었다. 민철의 눈에 눈물이 고였다.

"나는 첩의 자식이다! 나한테도 설움이 있어. 내가 반항적으로 행동한 건 나를 교주의 손자라고 쩔쩔매는 못난이 선생들을 놀려 주기 위함이었어. 너한테 맞은 게 나로서는 얼마나 통쾌했는지 몰라. 태준이 너같이 용기 있는 친구를 만나니 코피를 흘리면서도 기분은 너무 좋았다."

"정말이냐?"

"정말이고말고! 돈은 어디서 나왔든 학교란 신성해야 하는 것 아니냐? 근데 휘문의 선생들이란 게 다 무자격자들인데 다른 학교보다 월급은 훨씬 많으니 교주에게 아첨만 할 수밖에. 똑똑한 선생이 오면 어떻게든 내쫓아 버리고 반항적인 학생은 폭력으로 누르고! 나는 선생들이 저지른 추태며 죄악 들을 다 알고 있다. 이제는 더 두고 볼 수가 없어. 네가 함께해 준다면 나는 이들의 추악함을 다 폭로하고 싸울 거야. 일대 개혁을 이루는 거야!"

민철은 학교와 선생들의 비리에 대한 정보가 담긴 유인물을 만드는 데 드는 모든 비용을 자기가 대겠다고 했다. 어차피 그만두게 된 태준으로서는 꺼릴 게 없는 제안이었다.

"좋아! 떠나는 입장에서 우리 후배들에게 조금이라도 도움이 된다면 앞장서겠다. 이 일로 경찰에 잡혀가도 좋고 감옥에 가도 좋아!"

태준의 맹세에 박일보도 손을 잡으며 동참을 약속했다. 지략이 좋은 박일보는 금방 작전을 짜냈다.

"민철이 네가 나서면 학생들이 의심하고 안 따를 수 있으니 너는 뒤로 빠져서 학교 측의 정보를 수집하는 일만 해라. 학교 안에 주동자를 조직하는 일은 내가 맡을게."

다음 날, 태준은 온종일 민철과 함께 하숙방에서 유인물 초안을 잡았다. 널리 인기가 좋은 박일보는 등교해 각 학년별로 주동자를 모았다. 민철이 가져온 돈으로 유인물도 인쇄 작업에 들어갔다.

며칠 후, 첫 수업이 끝나는 종이 울리자마자 교실마다 유인물이 하얗게 뿌려졌다. 학생들은 함성을 지르며 운동장으로 쏟아져 나왔다. 일 학년과 오 학년 일부를 제외한 대부분이 참가했다.

당당히 운동장에 나타난 태준은 게양대에 뛰어올라 학생들을 향해 외쳤다.

"우리 조선 민족을 사랑하고 휘문을 아끼는 선후배 여러분! 우리가 이 학교에 들어온 이유는 우리 민족을 다시 세계의 일류 민족으로 만들기 위해 신학문을 연마하고자 함입니다. 그런데……."

몇 해 전 청년회관에서 칠백 명을 상대로 연설하던 때와 거의 같은 분위기였다. 곧바로 종로경찰서 형사들이 학교 안에 들어와 해산을 종용했으나 장정 수백 명이 버티니 함부로 경찰을 투입하지도 못했다.

태준은 학생들을 대표해서 임경재 교장과 장응진 선생의 퇴진, 교주가 개인적으로 학생을 소집하거나 자기 집으로 학생들을 부르는 행위를 금지하고 학교 일에 간섭하지 않을 것, 일본어 시간을 줄이고 조선어와 조선역사 시간을 늘릴 것 등을 요구했다.

민영휘의 독재 아래 살아남은 교사들이란 학생들 앞에서나 큰소리치지 대개 비열한 겁쟁이들이었다. 감히 학생들 앞에 나서지 못했다. 다만 수학 선생만이 앞장서서 해산하라고 떠들었다. 태준은 거칠게 몸싸움을 벌여 수학 선생을 밀어냈다.

농성 이틀째인 다음 날, 교장은 요구를 다 들어주기로 했으니 해산하라고 했다. 그러나 자기 할아버지 곁에서 정보를 모으던 민철이 거짓말이라고 몰래 알려 왔다. 태준은 교장이 거짓말을 하고 있다는 것을 폭로했다. 교장은 민영휘가 무서운 나머지 양쪽을 다니며 거짓말을 하고 있었다. 이런 식으로 몇 차례나 협상이 깨지면서 동맹 휴학은 두 달이나 계속되었다.

결국 민영휘는 일본어 시간 줄이는 것만 빼고는 요구를 수용했다. 교장과 체육 선생도 사표를 썼다. 민철은 자기 할아버지가 이들의 사표를 정식으로 수리했다고 알려 왔다. 대신 가장 앞장서 학생들을 막은 수학 선생이 교장이 되었지만 그것 때문에 다시 싸울수는 없었다.

경찰과 언론의 관심을 받았던 휘문의 동맹 휴학이 그대로 끝날수는 없었다. 학교 측은 주동자 십여 명을 징계하고 임시 휴교를 선언했다. 희생을 각오했던 학생들도 이를 수용했다. 태준은 다른 네 명과 함께 퇴학당했다. 박일보는 부자란 점이 참작되었던지 한달 정학만 맞았다. 민철은 참여 사실 자체가 비밀이었으므로 아무 징계도 당하지 않았다.

모든 게 정리된 후, 주동했던 학생들은 동소문 밖 삼선평에서 마지막 회합을 갖고 '휘문 만세!'를 삼창한 후 해산했다.

현해탄

동경으로의 출발을 앞두고, 태준은 철원을 찾아갔다. 오랫동안 보지 못할 외할머니와 누이들에게 작별 인사를 하기 위함이었다.

선녀는 철원 누나 집에 와 있어 삼 남매가 한자리에 모일 수 있었지만 외할머니는 진맹이에 계셨다. 태준은 누이들과 늦도록 많은 이야기를 나누고, 다음 날 햇볕 뜨거운 산길을 걸어 진맹이로 향했다.

외할머니는 손주들을 찾아 수도 없이 드나든 길이지만 태준은 처음으로 가 보는 길이었다. 무릎까지 차는 냇물을 두 개나 건너고 풀이 우거져 길이 묻힌 산도 둘이나 넘었다. 산새들뿐, 방향이나 동네를 물어볼 사람도 하나 없는 외로운 길이었다. 그 길을 늙은 몸으로 홀로 헤아릴 수 없이 다녔을 외할머니를 생각하니 가슴이 아팠다.

진멩이는 흙보다 돌이 더 많은 조밭들 사이로 실개천이 흐르는 양편에 십여 가구 초가가 흩어진 첩첩산촌이었다. 온 사방에 여름 잡초가 키만큼 자라나고 호박 넝쿨이 집인지 뒷간인지 분간할 수 없게 뒤덮어 개 짖는 소리와 널린 빨래들이 아니라면 폐허로 보일 지경이었다.

방에서 누에에게 뽕나무 잎을 주던 외할머니가 먼저 태준을 알아보고 허둥지둥 달려왔다. 굽은 허리로 휘청이며 뛰어오는 모습은 지금까지 보아 온 외할머니가 아니었다. 가난해도 늘 단정히 옷을 차려입은 외할머니만 보았는데, 머리는 헝클어지고 적삼은 땀에 절고 흙 묻은 맨발을 한 것이 처음 보는 낯선 두메산골 늙은이 같았다. 태준은 그 앞에서 손수건으로 땀을 씻기가 죄송스러웠다. 외할머니는 이제 태준의 가슴 높이도 오지 않았다.

"에구 내 새끼, 볼 때마다 쑥쑥 크는구나! 너희 어미가 맨날 옷을 미리 크게 만들어 갖구 네가 어서 안 자란다구 성화를 하더니만……."

외할머니는 눈물을 글썽이며 손자의 키가 큰 것만을 대견스러워 했다. 방이 셋인데 모두 누에로 가득 차 있었다. 누에가 고치를 짓고 번데기가 될 때까지 사람은 마당에 멍석을 깔고 사는 것이었다.

"앉을 데두 없구 먹을 것도 없구……. 감자나 삶아 주마."

외할머니는 높은 손님이라도 온 양 쩔쩔매며 감자를 캐어 삶아 주고 웃통을 벗게 하여 찬물로 등목을 시켜 주었다. 어쩌다 한 번씩, 교복 입은 손자를 만나러 철원으로 나오는 시간이 노인의 유일한 행복일 것이었다. 태준은 차마 퇴학당했다는 말을 할 수가 없었다.

저녁이 되니 들일 나갔던 작은외할아버지가 돌아와 처음 찾아 준 태준을 반겼다. 그는 형수가 되는 외할머니를 그냥 아주머님으로 불렀다.

"아주머님이 널 얼마나 기다리는지 모른다. 네가 일 년 더 배우면 졸업이라구 그날 오기만 염불 외우듯 하신단다. 요 넘어 회룡동 칠문이 아들은 농업학교 졸업하고 군청에 취직되더니만 하루아침에 집안을 일으키더라. 그 집은 이제 조밥이라곤 모르고 흰 쌀밥만 먹고 산단다. 널 보니 내가 다 든든하구나. 아주머님 모시고 산 세월이 헛되지 않은 것 같아 내가 다 기쁘다."

역시 퇴학당했다는 말이 나오지 않았다. 마당에 쑥대로 모깃불 피워 놓고 다 함께 누워 별을 보며 자면서도, 이튿날 점심으로 또 감자를 먹으면서도 말할 수 없었다.

"후년 봄에는 정말 졸업이지?"

"정말 졸업입니다."

"이제 살았다. 이제 고생은 다 끝났구나."

외할머니는 고개 밑까지 따라 나왔다. 중턱에서는 보이지 않았으나 고갯마루에 오르니 멀리나마 외할머니의 모습이 또렷이 보였다.

"들어가세요!"

소리를 쳤으나 외할머니는 꼼짝도 안 했다. 손짓을 해도 꼼짝 안 했다. 눈이 어두워져 수풀 우거진 산마루에 얼굴만 솟은 외손자가 보일 리가 없었다. 귀도 멀었으니 소리를 쳐도 알아들을 리 없었다. 그냥 손자가 사라진 쪽을 향해 서 있는 것이었다.

"어머니! 어떻게 하면 옳습니까?"

하늘에 대고 물어보았지만 먼 산 갈피 사이에서 뻐꾸기 우는 소리뿐이었다. 어깨를 늘어뜨리고 길을 재촉할 수밖에 없었다. 누나 집에 들러서야 사실대로 말했다. 외할머니가 충격을 받지 않도록 잘 말해 달라고 부탁하고 경성행 밤차를 탔다.

박일보는 동경행 차표를 사 놓았고 민철은 대나무로 만든 고리짝 하나와 일본산 고급 이부자리 한 벌을 사 주었다.

떠나는 날 저녁, 태준은 잠깐 남은 시간에 은주 어머니에게 인사를 갔다. 삼 년간 먹여 주고 재워 준 데 대한 감사 인사는 해야 할 것 같았다. 은주가 와 있으리라는 생각은 하지 않았다. 안마당에 들어서니 그래도 가슴이 뛰었다. 나이 어린 식모가 나왔다.

"마님은 큰댁 가셨는데요? 아가씨만 계시고요."

예상치 않은 일이었다. 댓돌을 보니 비단신 한 켤레가 놓여 있을 뿐 백작의 구두는 보이지 않았다. 태준은 잠깐 망설이다가 말했다.

"돌아오시거든 나 오늘 밤에 동경으로 가는데 인사차 왔었다고, 못 뵙고 간다고 전해 주시오."

"아유, 동경으로 가세요? 부러워라! 공부하러 가시나요?"

대답도 않고 돌아서는데 마루에서 맑은 목소리가 났다.

"오빠?"

은주였다. 은주는 태준과 눈이 마주치자 살짝 외면하며 편지 한 통을 내밀었다.

"외삼촌한테서 오빠에게 편지가……."

미국에 간 윤수 아저씨의 편지였다. 태준은 성큼 댓돌에 올라가 건네받았다. 다시 돌아서려는데 은주가 고개를 돌리며 자신 없는 소리로 말했다.

"좀 올라오면 어떠우?"

마음은 뛰어올라가고 싶었다. 그러나 입에서는 딴소리가 나왔다.

"기다리고 있다가 유가 놈한테 인사까지 하고 가라구?"

뒷말을 허공에 남긴 채 몸을 돌려 댓돌을 내려왔다. 중문을 나서는데 다시 한 번 귀에 익은 목소리가 들려왔다.

"오빠!"

안타까움과 그리움이 묻어나는 음성이었다. 그러나 태준은 쾅 소리가 나게 중문을 닫아 버리고 그 집을 나왔다.

처음 도착했던 날처럼 전등불 화려한 남대문역에는 박일보와 민철, 이번에 퇴학당한 친구 넷이 다 나와 있었다. 친구들은 하나같이 자기들도 머지않아 동경에 갈 테니 자리 잡고 기다리라며 차례로 악수를 청하고 포옹을 했다. 태준은 특히 박일보와 힘껏 포옹을 하고 꼭 동경에서 만날 것을 약속하며 개찰구로 들어갔다.

기차가 영등포를 거쳐 대전을 지날 때까지도 태준은 잠들지 못했다. 저주처럼 잔인한 말을 퍼붓고 돌아서는 순간 얼핏 스쳐 간 은주의 슬픔 어린 표정이 차창으로 스쳐 갔다. 손자가 사라진 곳을 향해, 돌부처처럼 서 있던 외할머니의 마지막 모습이 스쳐 갔다. 일본에서 돌아올 때면 외할머니는 이 세상 사람이 아니리라…….

어느 결에 잠들었다가 깨니 하늘은 희끄무레 트이기 시작하고, 한강보다는 작으나 꽤 큰 강이 기찻길을 따라 흐르고 있었다. 낙동강이었다. 강물 위에는 자욱한 안개가 또 다른 강처럼 흘렀다. 강변에는 아직 불을 밝히지 않은 초가집들이 군데군데 무리 지어 있었다. 지금은 어둠 속에 큰 버섯들처럼 고요하지만 날이 밝으면 처마건 부엌이건 나무 연기로 까맣게 그을리고 온 사방에 파리가 들끓는 비참한 초막들이 드러날 것이었다. 변소 하나 하수도 하나 갖추지 못해 사방에 오물이 널린 마을이 드러날 것이었다. 어떤 유럽 관광객이 저 오막살이들을 보고 조선에는 목축업이 발달했다고 비꼬았다던 말이 생각났다.

'돼지우리! 그런 말을 들으면서도 고려자기나 불국사 석불을 자랑하는 것으로 만족할 것인가? 일부 계급에게는 세계에 자랑할 문화가 있다 쳐도 일반 백성들은 세계의 모멸을 받아 마땅한, 태초 이래의 원시적 초막 생활을 면치 못하고 있지 않은가? 저런 집들이 조선의 대부분 아닌가? 하지만 이제 간다. 비록 우리의 적이지만 우리보다 먼저 서구 문명을 받아들여 동양 최강대국이 된 일본으로 배우러 간다. 적으로부터 배워서 적을 칠 것이다. 기다려라!'

태준은 기운차게 일어나 세면장에서 세수를 하고 승강대에 매달려 깃발처럼 펄럭이는 새벽 강바람을 쏘였다.

부산부두에는 원산에서 보던 것보다 두 배는 큰 기선이 비스듬히 닿아 있고 사람들은 벌써 두 줄로 늘어서 있었다. 박일보가 사준 표는 경성에서 부산까지 가는 기차와 부산에서 시모노세키까지 가는 연락선, 그리고 다시 시모노세키에서 동경까지 가는 기차를 모두 탈 수 있는 장거리 표였다. 따로 배표를 살 필요가 없는 태준은 달려가 삼등객 행렬에 섰다.

예전에 소청에서 원산까지 가던 배처럼, 관부연락선의 이름도 끝이 모두 환이라는 한자로 되어 있었다. 태준이 탈 배도 덕수환이었다. 무슨 환약의 이름 같은 것이 영신환을 생각나게 했다.

'동경에 가서도 약장사를 해야 할지 모르겠다. 상관없다. 약장사든 신문팔이든 우유 배달이든 닥치는 대로 할 자신이 있다!'

생각하는데 누가 어깨를 툭 쳤다.

"이리 나와!"

누런 양복에 각반을 차고 빵떡모자를 쓴데다 코밑에 수염을 기른 사람이었다. 동맹 휴학 때도 그 같은 복장을 한 자들이 번질나게 드나들었다. 형사라는 걸 금방 알 수 있었다. 행렬에는 일본인과 조선인이 뒤섞여 있는데 그들은 양복을 입어도 조선인은 금방 잡아냈다. 뒤를 보니 승객들이 까맣게 줄을 섰다. 줄을 벗어나면 한참이나 밀릴 것이었다.

"왜요?"

퉁명스레 답하고 그냥 서 있으니 형사는 의외로 순순했다.

"나오기 싫단 말이지? 그럼 그냥 서 있어 봐."

잠자코 가 버리는 것이었다. 형사치고는 순하다 싶었다. 마침 줄이 움직이기 시작해 옷 가방과 이불 보따리를 들고 움칫움칫 앞으로 나가기 시작했다.

한참을 걸어 배에 걸친 사다리에 올라가려 할 때였다. 아까와는 다른 형사가 소매를 잡아당겼다.

"도항 증명은?"

무슨 소리인가 싶었다. 없다고 하니 형사는 멀리 정거장 쪽을 가리켰다.

"저기 가서 받아 와."

보니 그쪽으로 뛰는 사람이 한둘이 아니었다. 도항 증명이란 게 있었다니, 낭패였다. 큰 짐을 양손에 든 채 뛰기 시작했다. 긴 부두를 다 나와서도 이백 미터는 더 달려야 했다. 수상경찰서라는 곳에 가 보니 자기 같은 학생뿐 아니라 노동자며 여자 들, 갓 쓴 노인까지 오십여 명이 줄지어 있었다.

형사들은 그냥 도장을 찍어 주는 게 아니었다. 어디로 무얼 하러 가느냐 시시콜콜 캐물었다. 사투리도 제각각인 사람들이 며느리와 아이를 만나러 간다느니, 아들이 무슨 공장에서 병들어 죽어 간다고 보내온 편지를 꺼내 보여 주느니 사연도 가지각색이었다.

아무 문제 없어 보이는 노인도 도장을 받지 못하는 판이었다. 학생들은 더욱 까다로웠다. 태준도 그에 속했다. 형사는 이름과 주소, 학력 따위를 묻고는 날카롭게 쏘아보았다.

"휘문 중퇴? 왜 그 좋은 학교를 다니다 말고 일본으로 가려고 하나?"

태준이 우물쭈물하니 눈치도 빨랐다.

"옳지! 이번에 휘문이 동맹 휴학을 했지? 거기서 주모자로 퇴학당한 거지?"

거짓도 진실도 말할 수가 없었다. 형사는 태준의 눈 속을 찌르듯 쏘아보며 다그쳤다.

"왜 대답을 못 해? 이번 맹휴의 주모자지? 경성 종로경찰서로 전보 한 장만 치면 바로 알 수 있어. 너 따위 불온 분자는 도항 안 시켜! 더구나 진재 직후라서 절대 안 돼! 가서 무슨 짓을 하려고!"

진재란 얼마 전 동경 일대를 뒤집어 십만 명이 죽은 대지진을 뜻했다. 이에 광분한 일인들은 조선 사람들이 우물에 독을 타고 도둑질을 한다며 수천 명의 죄 없는 조선인들을 학살했다. 형사도 너 같은 자가 가면 우물에 독을 넣을 거라는 뜻으로 말하는 것이었다.

"저는 그냥 공부를 하러 가는 겁니다. 찍어 주십시오."

사정했으나 형사는 대꾸조차 하지 않았다. 배는 마지막 고동을 울리고 있었다. 도장을 받은 이들은 신발이 벗어져도 줍지도 못하고 버선발로 달려갔다. 남은 사람들은 안절부절 난리가 났다.

"내 아들 보러 가는데 왜 안 보내 주는 거유? 이 늙은이가 가서 무슨 짓을 한다구! 말해 보슈! 허리도 운신 못 하는 내가 무슨 짓을 하겠수!"

악을 쓰는 노파도 있고 저녁 배라도 타게 해 달라고 애걸하는 중늙은이도 있었다. 양복에 넥타이 매고 금테 안경까지 쓴 신사는 체면도 없이 '나으리'를 연발했다.

"나으리, 이거 적선하시는 셈 치구 나으리께서 도장 한 번만 찍어 주시면 만사가 해결됩니다그려. 살려 주슈!"

아무 소용 없는 구걸이었다. 형사들은 냉랭하게 밀어 버리기만 했다. 태준은 빌어서 될 일이라면 자기도 신사처럼 빌어라도 보고 싶었다. 그러나 어떻게 빌어야 할지 몰랐다. 뭘 잘못했다고 빌어야 하나? 동맹 휴학을 주동한 거 잘못했으니 제발 용서해 달라고? 고개를 젓고 말았다.

아침 배는 떠나고, 태준은 낯선 부산 거리를 우울하게 헤맸다. 저녁 배라도 타려면 누구라도 아는 사람을 만나 도움을 받고 싶었지만 아는 이가 있을 리 없었다.

점심시간이 넘어 대합실에 돌아오니 딱 한 사람 낯익은 얼굴이 보였다. 바로 아침에 이리 나와 보라고 했다가 거절당한 형사였다. 태준은 형사 앞에 가서 말없이 모자를 벗었다. 애걸이 나오기는 쉽지 않았다.

"오, 자네로군! 왜 아침 배에 못 떠났어?"

형사는 다 알고 있다는 듯이 코밑수염을 비틀며 조소를 보내왔다.

"제가 아침엔 누군지 몰라 뵙고 잘못했습니다."

"동경 유학 가는 사람들은 대개가 건방지단 말이야!"

"잘못했습니다."

형사는 일본어로 아무리 훌륭한 사람이라도 모두 내 손에 걸리는 법이라고 뇌까렸다. 태준은 아침의 양복 입은 '나으리 신사'를 떠올렸다. 다른 사람들이 아무도 못 듣도록 낮고 조심스레 말했다.

"나리님……."

시작은 했으나 뒷말이 이어지지를 않았다. 굴욕감으로 폭발해 버릴 것 같았다. 형사는 그 속마음까지 다 안다는 듯 싱긋 웃었다.

"이 다음에 동경서 사각모를 쓰고 나올 때도 나를 보고 나리님이라고 그럴까?"

결코 '그러믄요' 소리는 나오지 않았다. 아무도 듣지 못했지만, 저런 자에게 나리님이라고 부른 자신이 수치스러워 스스로 몸을 폭파시켜 버리고 싶었다. 더 이상 말할 것도 없이, 마른침을 삼키며 돌아서고 말았다.

오후 내내 정처 없이 부산을 떠돌던 태준은 저녁이 다 되어서야 문득 한 사람의 얼굴이 떠올랐다. 원산의 물산객주에 자주 오던 안희제 사장이었다. 부산에 오면 초량으로 백산상회를 찾아오라던 말도 생생히 떠올랐다.

초량이라는 동네를 찾아가니 과연 백산상회가 있었다. 마침 사무실에 있던 안희제는 거의 육 년의 세월이 흘렀음에도 태준을 알아보았다.

"아, 원산 객주 이태준 군 아닌가! 언젠가는 올 줄 알았네."

안희제는 서호 주인을 통해 태준이 휘문고보에 다녔다는 사실까지 알고 있었다. 태준이 도항증명서 때문에 겪은 수모에 대해 이야기하니 호탕하게 웃으며 바로 전화기를 들었다. 경찰서로 전화해 고등계 주임을 찾는 것이었다.

한참 기다리니 경찰서에 갔던 백산상회 사환이 명함 하나를 들고 왔다. 고등계 주임의 명함인데 본인의 도장까지 찍혀 있었다.

"이거 한 장이면 동경까지 무사통과할 걸세. 부디 공부 열심히 해서 조선 민족의 지도자가 되어 돌아오게나."

안희제의 말대로, 고등계 주임의 도장까지 찍힌 명함을 들고 도항증을 받으러 가니 이것저것 한마디도 묻지 않았다. 배를 탈 때는 도항증을 보일 필요도 없이 명함만으로 통과했다.

삼등객실을 찾아 내려가는 모퉁이에서 코밑수염의 '나으리 형사'와 다시 부딪혔다. 서로 안면이 익숙해진 그는 오라 마라 소리도 없이 소매를 잡아끌었다. 태준도 아무 말 없이 명함을 내밀었다. 형사는 자기 직속상관의 도장까지 찍힌 명함을 보더니 멀쑥한 표정으로 단 한 마디 없이 다른 데로 가 버렸다.

배가 어두운 밤바다로 미끄러져 나간 후, 온종일 걸어 다닌 피로에 깜빡 잠들었던 태준은 문득 윤수 아저씨에게 온 편지가 생각났다. 영어로만 썼는데 더듬어 읽을 수 있었다. 미국에 오니 먼저 알게 되는 것은 미국이 아니라 오히려 조선이며, 현대 인류의 행복은 정신문명보다 물질문명에 있다는 내용이었다. 가을에는 자기도 미국 대학생이 되리라고 했다.

'미국에 가서 미국이 아니라 조선을 먼저 알게 된다!'

얼핏 이상스럽게 들리는 말이었으나 곱씹어 보면 이해가 되었다. 현해탄으로 들어서면서 배는 점차 파도를 타기 시작했다. 우릉거리는 엔진 소리는 시끄럽기는 해도 억세고 힘찬 북소리처럼 통쾌했다.

태준은 일어섰다. 현해탄이 보고 싶었다. 허리가 휘우뚱했다. 비틀거리며 층계를 올라 갑판으로 나섰다. 하늘도 바다도 검고 어두웠다. 바람은 배가 가르는 바닷속 저 깊은 곳에서 불어오는 것처럼 서늘했다. 태준은 검고 거친 바다를 바라보며 상념에 잡혔다.

'현해탄! 백제 때부터 우리 민족이 인정과 선의를 가지고 문자와 온갖 기술을 실어다 준 바다가 아닌가? 그런데 일본인들은 그 답례로 무얼 들고 건너왔나? 오직 총칼을 들고 강도질을 하러 왔을 뿐이다! 이런 악한 이웃 일본에, 지금은 무서운 통치자가 된 일본에 나는 공부를 하러 가고 있다. 오늘 우리는 빈 머리를 가지고 과학과 사상을 담으러 이 현해탄을 건너게 되었다. 슬픈, 너무도 쓰라린 역전이다.'

아버지 생각이 났다. 나가사키에서 양복을 입고 찍은 아버지 사진은 천도연적과 함께 정송 누나의 집에 보관되어 있었다.

'아버지! 이 배에는 지금 조선 청년이 많이 타고 있습니다. 그 속에는 매국노의 자식으로 일본 관립학교나 졸업하고 제 할아비, 제 아비의 세도나 물려받으려는 얼빠진 녀석들도 있을 겁니다. 하지만 아직도 김옥균 선생이나 아버지처럼, 일본에 협력하기 위해서가 아니라 일본과 투쟁하여 조선을 되찾기 위해 신학문과 사상을 배우러 가는 애국 청년들도 더러 있을 겁니다. 영혼이 계시다면 이들의 앞길을 인도해 주옵소서!'

소청 사람들이 생각났다. 겨우 이 년을 한동네 살았다고 그토록 극진히 어머니 장례를 치러 주던 사람들, 떠날 때는 온 마을 사람들이 나와 울며 손을 흔들어 주던 생각이 났다.

'조선의 가난한 민중들은 과연 얼마나 순박하고 선량한 사람들인가? 이들을 위해 살리라! 이들의 이야기를 쓰는 작가가 되리라! 나아가 이들을 팔아넘겨 제 배만 불리는 썩어 빠진 양반, 매국노 들을 처단하고, 이들에게 조선을 돌려주리라. 자유롭고 평등하고 부강한 조선을 만드는 데 이 몸을 바치리라!'

배는 큰 파도는 가르고 낮은 파도는 미끄러지듯 타고 넘으면서, 한결같은 속력으로 내달렸다. 거대한 연통에서는 끊임없이 검은 연기가 뿜어져 나와 밤하늘로 사라졌다. 동쪽 수평선에 붉은 보름달이 떠올라 금가루 같은 달빛을 뿌리기 시작했다. 달의 바다였다.

스물한 살의 나이로 일본에 건너간 이태준은 우유 배달, 신문 배달, 공사장 막노동으로 어렵게 동경의 상지대학을 다닙니다. 스스로 '밥 대신 공기를 먹고 살았다'고 표현할 정도로 가난한 생활 속에서도 항일운동을 위한 조선인 유학생회에 가입하는 등 조국의 독립 문제에도 관심을 잃지 않습니다.

대학에 재학 중 단편소설 「오몽녀」가 『조선문단』이라는 잡지에 당선되면서 정식으로 작가가 된 그는 끝내 학비 부족으로 상지대를 중퇴하고 돌아온 후에는 여러 신문사와 잡지사의 기자로 일하면서 본격적으로 소설을 씁니다.

이태준은 소설을 통해 조선의 민족정신을 지키기 위해 노력했습니다. 그가 가장 많이 그린 것은 일본의 착취로 인해 굶주려 떠도는 가난한 농민과 도시 빈민이었습니다. 또한 조선의 올곧은 선비 정신을 지키려는 우국지사, 세속의 욕망을 이겨 내고 이상을 찾는 신여성, 시대의 불의와 불화하고 저항하는 지식인들이 자주 등장합니다.

조선의 역사와 조선인을 사랑하는 작품들로 사랑을 받게 되면서, 이태준은 일제 강점기 동안 열네 편의 장편소설과 수십 편의 단편소설, 수많은 빼어난 수필과 평론, 희곡 등을 발표해 조선의 대표적인 작가가 됩니다. 또한 첫사랑의 아픔을 딛고 결혼해 다섯 자녀를 낳습니다.

유명한 작가가 되었지만 이태준은 어려서 고생할 때의 마음을 잃지 않았습니다. 자신을 그토록 박대했던 고향 사람들이 도와 달라고 찾아오면 잘 대접하고 빚을 내어서라도 돈을 해 주었다고 합니다. 어느 해 겨울에는 양복을 새로 했는데 길 가다가 추위에 떨고 있는 고학생을 보고는 옷을 벗어 주고 와서 부인에게 야단을 맞기도 했습니다.

일제 후반기, 일본이 잇달아 중국과 미국을 공격하며 군국주의를 강화하면서 다수의 조선인 작가들은 생계 또는 스스로의 신념에 따라 일본의 침략 전쟁을 미화하고 일본어로 글을 씁니다. 일본어로 이름까지 바꾸고 조선 청년들을 전쟁터로 내모는 연설을 하러 다닌 이도 많았습니다.

이태준은 마지막까지 일본어 글쓰기를 거부하고 창씨개명도 하지 않은 작가에 속했습니다. 시인 정지용과 함께 문학잡지 『문장』을 펴내면서 많은 후배를 발굴해 등단시켰으나, 일제가 일본어로 발행하라고 하자 스스로 폐간시키기도 했습니다. 그러나 전쟁이 막바지로 치달아 삼엄한 전시체제가 되면서 이태준도 황국위문작가단에 가입하는 등 반강제로나마 일제에 협력하고 맙니다. 이는 올곧게 살려고 노력했던 이태준 생애의 오점이 되었습니다.

강직했던 이태준은 굴욕을 참지 못하고 1943년 스스로 글쓰기를 포기한 채 고향 철원의 안협마을로 낙향합니다. 일제는 조선 최고의 작가 중 한 사람인 그에게 전쟁을 미화하고 친일 사상을 선전하는 글을 쓰게 하려 온갖 압력을 가하지만, 이태준은 끝내 굴복하지 않고 궁핍한 생활을 감수합니다. 당시에는 이 정도의 소극적 거부도 대단한 용기를 필요로 했습니다.

1945년 8월, 마침내 조선은 독립합니다. 그러나 해방된 남한에서는 일본 대신 미국과 손잡은 친일 매국노들이 새로운 지배자가 되어 항일운동가들과 민중을 탄압합니다. 이에 반발한 이태준은 친일파 청산과 매국노의 토지 몰수 등을 요구하는 조선공산당의 노선에 동조하여 진보 신문인 『현대일보』 주필을 맡는 등 열성적으로 활동합니다. 이에 극우 세력이 탄압을 가하자 해방 이듬해인 1946년 여름에 북한으로 넘어가고 맙니다.

이태준이 월북 후 쓴 작품들은 조선 최고의 문장가로 불리던 그의 재능에 한결 못 미치는, 거칠고 선동적인 작품들로 평가됩니다. 이는 북한 정권이 문학을 사회주의 이념의 선전 수단으로만 인식한 결과였고, 이에 적응하지 못한 이태준은 한국전쟁 중이던 1950년 겨울, 북한을 탈출하려고 은밀히 시도했으나 실패합니다.

북한 정권은 전쟁이 끝난 후부터 본격적으로 작가들에게 김일성을 우상화하는 글을 쓰도록 강요합니다. 이태준은 끝내 이를 받아들이지 못해 미움을 사게 됩니다. 북한 정권은 그를 반동 작가로 몰아 일체의 집필을 금지시키고 함흥의 블록 공장에서 고철을 수집하는 노동자로 배치합니다. 수년 후 잠시 복권이 되지만 집필 허가는 받지 못한 채 탄광으로 다시 숙청됩니다.

이태준의 최후에 대해서는 알려진 게 없습니다. 1970년대 중반까지 강원도 장동탄광의 노동자 지역에서 사회보장으로 생존하고 있었다는 증언이 유력하지만 정확한 것은 통일이 되어야만 밝혀질 것입니다.

한편, 이태준의 정신적 부모 역할을 했던 외할머니는 해방 전에 돌아가시고, 철원읍에 살던 이태준의 누나 이정송은 북한 땅이 된 그곳에 살다가 사망합니다. 여동생 이선녀는 결혼해 남한에서 살다가 사망했습니다. 북한에 함께 올라간 직계가족의 근황에 대해서는 정확히 알려진 게 없지만, 이태준이 반동 작가로 몰리면서 큰아들 이유백은 김일성대학에서 퇴학당해 집단농장 노동자가 되었다고 합니다. 아버지를 닮아 글재주가 있던 이유백은 뛰어난 소설들을 썼으나 반동의 아들이란 이유로 출판을 거절당하고 노동자로 살았다고 합니다. 딸도 이혼당했다는 증언이 있습니다.

이태준의 일본행에 도움을 주었던 부산의 안희제는 결국 독립운동 사실이 발각되어 백산상회의 문을 닫게 됩니다. 안희제는 서울로 올라와 『중외일보』라는 신문사를 인수하는데, 마침 일본에서 귀국해 있던 이태준을 기자로 채용합니다. 그러나 『중외일보』마저 이 년이 못 되어 폐간되자 만주로 건너가 발해농장을 세워 독립운동을 지원하다 해방되기 전에 사망합니다.

휘문고보 시절의 단짝으로, 이태준에게 금전 지원을 아끼지 않던 박일보는 졸업 후 일본에 건너가 와세다대학을 다니면서 다시 이태준을 만납니다. 귀국한 후에도 우정을 유지하던 박일보는 서른 네 살의 젊은 나이로 뇌일혈에 걸려 사망합니다. 이태준은 그가 죽은 이듬해 쓴 자전적 소설 『사상의 월야』에서 여러 쪽에 걸쳐 박일선이란 이름으로 박일보에 대한 감사의 마음을 기록해 둡니다.

인간 사이의 신분 차별과 빈부 격차가 없는 평등 사회를 꿈꾸었던 천재적 작가 이태준은 불행한 시대의 제물이 되어 남과 북에서 모두 버려지고 말았으나 그의 작품들은 한국문학 개척기의 걸작들로 소중하게 전해질 것입니다.

2013년 4월

안재성

이태준 연보

1904년   11월 4일, 강원도 철원군 묘장면 산명리에서 아버지 이창하와 둘째 부인인 어머니 순흥 안씨 사이의 서자로 출생. 아버지 이창하는 철원공립보통학교 교사와 원산의 덕원감리소 주사를 지낸 개화파 지식인으로 일본의 문명을 배워 나라를 일으키려 했으나 일본이 조선을 침략하면서 매국노로 몰림.

1905년   일본과 대한제국 사이에 을사조약 체결. 이 조약으로 대한제국은 모든 외교권을 일본에 내어 주게 됨.

1906년   일본이 서울에 통감부를 설치함. 통감부는 대한제국이 주권을 잃어버리기
         전까지 약 5년 동안 조선을 통치함.

1910년   7세 러시아로 망명한 아버지를 따라 연해주로 이사했으
         나 8월에 아버지가 병으로 사망하여 귀국하던 중 어머니
         의 출산으로 함경북도 배기미(이진)에 정착함. 어머니와
         외할머니가 소청 마을에서 식당을 함. 서당에서 한문을
         배움.

1910년   한일강제병합으로 대한제국의 모든 주권이 박탈당함. 조선총독부가 설치되
         고 일제 강점기가 시작됨.

1911년   데라우치 총독 암살 미수 사건(1910년)이 일어나자 일본이 양기탁, 이동녕 등
         신민회 간부를 포함한 민족 지도자 600명을 검거하고 그중 105명을 투옥시킴.

1912년   9세 어머니마저 병으로 사망하여 고아가 됨. 누나 이정
         송, 여동생 이선녀와 함께 고향인 강원도 철원군 용담
         마을로 귀향하여 각각 오촌 아저씨 집에 맡겨짐. 서자이
         자 가난한 고아의 설움을 겪음.

1912년   조선총독부, 토지 조사령 실시.

1914년   연해주에서 대한광복군 정부가 수립되는 등 일제의 무단 통치에 저항하는 항일민족운동이 계속됨. 8월 제1차 세계대전이 일어남. 일본이 전쟁에 참여하면서 공업 생산량이 늘어나 산업화, 도시화가 진행되고 쌀값이 치솟음. 일본은 이에 대한 대책으로 조선을 식량 공급지로 만들 계획을 세워 1920년 산미증식계획이 시작됨.

1915년   12세 철원군 안협면의 모시울 오촌 아저씨 집에 양자로 들어감. 오촌 아저씨의 죽음으로 1년 만에 용담으로 돌아와 또 다른 오촌 아저씨 이용하의 집에 살면서 사립봉명학교에 입학, 늘 일등을 차지함.

1917년   러시아에서 사회주의혁명이 일어남. 그 영향으로 조선에서도 신규식이 기존의 독립운동 단체인 '동제사'를 '조선사회당'으로 개칭하고 스톡홀름 국제 사회주의자 대회에 참석하려 함. 스톡홀름 대회가 무산되자 조선사회당이라는 명칭도 더 이상 사용되지 않았지만 이후 조선에는 다양한 사회주의 조직이 생겨남.

1918년   15세 3월에 봉명학교를 우등으로 졸업하고 철원 읍내의 간이농업학교에 입학했으나 학비가 없어 다닐 수 없게 되자 한 달 만에 가출함. 김상훈이 운영하는 원산의 물산객주에서 사환으로 일하던 중 외할머니와 재회해 함

께 살게 됨. 국내의 신소설들과 세계 명작을 읽으며 작
가가 될 꿈을 키움.

1918년   일본이 토지조사사업을 완료해 수많은 조선 농민들이 자기 땅에 대한 권리
를 잃고 도시로 흘러들어 오거나 만주로 떠남.

1919년   16세 미국 유학을 보내주겠다는 먼 친척 아저씨의 말을
믿고 사환 일을 그만두고 중국 안동현까지 갔으나 뜻을
이루지 못하고 대동강 나루터에서 잡일과 엿장사를 하
며 고생하다가 빈손으로 경성에 도착함.

1919년   3월 3·1만세운동이 일어나 두 달 이상 국내와 만주, 미국 등지의 조선인들
이 독립을 요구하는 시위를 벌임. 7천 명이 학살당하고 3만 명이 감옥살이
를 함. 4월에 중국 상해에서 대한민국임시정부가 수립됨.

1920년   17세 배재학당 보결생 모집에 합격하지만 학비가 없어 포
기함. 낮에는 공영상회 점원으로 일하고 밤에는 기독청
년회관에서 운영하는 야학에 다님. 청년회관 강당에서
열리는 자유토론회에 발표자로 나서기도 함.

1920년   3·1만세운동의 영향으로 『동아일보』, 『조선일보』, 『개벽』 등이 창간되고 만

주에서는 무장독립군이 청산리, 봉오동 등지에서 일본군을 무찌름.

1921년 18세 휘문고보에 입학. 먼 친척 여동생 집에 과외 교사로 입주해 숙식을 제공받는 한편 영신환과 서적 외판으로 학비를 벌어 고학함. 교장의 주선으로 교무실 유리창 닦이로 학비를 면제받기도 함. 부유한 동급생 박일보, 홍진식, 김연만 등의 도움을 받음.

1922년 한반도 전역에 불어닥친 항일운동에 당혹감을 느낀 일제는 문화 통치를 표방하고(1919년), 그 일환으로 무단 통치 시절 교육령을 개정해 제2차 조선 교육령을 공포. 이를 통해 일본어 교육과 민족 사상의 일본화를 꾀함.

1923년 1월. 의열단원 김상옥이 종로경찰서에 폭탄을 투척해 10여 명을 살상하고 천여 명의 경찰과 대치하다 순국함. 9월 일본 동경 일대에 대지진이 일어나 막대한 인명과 재산 피해가 생기자 일본 극우파와 군부가 민심을 돌리기 위해 조선인들을 집단 학살. 최소 7천 명의 사망자를 포함해 2만 명이 실종됨.

1924년 21세 탁월한 작문 실력을 인정받아 학예부장으로 활동하면서 휘문고보 교지 제2호에 동화 「물고기 이야기」 등 6편을 발표함. 6월에 교장과 학감의 퇴진을 요구하는 동맹 휴학을 주동해 4개월의 싸움 끝에 요구 조건을 이루고 대신 다른 4명과 함께 퇴학당함. 가을에 동급생 박일보 등의 도움으로 일본 유학길에 오름.

1925년 22세 동경에서 신문 배달, 우유 배달, 청소부 등으로 고생하며 독학함. '공기만 먹고 사는 궁핍한 생활' 속에서도 단편소설 「오몽녀」를 『조선문단』에 투고해 입선하고 이 글이 『시대일보』에 발표되면서 작가로 등단함.

1925년 4월 17일 서울에서 비밀리에 조선공산당이 창당됨. 이후 해방되기까지 1만 명 이상의 공산주의자들이 항일운동을 하다가 투옥되고 60명 이상이 고문 치사 당함. 공산주의 문학 단체인 '카프'가 결성되어 문학의 사회 비판적인 현실 참여를 주도함.

1926년 23세 미국인 선교사 베닝호프의 도움으로 와세다대학교 기독교청년회관에 기숙하면서 전도회관인 스코트홀 청소를 맡음. 이 월급으로 4월에 동경 상지대학 예과에 입학함. 조선인유학생회에 가입하는 한편, 소설가 나도향 등과 교류하며 잡지 『반도산업』을 발행함.

1926년 6월 10일 동경에서 학생들이 주축이 된 6·10만세운동이 일어남.

1927년　24세 베닝호프의 조선인에 대한 편견에 반발해 스코트홀 일을 그만두면서 학비 부족으로 학교를 중퇴하게 됨. 11월 에 조선으로 돌아와 경성의 여러 신문사와 모교를 방문 해 일자리를 구하지만 취직하지 못함.

1927년　공산주의 항일운동가들과 민족주의 항일운동가들이 결합해 신간회를 결성 함. 조선농민총동맹, 근우회 등 다양한 반일 단체들이 만들어짐.

1929년　26세 실업 기간 동안 쓴 6편의 단편소설 등 10여 편의 글 이 잡지에 실리면서 작가로 인정받게 됨. 잡지 『개벽』에 취직함.

1929년　11월 3일 광주에서 일본 학생들의 행패에 분노한 조선인 학생들이 시위를 시 작해 이듬해 봄까지 서울 등 전국에서 수만 명의 학생들이 항일 시위를 벌임.

1930년　27세 이화여전 음악과를 갓 졸업한 이순옥과 결혼. 딸 소 명, 소남, 소현과 아들 유백, 유진 등 다섯 아이를 낳음. 이화여전, 이화보육학교, 경성보육학교 등 여러 학교에 작문 강사로 출강함.

1931년　28세 안희제 사장의 취임에 맞춰 『중외일보』로 자리를 옮

김. 사회부에서 3개월 근무 후 학예부로 옮겨 이후『중
앙일보』, 『조선중앙일보』로 이름이 바뀌는 이 신문사에
서 만 5년간 기자로 일하며 많은 소설을 씀.

1931년　일본이 중국 땅 만주를 침공해 만주 사변을 일으키고 이후 청나라의 마지막 황
제 부의를 왕으로 하는 식민지국가인 만주국(1932년)을 세움. 수많은 조선인을
만주로 이주시켜 농사를 짓게 함.

1932년　한인애국단원 윤봉길이 4월 29일 상해에서 폭탄을 투척. 일본군 상해 총사
령관 등을 살상함.

1933년　30세 순수파 작가들인 이상, 박태원, 정지용 등과 '구인
회'를 만들어 활동함. 사회주의 작가들의 조직인 '카프'
출신들로부터 비판을 받음. 경성부 성북정 248번지에
친할아버지 이호정의 옛집을 재현해 대지 120평, 건평
22평의 소박한 개량식 한옥을 지음. 택호를 '수연산방'
으로 지음.

1935년　32세 창작에 전념하기 위해『조선중앙일보』를 퇴사. 열정
적으로 집필에 몰두함. 등단부터 해방 직후까지 14편의
장편소설과 70편에 이르는 중·단편소설 등 20권에 이르

는 단행본을 출간, 1930년대 조선의 최고 인기 작가가 됨.

1937년 34세 단편 「오몽녀」가 나운규에 의해 영화로 제작됨. 나운규의 마지막 작품이 됨. 이태준은 일본 동경에서 자신이 소장한 골동품 전시회를 갖기도 하고 가족과 함께 금강산을 여행하는 등 행복한 시절을 보냄. 혼자서 만주 지방을 여행하고 돌아오기도 함.

1937년 일본이 중국 내륙을 공격해 중일전쟁을 일으킴. 이후 1945년 패전까지 수많은 중국인들을 학살함.

1938년 4월, 일본이 '국가 총동원법'을 공포하고 다음 달부터 시행. 국가 총동원법으로 일제는 조선의 노동력과 물자 등을 수탈하며 전쟁에 의한 통제 체제를 구축함. 10월, 김원봉이 중국 계림에서 조선의용대를 창설함. 수백 명의 무장부대로 성장한 조선의용대는 중국공산당 지역인 연안으로 이동해 조선의용군으로 이름을 바꾸고 해방되기까지 일본과 무장투쟁을 벌임.

1939년 36세 잡지 『문장』의 편집자 겸 신인 작품의 심사를 맡아 최태응, 임옥인, 곽하신 등 후배 작가들을 배출함. 총독부의 압력으로 황군위문작가단, 조선문인협회 등에 가입하지만 적극적인 활동은 하지 않음.

1939년 　독일의 폴란드 침공으로 제2차 세계대전이 시작됨. 이미 중국을 침략해 있
　　　　던 일본은 독일, 이탈리아 등 파시즘 국가들과 동맹을 맺고 미국, 중국, 영
　　　　국, 러시아 등 연합군과 전쟁을 벌임. 10월에는 '국민징용령'을 공포해 조선
　　　　의 젊은이들을 끌고 가 노동력을 빼앗았다. 제2차 세계대전이 막을 내리는
　　　　1945년 8월까지 전쟁을 위한 광산·토목·군사·군수 관련 사업에 강제 투입
　　　　된 조선인은 약 146만 명이다.

1940년 　2월부터 이름을 일본식으로 고치는 창씨개명이 강요됨. 당시 일본은 민족말
　　　　살정책의 일환으로 조선어 사용을 일절 금지하고 조선의 주요 언론사를 폐
　　　　간하기도 함.

1941년 　일본이 미국 하와이를 기습, 미국과 전쟁을 확대함. 조선과 일본은 전시체제
　　　　로 들어가 젊은이들은 군대로, 처녀들은 군 위안부로 끌려가고 식량배급제,
　　　　여행허가제 등이 실시됨.

1941년　38세 제1회 이광수에 이어 제2회 조선예술상을 받음. 일본어 글쓰기와 창씨개명을 거부하여 생계 곤란이 계속됨. 평양에서 열린 시국연설회에 억지로 참석했으나 전쟁을 찬양하는 일본어 연설을 거부하고 조선어로 『춘향전』 한 쪽을 읽고 내려와 소동이 벌어짐.

1943년 40세 학생들이 이태준의 책을 교재로 독서회를 열었다가 체포되거나, 이태준과 항일적인 편지를 주고받은 게 문제가 되어 수차례 연행되어 조사를 받음. 이태준은 생활고를 견디지 못해 성북동 집을 저당 잡힌 돈으로 철원 안협으로 낙향해 해방되기까지 거의 글을 쓰지 않은 채 은둔함.

1943년 9월, 이탈리아가 연합국에 항복한 후, 이집트 카이로에서 열린 연합국 회담에서 조선을 비롯한 식민지들의 독립을 약속하는 카이로 회담이 체결됨. 이후 포츠담 선언으로 독립이 재확인됨.

1945년 독일에 이어 일본이 항복함으로써 제2차 세계대전이 끝남. 미국과 소련은 한반도 북위 38도를 기점으로 각각 진주해 군사 정권을 세움으로써 남북이 분단됨.

1945년 42세 해방을 맞아 임화, 김남천 등 사회주의 작가들이 주도한 문학 단체인 '문협'에 부위원장으로 선출되면서 좌익 계열과 활동을 하게 됨. 여러 선후배들이 좌익에 이용당한다며 걱정하지만, 친일반역자들이 우익과 손잡고 재기하는 것에 분노해 고집을 꺾지 않음.

1946년   43세 좌익이 주도하는 문학 단체인 '문학가동맹'의 부위
         원장 겸 기관지 『문학』의 발행인을 맡음. 좌익 계열인
         '민주주의민족전선'의 문화부장과 『현대일보』 주간을
         맡고 여러 좌익 집회에서 사회를 봄. 중편소설 「해방전
         후」로 제1회 해방문학상 수상.
         '남조선 조소문화협회' 이사로서 8월 10일부터 70일간
         소련을 방문하고 사회주의 복지 제도에 감명해 평양에
         남음. 휘문고보에 다니던 장남 이유백 등 서울의 가족들
         도 모두 월북함.

1946년   1월부터 신탁통치 찬반 문제로 좌익과 우익의 대립이 첨예해진 가운데 5월
         에는 정판사 위조지폐 사건으로 조선공산당 지도부에 대한 체포령이 떨어지
         는 등 미군정의 공산당 탄압이 본격화됨. 10월 들어 대구를 시작으로 전국
         에서 미군정의 실정에 항의하는 무장투쟁이 벌어져 수백 명이 사망하고 수
         천 명이 수감됨. 박헌영 등 조선공산당 지도부 대거 월북함.

1947년   44세 소련 여행기인 『소련기행』이 남한에서 출간됨. 평양
         에 체류하며 북한 체제를 옹호하는 「호랑이 할머니」, 『농
         토』 등의 소설을 집필해 호평을 받음. 이듬해에 8·15 북
         조선 최고인민회의 표창장을 받음. 북조선문학예술총동
         맹 부위원장, 국가학위수여위원회 문학분과 심사위원

등 여러 직위에 오름.

1948년   4월 3일 제주도에서 남한만의 단독선거에 반대하는 무장봉기가 일어남. 8월 15일 남한에 대한민국이 수립되고 9월 9일에는 북한에 조선민주주의인민공화국이 수립되어 남북 분단이 고착화됨. 10월에는 여수와 순천에 주둔 중이던 국군 제14연대 병사들이 제주4·3사건 진압명령을 거부하고 단독정부 수립 반대, 미군 철수를 주장하며 반란을 일으켜 제주도와 남부 지역 일대가 내란 상태에 들어감. 38도선에서는 남한과 북한의 무력 충돌이 계속됨.

1950년   6월 25일 북한 인민군이 38도선 전역에서 전면 남침을 개시함. 인민군은 2개월 만에 경상남북도 일부와 제주도를 제외한 남한 전역을 점령함. 9월 15일 인천상륙작전을 기점으로 남한 국군과 유엔군의 대반격이 시작되어 10월 하순에는 압록강까지 남북을 통일했으나 중국군의 침공으로 다시 역전됨.

1950년   47세 한국전쟁이 일어나자 종군작가로서 옹진, 서울, 김천, 왜관 등지의 전선을 다니며 『노동신문』, 『해방일보』 등에 20여 편의 전쟁 기사를 씀. 하지만 공산주의의 경직성과 김일성 우상화에 회의하게 됨. 10월 중순 유엔군이 평양을 수복했을 때 자신의 아이를 임신한 애인을 국군에 보내 귀순하겠다는 의사를 표명함. 이에 남한의 작가와 언론인이 평양에 올라가 구출을 시도하지만 중국

군의 급작스런 남하로 실패함.

1951년   중부 내륙까지 남진했던 중국군이 유엔군의 반격으로 후퇴해 38도선 일대
        에서 대립함. 이후 2년 간 정전협상이 진행되는 가운데 중부 지역에서 치열
        한 격전이 계속됨.

1952년   49세 월남한 여동생 이선녀의 증언으로 구월산의 반공유
        격대가 이태준을 구출하러 평양에 가지만 가족이 흩어
        져 있어 실패함. 이듬해에도 다시 시도하지만 월북자들
        에 대한 숙청이 진행 중이어서 부재중이라 실패함.

1953년   7월 8일 정전협상이 타결되어 휴전 상태에 들어감. 이해 봄부터 북한에서는
        월북한 조선공산당 출신들과 문학예술인에 대한 숙청이 시작됨.

1953년   50세 임화, 김남천 등 이태준과 함께 월북했던 작가 다수
        가 미국의 간첩이라는 누명으로 처형되거나 숙청당함.
        이태준은 기석복 등 소련에서 파견 나온 조선 교포 고문
        들의 도움으로 실형은 면하지만 문예총 위원장 한설야
        등에 의해 계속 비판당해 사실상 집필이 금지됨.

1956년   53세 소련의 개혁 정책에 반발한 김일성이 소련 교포 출

신 고문관들을 숙청하면서 이태준도 모든 직책을 박탈당하고 집필이 금지된 채 함흥노동신문사 교정원으로 배치됨. 반동분자의 자녀라는 이유로 아들 이유백은 김일성대학교에서 퇴학당해 농장의 일꾼으로 전락하고 결혼했던 딸 소명도 이혼당해 돌아옴.

1956년   스탈린 사후 소련공산당 당권을 장악한 흐루쇼프가 2월 25일에 열린 전당대회에서 스탈린의 개인 숭배와 무자비한 정적 숙청을 비판함. 이후 소련의 수상으로 취임하면서 본격적으로 개혁 정책을 펼침. 이에 지도자에 대한 개인숭배를 토대로 한 북한과 중국의 반발을 받게 됨. 북한과 중국은 소련을 수정주의라 비판하면서 독재를 강화함.

1958년   55세 함흥의 콘크리트 블록 공장에 파고철 수집 노동자로 재배치되어 6년여 동안 넝마주이로 연명함.

1958년   북한은 김일성 우상화와 급진적인 사회주의 경제 추진에 반발해 온 조선의용군 출신들에 대한 대숙청을 시작함. 또한 위대한 수령이 인민을 이끌어야 한다는 주체사상을 만들고 모든 토지를 국유화하여 집단농장으로 만드는 사회주의 독재를 본격화함.

1960년   남한에서 이승만 독재에 항거하는 4·19혁명이 일어나 정권을 교체함. 그러

나 이듬해 5월 16일 남로당 출신의 육군소장 박정희의 군사 쿠데타로 다시
장기간 군사독재 체제에 들어감.

1964년   61세 10년 전의 제1차 월북 작가 숙청에 앞장섰던 한설야
         등이 대거 숙청되면서 이태준은 평양으로 복귀됨. 직책
         은 조선노동당 중앙당 문화부 창작 제1실 전속작가로 되
         어 있으나 여전히 집필은 금지된 채 교정원으로 일함.

1969년   66세 남파공작원 김진계의 증언에 의해 강원도 장동탄광
         노동자 지구에서 사회보장으로 부부가 함께 살고 있던
         것으로 확인됨. 이후 언제 사망했는가는 확인되지 않았
         음. 다섯 자녀의 뒷소식도 알 수 없음. 성북동의 옛집 수
         연산방은 아직 이태준의 명의로 남아 있으며 누나 이정
         송의 손녀 조상명이 찻집으로 운영하고 있음.

—참고문헌

『사상의 월야』 이태준 | 깊은샘 | 1988

『무서록』 이태준 | 깊은샘 | 1994

『달밤』 이태준 | 깊은샘 | 1995

『해방전후』 이태준 | 창작과비평 | 1992

『이태준 문학 연구』 상허문학회 | 깊은샘 | 1993

『이태준』 장영우 | 한길사 | 2008

「이태준의 비극」 최태응 | 『사상계』 1963년 1·2월호

「월북 작가 이태준은 북한 탈출을 기도했었다」
이경남 | 『월간현대』 1987년 11월호~1988년 2월호

「사상의 월야의 공간적 배경과 주제」
이창민 | 고려대학교 민족문화연구원 학술논문 『한국문학연구』(제2호) | 2001

「내가 본 외삼촌 이태준」 김명렬 | 『문학사상』 2004년 4월호

글 안재성

1960년 경기도 용인에서 태어나 강원대학교 재학 중
1980년 광주 5·18민주화운동에 참가하는 등 오랜 시간 민주화운동과 노동운동으로
두 차례 감옥살이를 했다.
현재 전태일문학상 운영위원장과 문학전문지 『리얼리스트100』의
발행인 겸 편집인으로 있다.
역사 발전과 인권운동에 몸 바친 인물들에 대한 관심이 많아
『파업』, 『황금이삭』, 『경성트로이카』, 『연안행』 등의 장편소설을 썼으며
전기로는 『이현상 평전』, 『이관술』, 『박헌영 평전』 등이 있다.

역사인물도서관 2

달의 바다 — 이태준 이야기

1판 1쇄 발행일 2013년 6월 24일
1판 3쇄 발행일 2014년 5월 30일 | 1판 3쇄 발행부수 2,000부 | 총 5,200부 발행
글쓴이 안재성 | 펴낸곳 (주)도서출판 북멘토 | 펴낸이 김태완
편집주간 김혜선 | 편집 진원지, 박혜리 | 디자인 이승욱 | 마케팅 이용구
출판등록 제6-800호(2006. 6. 13)
주소 121-869 서울시 마포구 월드컵북로 6길 69(연남동 567-11), IK빌딩 3층
전화 02-332-4885 | 팩스 02-332-4875

ISBN 978-89-6319-084-6 03990